Maria Carmen Morese

Gebrauchsanweisung
für Neapel und die Amalfi-Küste

Piper München Zürich

Mehr über unsere Autoren und Bücher:
www.piper.de

ISBN 978-3-492-27563-7
© Piper Verlag GmbH, München 2008
Karte: cartomedia, Karlsruhe
Gesamtherstellung: CPI – Clausen & Bosse, Leck
Printed in Germany

Inhalt

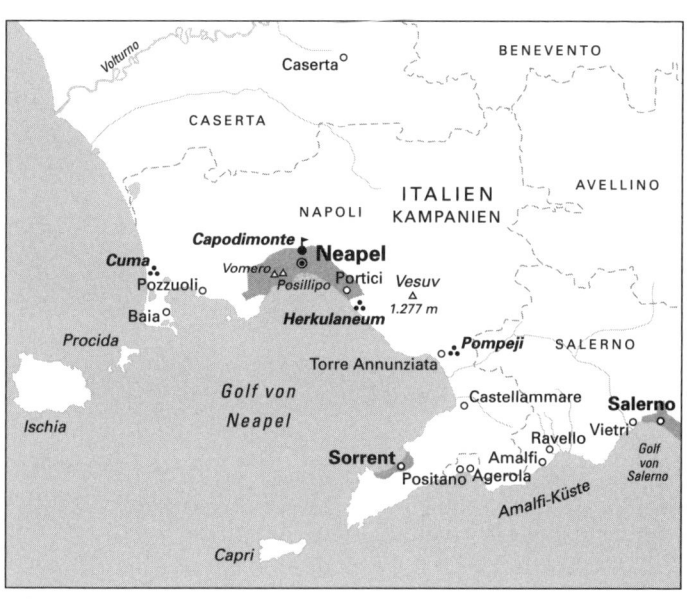

Caserta

BENEVENTO

CASERTA

ITALIEN
KAMPANIEN

AVELLINO

NAPOLI

Capodimonte   Neapel

Cuma   Vesuv
  Pozzuoli   Vomero   1.277 m
           Posillipo Portici
  Baia   Herkulaneum

Procida   SALERNO

                        Pompeji
        Torre Annunziata

Golf von   Castellammare   Salerno
Neapel   Vietri

Ischia   Golf
                                Ravello   von
                    Sorrent   Amalfi Salerno
                 Positano Agerola
                                Amalfi-Küste

Capri

'O sole.
Ankunft in Neapel

Napole tre cose tene belle: 'o sole, 'o mare, e 'e sfugliatelle: Drei schöne Dinge gibt es in Neapel: die Sonne, das Meer und die *sfogliatelle* (Gebäck) – so ein bekanntes neapolitanisches Sprichwort. Es benennt die Dinge, die im Herzen der Neapolitaner einen besonderen Platz einnehmen. Heute wie vor hundert Jahren besticht die Aussicht auf die Bucht mit dem Vulkan im Hintergrund durch ihren bezaubernden Charme. Die Bauspekulationen der Sechzigerjahre, die die Landschaft mit Eisen und Zement verschandelten, konnten der besonderen Ausstrahlung dieser Gegend wenig anhaben. Die Neapolitaner sehen ihre Stadt ohnehin wie eine Frau, einst junge betörende Nymphe, heute Greisin; aus den tiefen Gesichtsfalten strahlen die dunklen Augen wie damals, als die Griechen sie *Parthenope*, ›Mädchenauge‹, nannten, nach der mythischen Sirene, die an dieser Küste ihren letzten Seufzer tat.

Am schönsten ist Neapel vom Meer aus gesehen. Die Stadt schmiegt sich an eine Hügelkette, von der Anhöhe des Posillipo bis zum Hang des Vesuvs, die den Golf in einer sanften Umarmung umschließt: Jugendstilvillen, Kirchenkuppeln, gelbe und korallenrote Palastfassaden ziehen vorüber. Und dann sonnenbeschienene Dachterrassen, sich windende Gassen und kleine Plätze. Am Hafen empfängt den Gast die imposante Festung *Castel Nuovo*, auch *Maschio Angioino* genannt. Aber verglichen mit der Kartause von San Martino, die, einer Krone gleich, auf der höchsten Erhebung, dem Hügel des Vomero, über der Stadt dominiert, sieht sie eher wie ein trauriger braungrauer Koloss aus. Zwischen Zentrum und Anhöhe kann das Auge die letzten grünen Felder Neapels und sogar terrassenartig angelegte Weinberge erspähen. Hatten die Neapolitaner diesen Anblick vor Augen, als die Redensart entstand?

Neapel ist mit der Vorstellung vom guten Klima untrennbar verbunden. Laut der Wetterstation Kampaniens scheint die Sonne in Neapel an 235 Tagen im Jahr. Die Temperaturen sind auch im Winter angenehm, sodass Bars und Restaurants fast immer Tische und Stühle auf dem Trottoir stehen haben.

Als ich nach achtzehn Jahren den Fuß wieder auf neapolitanischen Boden setze, um hier einer neuen Arbeit nachzugehen, geht es mir so, als ob ich Neapel zum ersten Mal sehen würde. An diesem Frühmorgen empfängt mich am Flughafen ein strahlend blauer Himmel wie im Bilderbuch. Die erste Überraschung erlebe ich am Taxistand. Es gibt eine Schlange! Ich hatte die Neapolitaner als chaotische Meute in Erinnerung. Die Leute aber warten geduldig in der Reihe, bis sie drankommen. Damit das Prozedere schneller vonstatten geht, dirigiert ein korpulenter Mann die Wartenden. Die Arme heftig gestikulierend, schreit er Anweisungen in einem unverständlichen Dialekt: Auto fährt vor, Taxifahrer steigt aus, verstaut das Gepäck im Kofferraum, Leute steigen ein, weiter, nächstes Auto und wieder das animalische Gebrüll: »*Uè! Signò! A 'cca!* Bitte hierher!« Als ich in das Taxi steige, lächelt mich ein junges Sarazenengesicht an und fragt mich ganz unvermittelt: »*Centro o tangenziale?*« Ich entscheide mich für den Weg durch das Zentrum und gegen den Stadtring, denn so oder so muss man sich auf dichten Verkehr einstellen. Das Taxi fährt über die Piazza Garibaldi auf die Hauptverkehrsader Corso Umberto, biegt dann am Hafen in die Via Acton in Richtung Riviera di Chiaia, die vornehme Uferpromenade, wo sich mein Büro befindet. Während der Fahrt fällt mir auf, dass die Balkone der schönen neoklassizistischen Gebäude kaum genutzt werden. Nur einmal sehe ich einen einsamen rauchenden Herrn. Überwiegend dienen sie als Standort für die Motoren der Klimaanlagen. Werbeschilder hängen an den antiken verschnörkelten Balkongittern. Wenn ich den Blick ganz nach oben richte, sehe ich einen Streifen hellblauen Himmels und dann Sonnenschirme, Palmen und Oleander, die von den Balustraden der Dachterrassen hervorlugen. Während unten Autos, Busse und Mofas die Straße verstopfen und es auf den Bürgersteigen von eilenden und drängelnden Passanten nur so wimmelt, scheinen sich auf den Dächern kleine private Paradiese zu verbergen. Die Terrasse ist zentraler Ort im neapolitanischen Alltag: Hier wird zu Mittag und zu Abend gegessen, der Espresso wie der Aperitif getrunken, werden Freunde empfangen. Freilich sind die Glücklichen, die sich eine Wohnung mit Terrasse leisten können, nur wenige. Aber deswegen verzichtet kein Neapolitaner auf den Genuss der Sonne. Sobald die Temperaturen um die zwanzig Grad liegen, geht der Sonnenhungrige ans Meer. Bereits im April liegt auf den Felsblöcken vor der Promenade Jung und Alt.

Erwartungsgemäß verbrachte ich die erste Zeit mit Wohnungssuche. Zunächst kam ich ein paar Wochen zur Untermiete bei Familie Militante unter. Ich hatte die Anzeige für eine *stanza singola con bagno, panoramica* am Schwarzen Brett im deutschen Generalkonsulat gefunden. Die Dame am Telefon war reizend. Nach zwei Minuten – mit ein paar geschickten Fragen – wusste sie schon über mein Leben Bescheid. »Hausnummer 22, ganz oben.« Ich wollte schon auflegen, als sie energisch hinzufügte: »Und sagen Sie bitte dem Portier nicht, dass Sie kommen, um sich das Zimmer anzuschauen. Ich werde Sie als meinen Besuch ankündigen.« Als ich zu verabredeter Stunde erschien, machte ein schmächtiger Mann am Eingang die Tür auf und, bevor ich auch nur »äh« sagen konnte, wies er auf den Fahrstuhl: »Sechster Stock.« Dann drückte er mir ein Zehn-Cent-Stück in die Hand. Denn in Neapel ist es immer noch üblich, dass man für die Nutzung des Fahrstuhls eine Münze einwirft. Damit kommt man für seine Wartung auf. Das gilt in vornehmen bürgerlichen wie in Arbeitervierteln, wo ausnahmslos der Obolus verlangt wird.

Als ich das Zimmer sah, war ich sofort angetan. Es hatte honigfarbenes Parkett und neue Möbel. Vom Fenster aus sah man den Umriss der blauen Insel Capri wie auf einer Zeichnung von Karl Friedrich Schinkel. Auch der Majolikafußboden im Esszimmer, das ich mir wie die Küche mit der Familie Militante teilen musste, schien aus dem vorigen Jahrhundert zu stammen. Eigentlich war er ein Imitat, wie ich in den nächsten Tagen erfahren sollte, aber hergestellt in den Sechzigerjahren in einer Werkstatt an der Amalfi-Küste. Nachdem ich das Zimmer angemietet hatte, wurde ich im Nu zur Nichte der Vermieterin befördert. *Per carità*, um Gottes willen dürfe der Portier nicht erfahren, dass ich hier zur Miete wohne. Im ersten Moment dachte ich, dass sich die Dame womöglich schämte. Vielleicht war die Familie aus finanzieller Not gezwungen, das Zimmer zu vermieten. Aber dann fiel mir noch auf, dass mir weder ein Untermietvertrag noch eine Quittung ausgehändigt worden waren, als ich die geforderte Anzahlung entrichtet hatte. Oft bessern die Eigentümer ihr Einkommen auf, indem sie Wohnungen oder Teile davon schwarz vermieten. Doch das ist streng genommen kein ausschließlich neapolitanisches Phänomen. Auch in Rom und Mailand hinterziehen die Vermieter Steuern. Deswegen verabschiedet die italienische Regierung regelmäßig neue und strengere Vorschriften, was die Vermietung von Privatwohnungen angeht. So kann das Schwarzvermieten, wenn die

Finanzpolizei dahinterkommt, eine sehr teure Angelegenheit werden. Vielleicht fürchtete die Dame, der Portier könnte sie bei der zuständigen Behörde anschwärzen?

In den darauffolgenden Wochen suchte ich intensiv nach einer Wohnung. Bekannte und alte Schulfreunde fragten mich:»Bist du für immer aus Berlin weggezogen? Warum denn das?« Sie konnten sich einfach nicht vorstellen, dass ich freiwillig nach Neapel zurückgehen würde. *Fujtevenne!* lautete der Imperativ des neapolitanischen Dramaturgen Eduardo De Filippo, der seinen Landsleuten empfahl, die Stadt wegen der seit Jahrhunderten bestehenden Probleme unbedingt zu verlassen. Regelmäßig wird dieser Spruch von den Neapolitanern aufgegriffen, sowohl in meinem privaten Bekanntenkreis als auch von Persönlichkeiten aus Politik und Kultur. Neulich erntete der Erziehungsminister Kampaniens Missbilligung und Kritik, weil er bei einer Podiumsdiskussion zum Thema Jugendgewalt den zitierten Satz vorbrachte. Damit ist der genannte Assessor nicht allein. In keiner anderen italienischen Stadt wird so über Missstände gejammert wie in Neapel. Als ich meinen Geschwistern von meiner Absicht erzählte, dieses Buch zu schreiben, fuhr mein Bruder Antonio hoch. Für die»Gebrauchsanweisungen für Neapel« brauche man nicht ein ganzes Buch zu schreiben. Drei Worte würden vollkommen genügen: *Nun ce venite!* Kommt nicht her! Aus dieser Äußerung spricht die Resignation des Einheimischen, der seit Jahrzehnten mit unlösbaren gesellschaftlichen Problemen konfrontiert ist: organisierte Kriminalität (*camorra*), Verwicklungen zwischen krimineller Unterwelt und Politik, Umweltverschmutzung und vor allem die Arbeitslosigkeit machen den Neapolitanern zu schaffen. Bezeichnend ist, dass Neapel immer noch eine Stadt ist, aus der man emigriert. Man verlässt die Heimat, um woanders Arbeit zu suchen. Anfang des zwanzigsten Jahrhunderts gingen zwei Millionen Neapolitaner nach Amerika. Gegenwärtig ziehen vor allem zahlreiche Hochschulabsolventen nach Norditalien oder ins Ausland zur

Arbeitssuche. 2007 hat das Innenministerium die Statistik der Ab- und Anmeldungen in ganz Italien veröffentlicht. Die Zahl derjenigen, die aus Süditalien weggezogen sind, hat wieder das Niveau der Sechzigerjahre erreicht, als eine Million Menschen ins industrielle Dreieck (Mailand, Turin, Verona) und nach Deutschland auswanderten.

Meine Freunde sagten: »Jetzt suchst du eine Wohnung? *Poverina*. Du Arme!« Und sie hatten guten Grund, mich zu bemitleiden. Eine Mietwohnung in Neapel zu finden ist ein titanisches Unternehmen, das dazu auch noch Engelsgeduld verlangt. Man muss die Sprache der Anzeigen verstehen. Gasetagenheizung kann bedeuten, dass der Vermieter vielleicht gedenkt, irgendwann mal eine Heizung einzubauen. Der Zeitpunkt ist natürlich unbekannt. Hinter *ristrutturato* oder *buono stato* verbergen sich meist renovierungsbedürftige Räume. Die Nachmittage verbrachte ich also mit Anzeigenlesen und Wohnungsbesichtigungen. Andere Freunde sagten: »Warum ziehst du nicht zu deinen Eltern?« Ich schaute meine Bekannten verwundert an, die wiederum meine Verblüffung nicht verstanden. In Neapel und in ganz Süditalien leben die Kinder bei ihren Eltern, bis sie heiraten oder sich endlich eine eigene Wohnung leisten können. Die meisten versuchen, mit Erspartem, der Unterstützung der Eltern und einem Kredit in die eigenen vier Wände zu investieren. Ungern wird in Neapel auch an *residenti*, die Ansässigen, vermietet. Die Eigentümer meinen, wenn der Mieter erst mal eingezogen sei, hätten sie überhaupt nichts mehr zu sagen. Ohne mit ihnen Rücksprache zu halten, reiße er Wände ab, lasse neue einbauen, die ganze Sippschaft ziehe ein, und irgendwann mal bezahle er auch die Miete nicht mehr. Bis man schließlich einen nichtsolventen Mieter auf legalem Weg los wird, können auch Jahre vergehen. Deswegen zieht man es vor, *uso foresteria* zu vermieten, d. h. an Auswärtige, die sich berufsbedingt nur für eine begrenzte Zeit in der Stadt aufhalten. Auch die gesetzlichen Vorschriften sind in diesem Fall für die Vermieter günstiger. Der Vertrag läuft nach einem Jahr aus, sprich, bei Verlängerung kann die Miete erhöht werden. Zudem ist der Zins meistens höher als die durchschnittlichen Marktpreise, da solche Wohnungen meist möbliert sind. Ich schaute mir dunkle Behausungen an, in denen das abgenutzte Großmuttersofa oder die Einbauküche der inzwischen verstorbenen Eltern nach Intention des Vermieters immer noch *bella figura* machen sollten. Die Lieblingsmieter der Neapolitaner sind Diplomaten und Sportler: Diese sind meist alleinstehend, immer im Büro oder beim Training, auf Dienstreise oder für Auswärtsspiele unterwegs. Da ich weder das eine noch das andere bin, musste ich mich wie alle anderen durch den Dschungel des neapolitanischen Immobilienmarktes schlagen.

Ich weinte mich bei meiner besten Freundin aus. Jeden Abend telefonierte ich nach Berlin. »Wie ist das Wetter bei euch?«, fragte sie. »Wie gestern: sonnig.« – »Ach, du hast es gut!«, war ihr Kommentar. Hier erntete ich also kein Mitgefühl. Als ich mich für eine Wohnung an der Piazza Dante im historischen Zentrum interessierte, warnte mich wieder die Vermieterin am Telefon vor, ich dürfe dem Portier nicht sagen, ich sei wegen der Wohnung dort. Am besten meldete ich mich als eine Freundin von Maria Rosaria. »Warum?«, fragte ich, als die Vermieterin uns in der Wohnung empfing. Meine Schwester, die mich an dem Tag begleitete, schaute mich mit Missbilligung an. Ihr Blick sagte, die achtzehn Jahre im Ausland hätten meine Erinnerung an die neapolitanischen Bräuche offenbar ausgelöscht. Die Portiers verbringen den Tag damit, das Hin und Her der Hausgäste zu beobachten, Post und Pakete entgegenzunehmen. Deswegen wissen sie über alles und jeden Bescheid. Weil die Tätigkeit aber wenig anspruchsvoll ist, gehen sie Nebentätigkeiten nach. Zum Beispiel empfiehlt der Portier einen neuen Mieter, verlangt aber vom Vermieter eine Provision wie ein professioneller Makler, das heißt ungefähr eine Monatsmiete. Im Jargon ist aber nicht von Provision die Rede, sondern von *regalo*, einem Geschenk, mit dem sich der Vermieter für die Aufmerksamkeit bedankt. Widerwillig spricht der Neapolitaner übers Geld, vor allem im Bekanntenkreis. Verwirrend ist es, wenn man einen Bekannten mit einer Dienstleistung beauftragt, das Auto oder den Fernseher zu reparieren oder einen kleinen Transport zu organisieren. Fragt man ihn nach einem Kostenvoranschlag, geniert er sich. »*Un regalo a piacere*, ein Trinkgeld nach Ihrem Belieben«, ist oft die Antwort oder: »*Ma, niente, fate voi*, nichts, ganz wie Sie meinen!«

Es vergingen einige Monate, bis ich endlich meine Wohnung im zentralen Viertel Toledo-San Ferdinando fand. Sie war zwar unrenoviert, hatte aber zwei helle Räume und eine kleine Terrasse mit Aussicht auf die Piazza. Für die Malerarbeiten empfahl mir der Vermieter, mich an den Portier zu wenden. Dieser hätte vor Jahren in einem Malerbetrieb gearbeitet. Franco, ein großer Mann, permanent mit dem Flicken eines Tauchanzuges beschäftigt, ist im Haus der »Mann für alles«: Er kümmert sich um kleine Reparaturen, hilft beim Transportieren von Gepäck oder Einkaufstüten und organisiert sogar Nah- und Fernumzüge. Auch holt er Zigaretten für die Eigentümer, die zu bequem sind, selbst herunterzugehen, und bringt auch ihre Mülltüten weg, die sie abends vor ihre Haustür stellen. Als wir über sein Honorar sprachen, wollte er sich zunächst nicht festlegen, dann begann das *tira e molla*, das Tauziehen der Verhandlungen. Er sagte tausendfünfhundert, ich sagte tausend, er gab vor, den Auftrag abzulehnen. Ich spielte die Beleidigte und zog die Mundwinkel nach unten, machte aber keine Anstalten, das Portierhäuschen zu verlassen. Mein deutscher Ehemann folgte verdutzt dem Gespräch. Minuten vergingen mit diesem köstlichen Hin und Her, bis wir endlich einen für beide Parteien akzeptablen Kompromiss fanden. Natürlich hatte der Hausmeister anfangs einen doppelt so hohen Preis wie eine professionelle Malerfirma verlangt. Schließlich war ich neu in der Stadt, und er konnte annehmen, ich würde die Preise nicht kennen. Und ohnehin war er davon ausgegangen, dass ich als Neapolitanerin verhandeln würde.

Ab und an besuchte ich Franco während der Renovierung, um den Stand der Dinge im Auge zu behalten. Die Arbeiten verliefen schleppend. Um mich von seinem Pfusch abzulenken, erzählte er mir gerne vom Haus und den Nachbarn. In den Neunzigerjahren gehörte die Wohnung einem Musikproduzenten, der hier seine Firma hatte. Er war der Spross einer Familie von bekannten Sängern und Musikern, die in Neapel Musikgeschichte geschrieben haben. Ende der Neunziger ging die Firma *sotto e 'ncoppa*, d. h. bankrott. Die Wohnung wurde unter Wert an einen Unternehmer, meinen jetzigen Vermieter, verkauft. Somit fing die *opera buffa* an mit dem Don Giovanni und dem treuen Leporello. Der Eigentümer benutzte die Räume eigentlich eher als Abschreibungsobjekt und *piede à terre*, um seine Geliebten zu treffen. Blondierte Damen mit großer Oberweite gingen ein und aus, erzählte Franco. Eine tagsüber, eine andere abends. Ab und an rief die Ehefrau des Unternehmers an und wollte wissen, wer ihren Mann besuche. »Signora, ich weiß nicht. Die Leute kommen und gehen. Es sind viele Büros in diesem Haus.« Franco runzelt die Stirn, was hätte er ihr sagen sollen? Schließlich gab ihm Herr T. jede Woche eine *bella mancia*, ein sattes Trinkgeld, »um die Blumen zu gießen«. Sobald der Eigentümer außer Haus war, ging Franco in die Dachwohnung. Weniger um sich den Pflanzen zu widmen, als sich in die Sonne zu legen. »*Che spettacolo!* Welche herrliche Aussicht!«, sagte er mir und ließ dabei in der Geste der Bewunderung die Hand schnell kreisen. Er nahm sogar seinen eigenen Liegestuhl mit hoch. Manchmal stieg er mit der Leiter aufs Dach und lag in der Sonne, ungestört süße Mußestunden verbringend. Er betrachtete den Golf, die Fähren, die von den Inseln Ischia und Procida kamen, die Möwen, die auf den Statuen der gegenüberliegenden Kirche saßen und ihr Geschrei von sich gaben. Auf der Terrasse in der Sonne zu liegen ist schließlich der Traum vieler.

Endlich konnten wir mit zwei Monaten Verspätung die Wohnung Ende November beziehen. Als ich gerade dabei war, die Gardinen anzubringen, sah ich von der Leiter aus auf dem Balkon unter uns den Nachbarn in Unterhose. Er erinnerte an einen jener antiken Fischer, die die Veduten der nordeuropäischen Reisenden der Grand Tour bevölkern. Später erschien er in einem weißen Bademantel: Wie auf dem Deck eines Kreuzfahrtschiffs legte er sich auf den Liegestuhl und wandte das Gesicht der schüchternen Novembersonne zu. Nicht, dass Neapel in den Tropen liegen würde, aber die Terrasse liegt im Windschatten. Die braune Hautfarbe ist für die Süditaliener nach wie vor Zeichen von Gesundheit und Schönheit, Ozonloch hin oder her.

Ich traf die Nachbarn auf der Treppe. Sie begrüßten mich und unterhielten sich über das Wetter, dann fragten sie mich, ob es in Deutschland kalt sei: »*Fa freddo in Germania, fa freddo?*« Die Wiederholung am Ende des Satzes ist charakteristisch für die süditalienische Sprache, sie dient als Verstärkung, ist Ventil für Emotionen. Die Neapolitaner haben die Vorstellung von Nordeuropa als einem Land eisiger Kälte. Auch der Portier fragte mich mit mitleidigem Blick, ob bei meinem langen Aufenthalt in Deutschland die Sonne geschienen habe. So blass schien ihm mein Gesicht. Er meinte, ich sollte in der *Villa Comunale* oder an der Uferpromenade spazieren gehen, '*o sole* würde das schon richten.

Nichts fürchtet der Süditaliener mehr als Regen und Kälte. Im Winter, der meist nur ein paar Wochen dauert, beklagt er sich über das Unwetter. Und wenn es regnet, gibt es auf den Straßen kein Durchkommen mehr, denn alle lassen das Mofa in der Garage, verzichten auf den Bus und fahren lieber mit dem Auto, um trocken anzukommen. Mein Cousin geht nicht zur Uni, weil es schon vorgekommen ist, dass die U-Bahn wegen starkem Regen stehen blieb. Und sogar Ausstellungseröffnungen sollen bei schlechtem Wetter schon buchstäblich ins Wasser gefallen sein, weil die geladenen Gäste einfach nicht kamen.

Die *portieri*, die Pförtner, sind diejenigen, die die Kunst des Euphemismus am besten beherrschen. Der herrschaftliche Palazzo, in dem mein Büro untergebracht ist, wird von einem Portier-Paar behütet. Gleich hinter dem acht Meter hohen Tor befindet sich ein kleines Häuschen aus Mahagoniholz, in dem sich das Paar tagsüber abwechselt. Oft sitzen sie auch zusammen hinter dem Glas und sehen wie eine süditalienische, ärmere Kopie des Königspaars von Velázques »Las meninas« aus. An der Mauer hinter ihrem Stuhl hängt neben einem Kalender mit Ansichtspostkarten von Capri ein kleines Bild des Mönchs aus Pietralcina, dem heiligen Padre Pio. Die Frau Portierin ist Dienerin, Kupplerin und Furie zugleich. Ihre Haut hat ganzjährig die Farbe von Milchschokolade. Sobald der Frühling einbricht, stellt sie sich vor den Palazzo. An die Mauer gelehnt, dreht sie das Gesicht zur Sonne: »*Così mi abbronzo*, um braun zu werden«, meint sie zu mir im vertraulichen Ton. Einen Stuhl darf sie vor das Haustor nicht stellen. Früher war es üblich, dass der Hausmeister am Hauseingang direkt auf dem Bürgersteig auf einem Strohstuhl saß und über das Haus wachte. Das sieht man heute nur noch in den Filmen der Fünfzigerjahre mit Sophia Loren, meinen die bürgerlichen Nachbarn des edlen Baus. Doch habe ich noch ähnliche Szenen in den volkstümlichen Vierteln der Stadt erlebt. Aber in diesem Palazzo herrschen strenge Regeln, denen sogar Frau Portierin ihre Lust auf Sonne unterordnen muss. Die schmalen Lippen schminkt sie mit einem glänzenden, meist pinkfarbenen Lippenstift. Ihr Ton ist autoritär, duldet keine Widerworte. Dagegenhalten oder protestieren nützen nichts, denn das Wort ist ihre Waffe. Wenn sie sich aufregt, wird der Mund zu einer dünnen, festen Linie wie die Fratze einer Marionette aus dem Puppentheaterspiel mit Pulcinella. An meinem ersten

Arbeitstag empfing sie mich mit einem traurigen Gesichtsausdruck. Die Augenbrauen waren wie die Mundwinkel nach unten gebogen, und in den nussfarbenen Augen schimmerte ein mehrdeutiger und selbstsicherer Blick. Sie heiße mich willkommen, sagte sie und streckte dabei die Hand aus. Da ich neu hier sei, erlaube sie sich, mir einige Informationen über das Haus zu geben. Dabei müsse sie nun leider auch einige Mitteilungen über das Verhalten der Kunden meines Büros machen. Sie kämen und gingen und ließen ständig das Tor zuschlagen; damit würden sie gegen die Regeln der Hausgemeinschaft verstoßen. Es gäbe sogar manche, die im Treppenhaus rauchten. Und andere würden im hellhörigen Innenhof laut miteinander reden oder Telefonate auf dem Handy entgegennehmen. Damit würde der Hausfrieden beträchtlich gestört werden. Obwohl sie selber immer vermittelnd gewirkt habe, seien in letzter Zeit die Wohnungseigentümer dem Büro gegenüber ziemlich negativ eingestellt. Ganz unvermittelt fragte sie mich dann mit einem schüchtern-scheinheiligen Lächeln nach den typischen Bräuchen in Deutschland: Ob die Deutschen auch Weihnachten und Ostern feiern würden. Wenn ich vielleicht schon bei ihrem ersten Wort gespürt hatte, dass es sich hier möglicherweise nicht einfach um einen höflichen Willkommensgruß handelte, so war mir spätestens jetzt klar, dass sie mir ihre zentrale Position direkt am Eingang des Hauses klarmachen wollte. Und ganz nebenbei machte sie mich damit auf das ihr zu Festtagen zustehende Trinkgeld aufmerksam.

Am Tag darauf bekam ich Besuch von einer Journalistin einer lokalen Tageszeitung. Sie kam mit einer kurzen Verspätung, ein dringender Anruf hätte sie noch im Hof erreicht. Als sie gerade ihr Handy aus der Tasche geholt hatte, habe sie schon die Hausmeisterin auf die Hausordnung hingewiesen: Besucher dürfen im Hof nicht telefonieren! Die sei aber wirklich sympathisch, meinte die Pressefrau. Sie verdrehte die Augen und bewegte die rechte Hand wie einen Fächer nach unten. Die Geste war mir sofort klar. Sie meinte damit, Mannomann, was für ein Typ: Die hat doch Haare auf den Zähnen!

So schlimm? Sind die Neapolitaner wirklich so anstrengend? Dazu kann man eine Geschichte erzählen. Als Gott die Welt schuf, gab er Neapel das blaue Meer, die schöne Sonne, das milde Klima. Auf den Hügeln hinter der Bucht ließ er Pinien, Oleander und Bougainvilleen wachsen. Und er sah, dass es gut war. Dann machte sich Gott daran, Berlin zu erschaffen. Er nahm Sand, warf diesen zur Erde, worauf nichts wuchs. Graue Wolken überzogen den Himmel, und Regen kam herunter das ganze Jahr über. Daraufhin trat ein Engel an die Seite des Herrn und sprach zu ihm: »Mein Herr, ist das gerecht? Neapel so schön, Berlin so trist?« Da dachte der Herr nach und erschuf die Neapolitaner.

'O mare.
Tag und Abend am Meer

Das Meer gehört den Neapolitanern, wie die Lieder der »Belle Époque« besingen, auch wenn das Wasser nicht mehr sauber ist. Von Weitem klappt die optische Täuschung heute wie früher. Die Natur hat es so gewollt: Das Meer wirkt hell- bis saphirblau wie der Himmel. Von Nahem, wenn man an der Uferpromenade in Richtung *Castel dell'Ovo* läuft, riecht es leider oft nach faulen Eiern. Das hat der Mensch sich so eingebrockt. Laut dem jährlichen Bericht der italienischen Umweltliga sind die Kläranlagen Neapels veraltet und völlig unzureichend angesichts der hohen Bevölkerungsdichte. Den Rest besorgen der Hafen, nach Genua der zweitgrößte Italiens, und die vielen Personenfähren, Tragflächenboote und privaten Jachten, die hier jeden Tag an- und wieder ablegen. Aber wen interessieren schon die wissenschaftlichen Studien an einem heißen Sommertag? Vom Jachthafen in Mergellina bis nach Santa Lucia herrscht in der schönen Jahreszeit ein Gewimmel von rustikalen Badenixen und polternden Neptunen, die ungeachtet des Badeverbots Kühlung im Meer suchen. Junge Mütter unterhalten sich lebhaft. Ihr Rücken ist so gerötet, dass er wie Schlangen die Haut abwirft. Die Großmutter holt frische Melonenscheiben aus der Kühltasche und ruft die Enkel herbei, die mit Schwimmflossen ihren ersten unabhängigen Gang in die Wellen versuchen. Jugendliche – manche von ihnen tragen bloß eine Unterhose – wetteifern im Springen von den Wellenbrechern. Ein verliebtes Pärchen schmust ekstatisch.

Dieser Anblick bietet sich mir an einem heißen Junitag aus dem Fenster des amerikanischen Generalkonsulats, wohin ich zu einem Termin eingeladen bin. Der weiße, von Betonklötzen abgeschottete Koloss befindet sich an der Piazza della Repubblica, direkt am großen Boulevard Via Caracciolo. Das sei das *popolino*, das lärmende Kleinvolk, das von den *quartieri*, den volkreichen Vierteln, jeden Tag, einem Barbarenzug gleich, hierher ströme, erklärt mir eine Assistentin des Konsuls, während ich aus dem Fenster schaue. Die Neapolitaner aus Chiaia, Mergellina und Vomero würden an die Strände am Posillipo und *Marechiaro* gehen. Dort sei schon wegen der hohen Eintrittspreise für die privaten Strände die Kundschaft ausgesiebt. Hier bekommen wir jetzt einen Hauch der traditionellen Animositäten unter den Stadtvierteln zu spüren.

Schon wegen seiner geografischen Position als Viertel auf dem höchsten Hügel fühlt sich das bürgerliche Vomero zu Besserem berufen. Wenn Sie an der Piazza Vanvitelli aus der *Funicolare* oder der U-Bahn steigen, bekommen Sie durch die vielen gepflegten neoklassizistischen Bauten den Eindruck, Sie seien in einer norditalienischen Stadt wie Mailand oder Bergamo. Übrigens, die *Funicolari*! Die berühmten Drahtseilbahnen Neapels werden zu Ihrem bevorzugten Beförderungsmittel werden. Drei Linien (Montesanto, Centrale und Parco Margherita / Chiaia) verbinden im Zehn-Minuten-Takt das Zentrum mit dem Hügel. Mit diesem antiken Vehikel legen Sie in sehr kurzer Zeit eine Strecke zurück, die Sie mit dem Auto oder dem Bus eine halbe Stunde Fahrt durch den dichten Verkehr und über enge Serpentinenstraßen kosten würde. Gebaut um die Jahrhundertwende, waren sie jahrzehntelang in Betrieb. Zu meiner Studienzeit waren sie alternierend wegen technischer Pannen vorübergehend geschlossen. Erst vor Kurzem sind sie restauriert worden. Die alten Züge mit den Holzsitzen wurden abgeschafft; moderne Personenkabinen und Anlagen haben ihren Platz eingenommen. Trotz Renovierung haben einige Bahnhöfe etwas von ihrer altmodischen Patina behalten. Die Leuchtschrift in der *Funicolare Centrale* kündigt an, ob die nächste Fahrt *diretto* oder *misto* ist. Schon diese Bezeichnung klingt wie aus der Zeit meiner Großeltern. *Diretto*, die nur jede halbe Stunde fährt, verbindet beide Endstationen Toledo und Vomero ohne Zwischenhalt. *Misto* hält zusätzlich an den Zwischenstationen Petraio und Corso Vittorio Emanuele. Für die Bewohner des Viertels Vomero sind die unteren Stadtteile im historischen Zentrum und am Meer *Napoli giù*. Wenn die Vomereser das sagen, schwenken sie die Hand in einer abschätzigen Geste von oben nach unten. *Napoli giù*: das ist geräuschvolle Kulisse, die Enge der kleinen Gassen, das volkstümliche Leben. Oben am Vomero sei alles feiner, schon die Luft sei wegen der Höhe sauberer, meinen sie und übersehen dabei gerne, dass die Straßen um die autofreie Einkaufsmeile der schicken Via Scarlatti zu jeder Tagesstunde verstopft sind. Wiederum meint der Bewohner des Spanischen Viertels oder der Via Tribunali im historischen Zentrum, die *vomeresi* seien arrogant. Auch die Einwohner von Chiaia werden als überheblich betrachtet, aber weil hier das Leben so glänzt, bewundert und beneidet man sie. Traditionell ist Chiaia das Viertel der Mode. Hier sind die Ausstatter der *sartoria napoletana*, die in der Welt Synonym für gepflegte Herrenmode geworden ist. Hier können Sie sich maßgeschneiderte Hemden aus leichtem Baumwollmusselin sowie Anzüge aus englischem Stoff anfertigen lassen. Auch die Preise orientieren sich übrigens am kostspieligen Londoner Vorbild. In Chiaia ist alles brillant, schicker, edler, schöner. Die herrschaftlichen Palazzi zwischen der Piazza dei Martiri und der Piazza Amedeo gelten als die teuersten Immobilien der Stadt. Die Damen und Herren sind fein angezogen, quasi ein lebendiges Abbild aus der patinierten Vogue. Sie haben es gut! Entweder gehören sie einer alteingesessenen Familie an, oder sie haben es von allein geschafft. Jetzt leben sie hier, die dandyhaften Chefredakteure, die Galeristen und Architekten, Intellektuellen und Modeschöpfer, Makler und Anwälte, die abends zum Aperitif im *Caffè Cimmino* oder in der Via Belledonne mit ihrem BMW erscheinen.

Wie einfach und beschaulich ist dagegen das Leben in Santa Lucia und Mergellina. Beide sind zwar auch bürgerliche Viertel, sie zeichnen sich aber durch eine heterogene soziale Struktur aus. Zwischen dem Tuffsteinmassiv des Pizzofalcone und der Via Santa Lucia besteht ein dichtes Geflecht von engen Gassen, genannt *il pallonetto*, wo schon im neunzehnten Jahrhundert die *camorra* hauste. In der vornehmen Via Santa Lucia lebte dagegen das wohlhabende Bürgertum, aber auch die Fischer und die Kutscher. Ich wette, Sie kennen das Lied *Santa Lucia*. Nein? Okay, dann singe ich jetzt die Melodie, und Sie werden es sofort erkennen. Denn die neapolitanischen Lieder, die von Santa Lucia inspiriert wurden, sind in aller Welt bekannt. Sie besingen die herrlichen Aussichten auf die Bucht von Neapel im Mondlicht. In Santa Lucia stehen die Grandhotels, die traditionsreichen luxuriösen Herbergen, in denen berühmte Reisende von Giacomo Casanova und Alexander von Humboldt bis Sophia Loren, Bill Clinton und Claudia Schiffer wohnten.

Auch der Kiez Mergellina ist von einer gemischten Bevölkerungsstruktur geprägt. Einerseits sind in den imposanten Bauten Konsulate, Banken, Notar- und Anwaltskanzleien untergebracht. Andererseits wohnen hier große Familien mit bescheidenen Monatseinkommen, wie man am günstigen Markt am Largo Torretta erkennen kann.

Aber zurück ans Meer. Dort, gleich hinter der Piazza Sannazzaro, wo die Anhöhe des Posillipo beginnt, sind mehrere kleine Buchten, welche die Stadtverwaltung an Privatleute verpachtet hat. Das Wasser sei dort sauber, denn ein Netz halte den Schmutz fern, so glauben viele. Man sieht kleine Strände mit dunklem vulkanischem Sand. Bei anderen findet man Holzstege, die auf die Felsen gebaut wurden. Die Strände am Posillipo sind als mondäne Orte des Sommers in die Stadtgeschichte eingegangen. Im *Bagno Elena* zum Beispiel, Mitte des neunzehnten Jahrhunderts eröffnet und zu Ehren der italienischen Königin nach ihr benannt, trafen sich Aristokraten, Minister, Tänzerinnen und Millionäre. Hier nahmen stürmische Liebesaffären ihren Anfang, über die in der Stadt monatelang getratscht wurde. Hier wurde Politik gemacht, wurden Geschäfte diskutiert und mit einem Handschlag besiegelt. Heute sind die *lidi* lange nicht mehr ausschließliches Privileg der Hochwohlgeborenen. Neben die feinen Gräfinnen legen sich auch die Kassiererinnen, Sekretärinnen und Lehrerinnen in die Sonne, vorausgesetzt sie sind bereit, die stolzen Eintrittspreise zu zahlen. Inzwischen sind die Anlagen zu regelrechten Unternehmen geworden, Tempel der Schönheit und des Müßiggangs. Zwischen dem Bad und einem kleinen Nickerchen kann man unter dem Sonnenschirm eine Ayurveda-Rückenmassage oder eine Maniküre bestellen. Auch muss die feine Dame nicht schwitzen. Einige Bereiche auf dem Holzsteg sind dank eines ausgeklügelten Systems auch im Freien klimatisiert.

Zwischen den Grandhotels und dem *Castel dell'Ovo* verbergen sich die exklusiven Vereine, in denen die Bourgeoisie ihre Freizeit verbringt. Eine kleine, eher unscheinbare Steintreppe führt vom Bürgersteig hinunter zu einem Kai, zum Herrenklub. Man klingelt an einer soliden Holztür, auf der das Siegel des Klubs hängt. Ein Butler in Uniform öffnet und sagt: »Guten Abend, Professor R. erwartet Sie schon auf der Terrasse.« Oder: »Buongiorno, Herr M. freut sich, Sie im Kaminzimmer zu sehen.« Selbstverständlich, es sind Herrenklubs, zu denen Gäste und Damen nur Zutritt auf Einladung haben.

Man wird durch mehrere Räume mit hellem Majolikafußboden geleitet, die den Blick auf den kleinen Jachthafen freigeben. Das Mobiliar ist im Marinestil gehalten: rotbraunes Holz und tiefblaue Sessel und Diwane, alles vom Feinsten, ein wenig Kitsch, ein wenig englisch. Auf dem Kaminsims Holzmodelle von Segelschiffen und Fregatten. Verschiedene nationale wie ausländische Tageszeitungen und Magazine stehen dem Gast zur Verfügung. Große Bildbände über Meere und Ozeane präsentieren sich stolz in den Bücherregalen. Hier trifft man sich zum Lunch oder zum Abendessen, zum Kaffee oder zum Aperitif. Die Hausordnung ist streng. Abends sind für den Herrn Krawatte und Jackett Pflicht. Handy-Gespräche sind unerwünscht. Dennoch sitzt in einem Sessel in der Ecke ein Gast mit dunkelgrüner Ray-Ban-Sonnenbrille, der auf mobile Gespräche nicht verzichten kann. Er verdeckt seinen Mund mit der Hand und spricht sehr leise: Ist er ein Politiker, ein Industrieller, ein Promi-Anwalt? Denn eines ist hier klar: Im *Club Savoia* wie im benachbarten *Circolo Italia* verkehrt ein bessergestelltes, konservatives Publikum.

In einem Speisesaal sind alle Tische weiß gedeckt, das Besteck ist aus Silber, die Kellner tragen makellose Handschuhe. Die Brötchen sind filigran wie kleine Wolken, als ob sie die Prinzessin auf der Erbse bestellt hätte. Keine neapolitanische Folklore, sondern gedämpfte Stimmen, langsame Bewegungen, Diskretion. Während man diniert, betrachtet man durch die große Fensterfront, wie ein Segelschiff an Land kommt. Jemand hilft das Seil an einem Poller zu befestigen. Ein Herr Mitte fünfzig und ein jüngerer Mann gehen an Land. Früher – so erzählt mir die Freundin, die mich an dem Abend zu einer Einladung in einen der *circoli* mitgenommen hat – herrschte unter den Vereinen eine große soziale Konkurrenz. Die Mitgliedschaft bei dem einen oder anderen gab Auskunft über die gesellschaftliche Schicht, ob Aristokrat, Unternehmer oder Neureicher. Der Vater meiner Freundin, eine echte Fürstin, deren Familienstammbaum bis ins 14. Jahrhundert zurückreicht, bevorzugte den _Circolo Italia._ Er zog irritiert die Augenbrauen hoch, wenn es um den _Circolo Savoia_ ging. Heute sind diese sozialen Grenzen verwischt. Dennoch, für die Passanten, die in Richtung _Castel dell'Ovo_ spazieren, sind die Herrenklubs nicht nur nicht sichtbar, sondern auch weiterhin verschlossen.

Tagsüber gehört die _Promenade_ den Brautleuten, die oft Schlange stehen, um sich vor der grandiosen Kulisse der Bucht mit dem Vesuv im Hintergrund fotografieren zu lassen. Wieder halten schicke Autos – eine mit roten Rosen geschmückte weiße Limousine aus den Zwanzigerjahren, ein silbergrauer Mercedes, ein Jaguar-Cabrio. Die meisten kommen direkt von der kirchlichen Zeremonie. Braut und Bräutigam steigen aus, gefolgt von einer jungen Hochzeitsgesellschaft. Die Hochzeit ist für Italiener das Fest der Feste. Da ist der Neapolitaner nicht knauserig. Für diesen Tag sparen die Familien seit der Taufe der Braut oder des Bräutigams. Jetzt ist ein stundenlanges Posieren vor der einmaligen historischen Kulisse angesagt, damit »der schönste Tag« auch in Erinnerung bleibt. Ein Fotograf mit Pferdeschwanz brüllt dem Brautpaar Unverständliches zu. Eine junge Frau mit schulterfreiem Kleid und Glitzertäschchen legt das Kleid der Braut zurecht, eine andere kümmert sich um die Schleppe, noch eine weitere hält den Blumenstrauß verträumt in der Hand und zwinkert einem jungen Mann mit gegeltem Haar und schwarzer Brille zu. Zwei junge Männer, auch sie mit kiloweise Pomade in den Haaren und der obligatorischen Sonnenbrille, filmen die Fotoaufnahme. Touristenbusse bleiben stehen, runde Gesichter lächeln hinter der getönten Scheibe, die Japaner fotografieren gleich mit. Aber die Braut hat Ringe unter den Augen; sie sieht müde und angestrengt aus. Leider führt kein Weg daran vorbei. Jetzt wie Monica Bellucci gucken, lässig und leger wie die Models im Magazin posieren. Vermutlich sehnt sie sich nur nach dem Abend, danach, die spitzen Schuhe und das enge Korsett ablegen und endlich schlafen zu können.

Die letzte Nacht konnte sie sicherlich kaum ein Auge zumachen. Nicht vor Aufregung, sondern weil ihr Kopf voller Lockenwickler war. Und um sieben Uhr kamen schon die Friseurin und die Kosmetikerin ins Haus. Zwei Stunden wurde sie geföhnt und geschminkt. Ach ja! Diese Prozedur erinnert mich an meine eigene Hochzeit. Ich war fünfundzwanzig, mein zukünftiger Mann dreißig. Wir wohnten schon in Berlin und verstanden von dem ganzen Theater wenig. Immer wieder wurden wir von Eltern, Geschwistern und Verwandten zur Ordnung gerufen. Den wahren Sinn des langen Fotoshootings enthüllte mir zwei Tage vor der Hochzeit eine Cousine meiner Mutter. Mit der stillen Gemächlichkeit eines traurigen Dickhäuters war sie über mehrere Familienkatastrophen (Nachkriegszeit, finanzielle Schwierigkeiten und Ehebrüche) heil und froh hinweggekommen. Gerade hatte ich ihr Hochzeitsgeschenk ausgepackt, als sie mir sagte: »Die Fotos sind das Einzige, das von deiner Ehe übrig bleibt.« Deswegen sei es wichtig, einen guten Fotografen zu engagieren. Nach fünf, sechs, sieben, zehn Jahren schaue sich jede Ehefrau ihre Hochzeitsfotos an und seufze, wie schön alles gewesen sei. Deswegen seien die *fotografie* für eine gute Ehe unerlässlich.

Nach dem Fotoshooting findet das mehrgängige Bankett statt. Eingeladen wird die ganze Verwandtschaft bis auf die Cousinen und Cousins dritten Grades. Lange Diskussionen sind in den Monaten vor dem Tag der Tage über die Gästeliste geführt worden. Man geht zu einem der vielen Restaurants am *borgo marinaro*, dem malerischen Fischerquartier auf der kleinen Felseninsel neben dem *Castel dell'Ovo*.

Im 12. Jahrhundert von Wilhelm I. erbaut und vom Stauferkaiser Friedrich II. erweitert, jahrhundertelang Militärgefängnis, ist die Burg durch Damm und Brücke mit der Via Partenope verbunden. Sie ist heute Museum und Veranstaltungsort des *Comune di Napoli*. Das Kulturdezernat der Stadt organisiert in den kargen Räumen Kunstausstellungen und Konferenzen. Ausländische Konsulate halten auf der Aussichtsplattform, direkt am Wasser, ihre Jahresempfänge ab. Neben dem Vesuv und natürlich der Schirmpinie stellt die mittelalterliche Burg ein fundamentales Element des neapolitanischen Panoramas dar. Laut dem Volksmund befindet sich in einem unentdeckten unterirdischen Gemach das »Ei des Vergil«. Sollte das Ei zerbrechen, werde Neapel untergehen. Ist das der Grund, warum immer ein Polizeiauto vor dem imposanten Tor steht? Die Tür des Wagens steht meist offen, der diensthabende Polizist lehnt daran und beobachtet die vielen Passanten. Einheimische und Touristen kommen täglich in Strömen vorbei. Stadtführer und Fotoapparate werden aus den Taschen gezogen, es wird vorgelesen, erklärt, geknipst: Links *borgo marinaro* und der Vesuv, rechts der Posillipo, gegenüber zum Greifen nah Capri. Der Ordnungshüter fächelt mit der Mütze: Wie viele nackte Beine und Arme! Und milchweiße Dekolletés, blaue Augen, anmutiges Lächeln! Da entgeht einem schon mal das Mofa, das sich das Fahrverbot missachtend auf die Insel schmuggelt.

Vor allem abends belebt sich der Kiez. In den gelb gestrichenen kleinen Häusern sind mehrere Fischrestaurants mit Terrasse direkt auf dem Kai. Kellner stehen am Eingang und locken mit dem jovial ausgerufenen *buonasera* die Kunden. Wenn die Sonne sinkt und das Licht orangefarben wird, ist die Stimmung im *borgo marinaro* wie zu Zeiten der *dolce vita*. Sind es die Nähe des Meers und die milde Luft, die nach Salzwasser und Algen riecht? Oder ist der Anblick der sanften Flanken des Vesuvs, der Jugendstilfassaden der Hotels, die in der Abendsonne wie das Lächeln einer Matrone strahlen, der Grund dafür, dass sich auf einmal das Gefühl puren Glücks einstellt? Auch die verführerisch duftenden Nudeln mit Tintenfischen und Tomaten tun das ihre dazu.

Als man hier vor einer Dreiviertelstunde ankam, blickte

man neugierig und ein wenig neidisch auf die fetten Jachten, die hier ihren Ankerplatz haben, und fragte sich, wie wohl das Leben der Superreichen auf einem dieser erstklassigen Boote aussieht. Jetzt ist es egal: Vor diesem Anblick, an diesem Restauranttisch, gedeckt mit einer absurden rot-weiß-karierten Tischdecke und bedient von einer Wirtin, die wie die junge Sophia Loren aussieht, fühlt man sich mit dem Leben im Einklang. Sogar die Bettler, die Musikanten, die Handleser, die fast im Minutentakt vorbeikommen, können dem Glücksgefühl wenig anhaben. Ich komme oft abends hierher, um eine Freundin oder Kollegen zu treffen. Nach einem der ersten Male, nachdem ich an einem Tisch Platz genommen hatte, riss »Sophia« (eigentlich heißt die Wirtin Giovanna) ihre grünen Katzenaugen auf und lächelte verschmitzt in meine Richtung. Ein paar Minuten später brachte sie uns einen kleinen Korb mit *taralli* und einen Krug gekühlten Weißweins. Die *taralli*! Ich liebe diese krossen Brezeln mit Mandeln und Pfeffer. Viele Neapolitaner schwören darauf, dass die besten der Stadt im berüchtigten Viertel La Sanità gebacken werden. Es gibt mehrere Sorten: *semplici* (einfach gesalzen), mit Oregano, sogar süße mit weißem Zuckerguss. Diese letzten sind aber wohl eher etwas für die Kinder.

Mein Lieblingsgericht bei Sophia sind die Spaghetti mit frischen Tomaten und Basilikum, vor allem im Sommer, wenn die Tomaten die Farbe von Korallenperlen angenommen haben. Ihr süß-säuerlicher Geschmack macht die Stimmung noch milder. Das zarte Mahl versetzt mich in eine Art Meditation. Sofia verdreht nun die Augen, vielleicht kommt ihr meine Bestellung zu einfach und bescheiden vor. Die Spezialität des *borgo marinaro* ist die Fischküche. Fischgerichte und Muscheln in allen Varianten: mit Nudeln, Risotto, gekocht, frittiert, gedünstet, gegrillt. Die Leidenschaft der Neapolitaner gilt den *Frutti di mare*, den Venusmuscheln, *cozze, datteri di mare* und *lupini*. Die Neapolitaner sind geradezu gierig danach. Sie essen sie nicht, sondern saugen sie ein, lassen sie kurz auf der Zunge liegen, bevor sie sie schlucken. Ihr Mund braucht den Geschmack, den Duft nach Meer und Algen, den man unmöglich kauen kann. Die vox populi will, dass die Meeresfrüchte die Sinne wecken, bei Verliebten zumal anzünden. So sollten sie bei keinem romantischen Rendezvous fehlen.

In den Sechzigerjahren, als die Qualität des Wassers noch bedenkenlos war, aßen die Neapolitaner die Muscheln roh, beträufelt mit Zitronensaft. Mittwochs und freitags fuhr mein Großvater in aller Herrgottsfrühe mit seinem schneeweißen Alfaromeo zum Hafen. Hier wartete Antonio Morese auf die Boote, die, vom nächtlichen Fang zurückkommend, beim ersten Sonnenschein ihre Waren in Strohkörben ausbreiteten. Selbstverständlich war es damals wie heute gefährlich, die Früchte ohne jegliche hygienische Maßnahme zu essen. Mehrmals wohnte ich heftigen Diskussionen zwischen Großvater und Großmutter bei. Dramatisch warf sie ihm vor, er würde sich Typhus holen. Stets antwortete er süffisant, nur derjenige, der die Meeresfrüchte ängstlich esse, stecke sich an; wer sie leidenschaftlich mit viel Zitronensaft verschlinge, bleibe unversehrt. In der Tat wurde mein Großvater nie krank. Noch mit achtzig servierte ihm meine Mutter frische Venusmuscheln, die er wie eine Katze verfressen und lautlos hinunterschluckte. Manche wagen es heute noch, die Muscheln roh zu essen. Sie fahren zum Golf von Pozzuoli, außerhalb der Stadt, wo die Muscheln vor dem Verkauf einige Tage im sauberen Salzwasser liegen, bevor sie gespült und zum Verkauf angeboten werden. Die echten Neapolitaner meinen, dass die Meeresfrüchte gekocht ihren fleischigen Geschmack verlieren.

Während die Kellnerin die schmackhaften Gerichte serviert, unterhalten sich die Leute über die verschiedenen Rezepte und Zubereitungsweisen. Schnell entfachen Familienstreitereien und Ehezwiste zum Beispiel über die Frage, ob für die *Parmigiana* (ein köstlicher Auberginenauflauf) die Auberginen frittiert werden sollten oder nicht.

Das Essen ist bevorzugtes Gesprächsthema der Neapolitaner, mittags und abends, zu Hause wie auf der Arbeit und in der Schule. Nach dem höflichen *come stai?* wie gehts dir? lautet oft die nächste Frage *hai mangiato?* hast du schon gegessen? Montags unterhalten sich die Kollegen über die Gerichte, die am Wochenende auf dem Speiseplan standen. Wenn sie sonntags ans Meer fahren, erzählen sie am nächsten Tag nicht von Wetter und Strand, sondern was ihre Nachbarn unter dem Sonnenschirm verzehrt haben. Es wird berichtet und kommentiert. Wieder und wieder werden unterschiedliche Variationen eines Rezeptes geschildert. Man tadelt beleibte Menschen, weil sie zu viel, aber auch dünne, weil sie zu wenig essen.

Jetzt unterhalten sich die Gäste am Nebentisch über frittierte Sardellen und die unterschiedlichen Varianten der *alici in tortiera*, mit Tomaten und Oliven gedünstete Sardellen, die als *secondo*, zweiter Gang, ausgewählt wurden. Frittierte Sardellen waren einst ein einfaches, populäres Gericht, denn »den blauen Fisch« (*pesce azzurro*) gibt es zuhauf im Mittelmeer. Heute sind sie eine Delikatesse. Einer der Gäste schließt jetzt die Augen ekstatisch, ein korpulenter Herr mittleren Alters. Nein, nicht die *alici* in seinem Teller sind der Grund seiner seligen Verzückung. Er deklamiert das Rezept für *Spaghetti con riccio di mare*. Spaghetti mit Seeigel – selbstverständlich ohne Stachel, man isst nur den weichen inneren Kern –, eine halbe Knoblauchzehe, kleine Tomaten, ein paar Blätter glatter Petersilie, kurzum: eine Speise für die Götter.

Der Hunger der Neapolitaner muss wirklich groß gewesen sein! Wenn man bedenkt, dass heute einige Fischarten fast verschwunden sind. Dass es mit der Fauna des Golfs nicht gut bestellt ist, erfahre ich von der Ozeanwissenschaftlerin Flegra, als ich sie an einem warmen Nachmittag in der zoologischen Station besuche. Aus dem Fenster ihres Labors sehe ich die hohen Palmen der *Villa Comunale*, des 1780 zwischen der Straße Riviera di Chiaia und dem Boulevard Via Caracciolo angelegten Parks. Mütter schieben bedächtig ihre Kinderwagen vor sich her; auf den Parkbänken unterhalten sich die Rentner, und junge Pärchen schmusen. Ein philippinischer Butler führt die Hunde der Herrschaften aus, die in den vornehmen Palazzi an der Riviera wohnen. Das Aquarium wird in jedem deutschen Reisehandbuch erwähnt. Es wurde 1872–74 vom deutschen Naturforscher Anton Dohrn gegründet. »Erst mit ihm entstand in Neapel die Neugier für die Seetiere. Früher hatten die Leute kein Interesse am Leben der Fische. Klar, sie haben sie lieber gegessen!«, meint Flegra und schließt zugleich die Hand wie einen Vogelschnabel und bewegt sie in Richtung Mund. Die zoologische Station war damals die erste in Europa, wo die Fische des Mittelmeeres in ihrer natürlichen Umgebung gezeigt wurden. Überdies beherbergt die Bibliothek des Aquariums die berühmten Fresken des Malers Hans von Marées, der mit seinem Werk den Mythos der Italiensehnsucht fortgeschrieben hat. In den hohen Räumen der Bibliothek mit Aussicht auf Capri und das Meer betrachten wir die Naturlandschaft und die Menschen Kampaniens, wie die Künstler sie vor 200 Jahren gesehen haben. Diese Wahrnehmung hat das Bild Neapels von der Jahrhundertwende bis zum Zweiten Weltkrieg nachhaltig geprägt: ein Boot mit rudernden Fischern auf offener See, eine Frau, die verträumt ins Wasser schaut, eine Osteria am Meer, davor eine sitzende Greisin im schwarzen Gewand, ein Orangenhain. Die stimmungsvollen Gemälde vermitteln all die Ruhe und Sinnlichkeit eines mediterranen Sommertages. Vielleicht gerade deswegen zählen die Fresken zu den von den Deutschen am meisten besuchten Sehenswürdigkeiten Neapels.

Sommerbeginn heißt für Flegra und ihre Mitarbeiter der zoologischen Station »Anton Dohrn« viel Arbeit. Die Naturforscherin stöhnt. Die Bucht werde von Hunderten Jachten, Segel- und Motorbooten regelrecht kolonisiert. Die Umweltbestimmungen missachtend werfen sie ihre Anker, wo sie sich gerade befinden, damit fügen sie dem Meeresgrund und der Fauna oft irreversible Schäden zu. Immer wieder erhält sie Notrufe von der Küstenwache, weil Delphine oder Schildkröten durch ein Schiff oder die vielen Fähren, die jeden Tag Neapel mit den Inseln verbinden, verletzt werden. Flegra und ihr Team kümmern sich liebevoll um die Meerestiere. Sie sind gerührt, wenn sie eine Schildkröte dem Wasser zurückgeben können und diese frohgemut den Wellen entgegenkrabbelt. *Una goccia nel mare*, als einen Tropfen im großen Meer – so betrachtet die Leiterin ihr Werk. Doch sind die Anstrengungen der zoologischen Station Neapels mittlerweile italienweit bekannt geworden. Regelmäßig dreht hier das staatliche Fernsehen RAI 1 Dokumentationen. Auch wurde das Aquarium mit bedeutenden internationalen Auszeichnungen bedacht. Aber Flegra ist keine eitle, überschwängliche Italienerin, wie der Name und die kupferrote Haarmähne zunächst vermuten lassen (Flegra heißt im Lateinischen »feurig«). Sie behält die zurückhaltende Bescheidenheit der Wissenschaftlerin. Vor allem setzt sie auf pädagogische Arbeit. Sie zeigt mir die Bildbände, die sie für Kinder und Jugendliche realisiert hat.

Chi per questi mari va questi pesci trova lautet ein an ein altes neapolitanisches Sprichwort angelehnter Titel. Wörtlich: Wer sich in diesen Gewässern bewegt, findet folgende Fische. Gleichzeitig sagt die Sentenz: Wer so weitermacht, braucht sich nicht darüber zu wundern, was ihm geschieht – sprich, dass hier bald kaum mehr Fische zu finden sein werden. Das Buch bietet den Lesern informatives Wissen und Ratschläge, um die Seetiere zu schützen, zum Beispiel worauf man beim Kauf achten soll. *La cernia non la comprerei.* Die Meeresbiologin empfiehlt, auf den Zackenbarsch lieber zu verzichten. Gewöhnlich werden in Neapel vorwiegend Jungfische gefangen. Das zarte weiße Fleisch schmeckt ausgezeichnet, aber die Wirbeltiere hatten noch keine Gelegenheit, Eier zu legen. So können ganze Schwärme zerstört werden. Möchte man unbedingt *cernia all' acqua pazza* (gedünsteten Zackenbarsch mit

Tomaten und Oliven) essen? Dann sollte man laut Flegra der Umwelt zuliebe auf die Fische aus der Marikultur zurückgreifen. Sie kennt all die trickreichen Täuschungsmanöver unehrlicher Wirte. Und sie nennt nur ein Beispiel: dass leere Hummer mit dem saftigen Fleisch des Seeteufels gefüllt werden, welches einen ähnlichen Geschmack hat wie das des weitaus teureren Krustentiers. Die *alici* sind dagegen in Ordnung. Wenn jedoch auf dem Fischmarkt der Schwertfisch oder die Brasse als lokale Produkte angepriesen werden, so stammen sie in der Regel aus Marokko oder dem Senegal.

Am Kai in Mergellina, nur einige Hundert Meter vom Aquarium entfernt, wird täglich frischer Fisch verkauft. Kreischend preisen die Fischer ihre Ware an. Aale, Zahn- und Ringelbrassen, Seeteufel und Hechte liegen in kleinen Plastikwannen direkt auf der Straße. Und dann Garnelen, Tintenfische und Sardellen. Mancher verkauft sogar seltene Arten wie den Petersfisch und den teuren Graubarsch. Viele Menschen stehen an, ältere Herren mit beigefarbener Mütze und Hornbrille. Viele beobachten, kaum einer kauft. Möglicherweise warten sie, dass die Ware unverkauft bleibt und die Fischer die Preise senken. Vielleicht aber ist der eine oder andere auch ein Kumpel des Fischers. Wenn sich ein Fremder nähert, der die Tricks der gerissenen Seeleute nicht kennt, spricht ihn einer der Schaulustigen an: »Toller Fisch, oder? *Vivo! È proprio vivo!* Er lebt noch, wirklich frisch!«, um den Unerfahrenen zum Kauf zu bewegen. In dem milchigen Wasser haben die Fische den desolaten Ausdruck von Todgeweihten. Ein Herr mittleren Alters, etwas korpulent, mit braunem Gesicht und ungepflegtem Bartwuchs holt einen Eimer aus dem öligen, trüben Hafenwasser und schleudert es direkt in die Schüssel. Keiner außer mir scheint sich darüber zu wundern.

Posillipo.
Der Hügel der Nostalgie

»Eine Metropole voller Widersprüche«, jammern meine Freunde und Bekannten, wenn ich ihnen von meinen Erkundungen durch die Stadt berichte. Wenn schon die Italiener so komplex sind, dann sind eben die Neapolitaner noch komplexer.

Diese Komplexität, die zugleich betört und verwirrt, sehen wir in jedem Stadtviertel. Nehmen wir zum Beispiel den Posillipo-Hügel.

Posillipo ist Synonym für Luxus und Schönheit. Bereits die römische Oberschicht zog im ersten Jahrhundert vor Christus hierher, ließ sich prachtvolle Sommersitze bauen und sie mit Fresken und Kunstwerken schmücken. Der Name des Hügels stammt von der Villa des Schlemmers Vedius Pollius, die *Pausi-lypón*, auf Griechisch »eine Pause dem Schmerz«. Von Tradition her ist Posillipo das nobelste Wohnviertel Neapels. Hier erheben sich die prächtigen Villen der Aristokraten, die, da sie terrassenartig am Hang gebaut wurden, von der Straße kaum zu erblicken sind: *Villa Grotta marina, Villa Pavoncelli, Villa D'Avalos*. Posillipo ist eine Muschel; wenn man sie ans Ohr legt, ist die Stimme der alten Jungfrau Partenope zu hören. Sie erzählt von einer heute legendär gewordenen Vergangenheit, vom Traum von einem geglückten Leben. Süße Abendstunden am Meer und mondäne Rendezvous: Der junge Prinz D'Avalos lud den Komponisten Hans Werner Henze zum Diner ein, der wiederum Igor Strawinski mitnahm, der sich gerade in Neapel aufhielt.

Wenn es um Posillipo geht, hat jeder eine Erinnerung parat, jene nostalgischen, weit entrückten Bilder eines glanzvollen Gestern. Es sind aber auch bukolische Tableaus dabei. »Hier war es!«, »Hier gab's diese modernen Bauten nicht, sondern . . .«, erzählen mir meine Verwandten. Vor dem Zweiten Weltkrieg war hier alles, abgesehen von den aristokratischen Palazzi, grüne *campagna*: fruchtbarer Ackerboden, Obst- und Gemüsegärten, Pinienwälder. Am *Parco Virgiliano*, der Parkanlage mit herrlichem Ausblick auf die Stadt und auf die malerische Bucht der *Gajola*, wohnte in den frühen Dreißigerjahren meine Großmutter. Mittags stieg sie über eine Wendeltreppe auf die Dachterrasse des terrakottafarbenen Landhauses und beobachtete die Schiffe, die von den Inseln kommend in Mergellina anlegten. Sie sah das Wasser funkeln und am Horizont Ischia und Procida, und dann blühende Pflanzen und Bäume. Im Garten spielten die Kinder. Wenn sie das Schiff von 12.30 Uhr aus Capri erspähte, ging sie in die Küche runter und sagte dem Mädchen, sie sollte sich jetzt mit dem Kochen beeilen, *signor Carlo*, ihr Gatte, der auf der blauen Insel die Agentur »American Express« leitete, würde in einer halben Stunde zum Mittagessen kommen. Weil sie irgendwann mal des Landlebens überdrüssig war, verkaufte sie das Haus und zog mit Ehemann und Kindern an die volkstümliche Piazza Carlo III. im Viertel Pendino. Einige Landhäuser am Hang des Posillipo sind noch heute erhalten. Weil sie eine Aussicht auf den für die Neapolitaner bescheideneren Golf von Pozzuoli haben, sind die Grundstücke von der Bauwut der Sechzigerjahre verschont geblieben. Hier vergnügen sich die Kinder auf der Schaukel, und in großen Beeten wachsen die

Tomaten und der Basilikum wie vor siebzig Jahren, als meine Großmutter Hab und Gut auf einen Eselskarren packte und ins Stadtzentrum zog.

Der *Parco Virgiliano* am äußersten Ende des Posillipo-Hügels ist komplett in der Hand der Jugend, die sich nach (oder statt) der Schule hier trifft. Von der Aussichtsplattform kann man den famosen Blick auf die Bucht mit Vesuv und Schirmpinie live erleben. Bei schönem Wetter erblickt man den Golf, eine Explosion in Ultramarinblau, und die fernen Küsten bis zum Vorgebirge von Sorrent, das wie ein langer ausgestreckter Arm aussieht, der die Haare der Insel Capri zu greifen versucht. Der Legende nach stellt die Silhouette Capris das Profil einer liegenden Jungfrau dar. Auf einer weißen Marmortafel zelebriert ein Gedicht die lichte, weiche Landschaft der Bucht (*Golfo di Napoli, vasta dolcezza!*). Mit roter Malkreide hat am 11. 4. 2006, wie eine unsichere Kinderhand dokumentiert, jemand einen Penis und den Satz *ti piace* (dir gefällt's) darauf gekritzelt. Zwei Mädchen lachen verlegen, als ihre Freundin, ein drahtiges Mädchen mit Sommersprossen und bauchfreiem T-Shirt, ihre Antwort ergänzt: *lo so* (das weiß ich).

Im *Parco Virgiliano* finden die kleinen und großen Dramen der ersten Liebe statt. Während wir viele Fotos knipsen und uns lebhaft über Vergil unterhalten – laut dem neapolitanischen Autor Raffaele la Capria ist die ganze Gegend des Posillipo »vergilianisch«; diese liebliche Seite der Landschaft erkenne man an der gelben Farbe des Tuffsteins, der sich wie Honig an die grüne Vegetation sanft anschmiegt –, werden Verabredungen getroffen. Wer Glück hat, besitzt schon ein Auto und nimmt seine *bella* unter die Pinienbäume der Via Strato mit. Die Straße, die vom *Parco Virgiliano* am *Capo Posillipo* in Richtung Stadtzentrum führt, ist von hochgewachsenen Nadelbäumen umsäumt. Sie wird gewöhnlich *Parco delle Rimembranze* genannt, da hier in den Fünfzigerjahren ein Autokorso mit Oldtimern stattfand. Unter dem Schatten der Schirmpinien werden die Autofenster mit Zeitungspapier tapeziert, so verwandelt der Wagen sich im Nu in ein schnuckeliges Liebesnest für das vollkommene Glück. Nachher raucht man eine Zigarette vor der *veduta*, auf dem Asphaltboden neben den Piniennadeln liegen die Zigarettenkippen und die bunten Kondome. Anschließend geht's ins *Miranapoli* in der Via Petrarca, um einen *caffè* oder einen Absacker zu trinken. Das Café ist wegen der großen Panoramaterrasse eine Institution. Pärchen, Familien, Touristen und Geschäftsleute kommen hierher, um auf der Hollywoodschaukel unter der Caresse der Sonne eine Pause zu genießen. Die Kellner lassen sich alle Zeit der Welt, der Kaffee kommt lauwarm an den Tisch. Er schmeckt gut, aber die Kellner verdienen den Oscar der Arroganz und Trägheit. Sobald man vom Tisch aufsteht, stürmen die Tauben herbei, um die Krümel der Chips aufzupicken.

An einigen Tischen sitzen in grauem Anzug und mit lilafarbener Krawatte die Diplomaten, die amerikanischen und brasilianischen Kulturattachés, die in den vielen Neubauten, welche wie Waben aus Zement am Hang kleben, wohnen. Auch bekannte Sportler wie der Kapitän der Fußballnationalmannschaft, Fabio Cannavaro, haben die edle Via Petrarca als Residenz für ihre »Pause vom Schmerz« auserkoren. Jede Wohnung verfügt über weiträumige Balkone mit dem Postkartenblick. *Parco Rondine*, *parco Capinera* heißen die großen Wohnblocks, die durch hohe Betonmauern und Eisengitter vor Eindringlingen geschützt werden. Ein Portier beäugt aus einem gläsernen Kasten die Gäste. Wenn man vom Panorama absieht, erinnert nichts mehr an Neapel. Es sieht hier aus wie eine jener Siedlungen für Neureiche, die überall sein könnten.

Am schönsten erlebt man den Posillipo vom Boot aus. Im Mai bieten verschiedene Sport- und Kulturvereine Ausflüge entlang der Küste an. Man fährt von Mergellina in Richtung Nordwesten ab. Direkt hinter dem Jachthafen Mergellina erhebt sich der eindrückliche *Palazzo Donn'Anna*. Der Vizekönig Herzog von Medina ließ ihn für seine Gemahlin Anna Carafa im siebzehnten Jahrhundert erbauen. Der Bau konnte nur via mare erreicht werden. Die Via Posillipo wurde erst auf Napoleons Erlass hin zu Beginn des neunzehnten Jahrhunderts angelegt. Medina fuhr auf der Galeone nach Hause, die in einer Grotte unter dem Palast anlegte. Und zu den Festen erreichte die aristokratische Gesellschaft den Palazzo Donn'Anna auf dem Segelschiff. Der Herzog sah die ankommenden Schiffe von seinem Fenster. Bald aber fiel er beim spanischen König in Ungnade, musste die langwierigen Arbeiten am Bau des Palastes abbrechen und nach Madrid zurückkehren. Anna blieb. Gemieden vom neapolitanischen Adel verbrachte sie einsame Stunden im unvollendeten Gebäude. Aus diesem Grund glauben viele, seitdem würden im Palast Geister hausen. *Palazzo Donn'Anna*, wie eine Festung früher im Besitz adliger Familien, ist heute parzelliert.

Langsam schippert man an gelben Tuffsteinfelsen und Grotten vorbei. Die ganze Landschaft und die antiken Gebäude sind mit mythischen Namen behaftet, erinnern an Volkssagen und Legenden. Die Ruine der Villa des Nero wird *palazzo degli spiriti*, Haus der Geister, genannt. Gleich daneben ist die *spiaggia dei trenta remi*, der Strand der dreißig Ruder, eine winzige Bucht mit runden kleinen Kieseln, an dem eine spanische Galeere im siebzehnten Jahrhundert Schiffbruch erlitt. Einst fürchteten sich die Neapolitaner vor dem Ort, wo diese Matrosen ohne den Trost der Sakramente gestorben sind. Heute lassen sich junge Pärchen in Booten dorthin zum Baden fahren. Von der kleinen Bucht *Marechiaro* besteht diese Möglichkeit. Neben den Touristen die Pärchen. Das Boot als Taxi ist hier an der Küste Neapels bevorzugtes Beförderungsmittel. Man fährt an einer wunderschönen Landschaft vorbei. Wenn man die Felsen und den lieblich von Pinienbäumen gesäumten grünen Hügel in Augenschein nimmt, fallen einem Vergils Verse aus den *Bucolicae* ein. Schaut man genauer hin, erkennt man kleine bunte Punkte: grüne und türkisfarbene leere Plastikflaschen, die wie leblose Eidechsen am Strand liegen. Der Schiffer, der bisher von den Zeiten der *Dolce vita* geschwärmt hat, als glamouröse Filmstars und Regisseure hier abstiegen, ist entrüstet. Er erzählt, dass er schon oft gesehen hat, wie aus dem Fenster einer der aristokratischen Villen am Posillipo-Hang schwarze Mülltüten ins Meer geschleudert wurden. Einmal – und er sagt, das sei nichts als die Wahrheit – sei ihm sogar einer dieser Beutel vor die Füße ins Boot gefallen. Ein Hauch von Traurigkeit zeigt sich in seinen Augen, wenn er von dem »kleinbürgerlichen, provinziellen Onassis« spricht, der ganz Neapel für ein paar Tausend Wählerstimmen an Bauspekulanten verkauft habe. Er bezieht sich auf die Zeit des Bürgermeisters Achille Lauro, meisterhaft abgehandelt von Regisseur Francesco Rosi in »Die Hände über der Stadt« (1963).

An der kleinen Bucht von *Marechiaro* befindet sich die *fenestrella*, über Neapel hinaus bekannt durch das gleichnamige Lied. *Marechiaro* – das bedeutet klares Meer, wegen des grauen Felsgesteins ist hier das Wasser transparent. Schon vor dem Zweiten Weltkrieg befanden sich hier Restaurants und Ausflugslokale, zu denen die Neapolitaner bevorzugt mit dem Boot kamen. Und schon immer war und ist es ein Ort für Verliebte. Unter dem klaren Sternenhimmel hielten junge Männer um die Hand ihrer Angebeteten an. Auf einer dieser Restaurantterrassen sprach auch meine Großmutter Anna 1920 ihr zukunftsträchtiges Ja, und gleich darauf schob Großvater Carlo einen filigranen Diamantring auf ihren von den Hausarbeiten verbogenen Finger. Hierher fuhr meine Familie einmal im Jahr am Namenstag des Großvaters. Vor dem Essen nahm er mich und meine Schwester an der Hand und führte uns über eine enge Steintreppe zu einem kleinen Hafen. Stolz zeigte er uns das kleine Fenster, *la fenestrella*, und erzählte uns wie der Dichter Salvatore Di Giacomo sich in die moosgrünen sirenenhaften Augen der schönen Carolina verliebt habe. Hier habe er gestanden und das Lied gesungen: »Wenn der

Mond in Marechiaro aufgeht, lieben sich auch die Fische; das Meer bewegt sich und mit Fröhlichkeit ... Aha, aha, aha, aha, *scetate*, wach auf Carolina, weil die Luft so süß ist!« Der Großvater sang, und wir Kinder wackelten mit Beinen und Armen im Rhythmus der Melodie. »Aha, aha, aha!«, schrie Großmutter hinterher, da sie fürchtete, wir würden gleich ins Meer springen, und sie rief, solche alten Geschichten wolle keiner mehr hören!

Die rote Koralle

Überall in Neapel ist die Abbildung der ovalen türkisfarbenen Bucht mit dem Vesuv im Hintergrund zu sehen. In jedem Büro der Stadtverwaltung hängt ein Bild des Golfs. Und natürlich hat jede Bild- und Rahmenhandlung eine oder mehrere Kopien eines solchen Gemäldes aus dem *Settecento*, dem achtzehnten Jahrhundert, in ihrem Schaufenster stehen. Vesuv und Bucht schmücken auch Tassen, Pralinenschachteln und als stilisiertes Emblem sogar die Bus- und U-Bahnfahrkarten.

Als ich nach Neapel zurückgekommen war, schenkte mir mein Bruder einen kleinen Kettenanhänger aus Koralle in einem entzückenden Päckchen mit dem blauen Tableau. Zu feierlichen Anlässen, Namens- und Geburtstagen, Hochzeit und erster Kommunion, verschenken die Neapolitaner gerne Korallenschmuck: Ketten aus roten und rosafarbenen Perlen, aus fipsigen, nervösen Korallenzweigen, die wie Blüten die Brust der Frauen schmücken. Dem Volksmund gemäß sollen die roten Zweige böse Einflüsse fernhalten. Der neapolitanische Aberglaube meint, »der böse Blick« könne schädlichen Einfluss ausüben. Stellen Sie sich vor, man stolpert auf der

Straße, ein Schuh geht kaputt, man kommt deswegen zu spät zum Termin, das Geschäft platzt. Unerwartet bekommt man eine Erkältung, der Fußnagel entzündet sich, die neue Designerbrille, die gerade eben noch vom Nachbarn bewundert wurde, fällt zu Boden und zerbricht in tausend Scherben, die Milch gerinnt, ausgerechnet am Sonntag wird das Kind krank, und alle Geschäfte sind geschlossen. Neapolitaner brauchen dafür eine Erklärung! Der *malocchio* war am Werk, also kein Wunder. Jemand hat Sie in böser Absicht angeschaut, und prompt ist das Malheur passiert. Vermutlich versteckt der introvertierte Nachbar hinter den dicken Brillengläsern sein »böses Auge«, jene verhängnisvolle Gabe, die Missgeschicke und Pannen verursacht, Unglück bringt. Dagegen greifen die Neapolitaner auf das Korallenhorn zurück. Das kleine Amulett soll die hässlichen Strahlen des vergifteten Blicks ablenken. Übrigens, auch zwei nach vorn ausgestreckte Finger sollen das Gleiche leisten. In Richtung des *portajella*, des Unglücksbringers, werden dabei Zeigefinger und kleiner Finger ausgestreckt, während sich die beiden anderen Finger in der Hand vergraben.

Das Korallenamulett kann aber, so der strenge Glaube, seine schutzbringende Wirkung nur dann entfalten, wenn es einem geschenkt wurde. *Non si compra: si regala o si ruba*: Man kauft es nicht; entweder wird es geschenkt oder geklaut, sagt mir der Korallenhändler Giancarlo, als ich ihn in seinem *Museo del Corallo* besuche. Giancarlo ist der Spross einer alten Unternehmerfamilie, die seit 1850 mit Korallen und Kameen handelt. Während die Herstellung im kleinen Provinznest Torre del Greco stattfindet, unterhält die Familie in herrschaftlichen Räumen der *Galleria Umberto I.* eine eigene Ausstellungsfläche, in der sie Juweliere und ausländische Großhändler empfangen. Als ich die mit gepanzertem Glas gesicherte Tür betrete, spricht Giancarlo mit einem jungen Paar. Der Mann sucht nach etwas Besonderem, einem Juwel, das seine Braut am Hochzeitstag tragen soll. Giancarlo überlässt die Kunden seinem Bruder und begleitet mich durch die Ausstellung. In den Glasvitrinen liegen filigrane Ketten, mittlere und üppige Kolliers in leuchtendem Orangerot, in Hell- und Dunkelrosa und dann Medaillons, Verlobungsringe und Kameen, sogar kleine Statuetten aus seltener weißer Edelkoralle. Giancarlo lässt zwischen dem Daumen und dem Zeigefinger einen kleinen roten Talisman schwingen, während er von Perseus erzählt, der mit einem Trick den grässlichen Medusenblick bezwang. Perseus köpfte das Ungeheuer Gorgone mit den Schlangen im Haar. Als einige Tropfen Blut auf den Sand fielen, entstanden wunderbare Korallenzweige. Der Glaube an die positive Kraft der roten Blumentiere reicht zurück bis ins früheste Altertum. Schutzschilder und Schwertgriffe wurden mit roter Edelkoralle geschmückt. In Torre del Greco, der kleinen Provinzstadt zwischen den Ausgrabungsstätten Pompeji und Herkulaneum, hat sich seit zwei Jahrhunderten die Bearbeitung von Korallen und Kameen etabliert. Giancarlo erzählt mir die Geschichte seines Familienunternehmens. Auch hier wird der Mythos weitergesponnen. Eine blutige Familienfehde um eine schöne Frau, die ihren Körper Matrosen und Soldaten anbot, war ausschlaggebend dafür, dass sich an der Bucht von Neapel die Herstellung von kostbaren Juwelen etablierte. Die Konkurrenz der toskanischen Hafenstädte verursachte im achtzehnten Jahrhundert eine wirtschaftliche Krise der neapolitanischen Fischerei. Weil das Fischen nicht mehr ertragreich war, arbeiteten die Frauen als Prostituierte, während ihre Männer mehrere Monate lang auf See waren. Das Städtchen wurde zu einem Hauptort käuflicher Liebe. Blutige Familiendramen erschütterten die Gegend, wenn der Ehemann nach Hause kam und einen Fremden in seinem Bett fand. Um dem Einhalt zu gebieten, führte König Ferdinand IV. eine Ausbildungspflicht für Mädchen ein. Weil sie kleiner waren, wurden viele in die Korallenmanufakturen geschickt. Mit ihren zierlichen Händen konnten sie die Miniaturarbeit perfekt meistern. Das Familienunternehmen Ascione wurde

1850 gegründet und bald zu einem der wichtigsten Juwelier-geschäfte der Stadt sowie zum Lieferanten des Königshauses. Zu den Schmuckstücken der Sammlung gehört das Kollier, das die letzte italienische Königin Maria José am Tag ihrer Verlobung trug.

Wie man echte Edelkorallen erkenne, will Giancarlo nicht verraten. Er meint augenzwinkernd, die Koralle würde die Liebe wecken und beleben. Sie sei keine tote Pflanze, sondern ein Blumentier, sie rege also Emotionen an, sobald man sie berühre. Dann zeigt er mir Muscheln aus dem Mittelmeer, dem Pazifik und aus Madagaskar, aus denen Kameen hergestellt werden. Die weiße raue Oberfläche der Muscheln suggeriert dem Handwerker die Figur. »Sieh mal die kleine weiße Noppe, das ist der Kopf der heiligen Jungfrau!« Visuelle Fähigkeiten sind gefragt, damit eine erhabene Figur entstehen kann.

Natürlich ist das alles auch ein wenig Show. Als ich mich verabschiede, drückt Giancarlo mir ein kleines Korallenamulett in die Hand und lächelt: *non si compra, si regala o si ruba.* Damit ich seine freundliche Geste nicht als galante Anmache missdeuten soll, fügt er gleich mit der freundlichen Gerissenheit des Verkäufers hinzu, »grüß herzlich deinen Mann von mir, vielleicht sehe ich ihn demnächst«.

'A sfugliatella.
Das süße Geheimnis

'A sfugliatella ist die Königin der neapolitanischen Konditorkunst, das Gebäck in Form einer Venusmuschel aus hauch-
dünnem, geringeltem Blätterteig. Außen ist es knusprig; im
Inneren verbirgt sich eine lockere Cremefüllung aus Ricotta-
käse, aromatischem Orangenwasser und kandierten Agrumen.
Die besten *sfogliatelle* werden in der Altstadt verkauft, in der
Konditorei *Scaturchio*, die auf der Piazza San Domenico Maggiore vor dem Dominikanerdom, in dem das Kruzifix zu
Thomas von Aquin sprach, ihren Sitz hat. Die Freunde rümp-
fen die Nase in einer abschätzigen Haltung, wenn davon die
Rede ist: Ja, ja, die *pasticceria Scaturchio* sei schon gut und das
Café auf der Piazza sehe auch ganz schnuckelig aus, aber das
Geschäft gehöre nun schon lange nicht mehr der alten Kondi-
torfamilie. Es sei ihr vor ein paar Jahren von einem Konditor
abgekauft worden, der zwar versuche, die Tradition des Fein-
bäckers fortzuführen, aber *non è la stessa cosa*, das könne man
nicht mit dem alten *Scaturchio* vergleichen. Bei den *dolci* werden die Neapolitaner ganz sentimental. Es werden Legenden
aus der Antike und der Zeit des Barock aufgetischt, wann und
wer die *sfogliatella* erfunden haben soll. Sehnsuchtsvoll erin-

nern sie an die vorvorige Jahrhundertwende, als Neapel durch seine edlen Restaurants und Cafés großstädtisches Flair ausstrahlte. Damals sei es die einzige Stadt in Italien mit den Eigenschaften einer Hauptstadt gewesen, seufzen sie nostalgisch: die neoklassizistischen Palazzi, die Mode, der Posillipo und natürlich die Patisserien. Während *Scaturchio* lokale Delikatessen anbot, lockten damals die französische Boulangerie in der Via Toledo und der Schweizer Konditor Caflisch mit nordländischen Spezialitäten. Dieser Welt der Belle Époque trauern die Schlemmer heute noch nach. Deswegen hängen sie sehr an der Konditorei ihres Vertrauens, wo Konditorkunst noch nach altbewährter Tradition realisiert werde. Wenn es darum geht, wo die beste *sfogliatella* zu bekommen ist, dann hat jeder seinen Geheimtipp parat. In der *Pignasecca*, einer Seitengasse der Via Toledo, ist der einzige noch echte Kuchenbäcker *Scaturchio*, geführt von den Nachkommen. Sie nicken und freuen sich über meine genauen Ortskenntnisse, wenn ich sage, dass ich zu *Carraturo* am Corso Garibaldi gehe.

Diese belebte Geschäftsgegend, die die Hafenstraße Via Marina mit der Piazza Garibaldi und dem Hauptbahnhof verbindet, ist schon eine ganz verrückte Sache. Sie ist der Inbegriff der tiefen Widersprüche der Stadt. Der erste Eindruck ist der von geschäftigem Treiben und von großer Armut gleichzeitig. Händler aus Nordafrika und aus den osteuropäischen Ländern bieten auf dürftig zusammengeschusterten Tapeziertischen oder direkt auf dem Gehweg ihre Waren an. Die *Circumvesuviana,* die S-Bahn-Linie, die die Vororte am Fuß des Vesuvs mit der Hauptstadt Kampaniens verbindet, spuckt jeden Tag Tausende von Pendlern aus. Angestellte, Studenten, Rentner und Putzfrauen gehen hastig über die asphaltierte Plattform vor der Bahnhofshalle. Keines Blicks würdigen sie die Obdachlosen, die unter dem Vordach der *stazione terminale*, des Endbahnhofs, auf Kartons in sich zusammengekauert liegen. Die Straße ist von Autos, Bussen und Straßenbahnen vollgestopft. Motorräder und Roller drängeln sich hupend durch den Verkehr. Hauptsache sie müssen nicht im Stau stehen. Hier zeigt sich die Plebs Neapels. Ein archaisches Bild bietet sich dem Besucher, das Aufeinanderprallen von kommerzialisiertem Okzident, farbenfrohem Orient sowie osteuropäischer und afrikanischer Kultur. Also ohne Umschweife: Hier ist äußerste Vorsicht auf Portemonnaie, Funktelefon und Kamera geboten. Wenn man an der Straßenbahnhaltestelle auf die »1« wartet, die einen zur vornehmen Piazza Vittoria bugsieren wird, kann einem schon passieren, dass man Zeuge oder auch Opfer eines Diebstahls wird. Konstant aber fährt hier *squadra antiscippi*, Zivilpolizei auf Motorradstreife, rüde aussehende junge Männer in Bomberjacke, natürlich ohne Helm.

Corso Garibaldi ist das pulsierende Herz des *quartiere Mercato*, das in der Zeit der französischen Anjous (im vierzehnten Jahrhundert) das Handelszentrum war. Vor und unter den Türmen der *Porta Nolana*, einem Rest der antiken Stadtbefestigung, findet noch heute täglich das Spektakel des Fischmarktes statt. In riesigen, flachen Schüsseln liegen die großen und kleinen Mies- und Venusmuscheln, Tintenfische und Oktopusse und die verschiedensten Fischsorten. Aus den Wannen läuft das Wasser auf das Kopfsteinpflaster. Korpulente Männer in fleckigem Unterhemd schreien in unverständlichem Dialekt, um die Kundschaft, die sich vor den Ständen drängt, zum Kauf zu bewegen. Auf der anderen Straßenseite hat ein Zoogeschäft das ganze Trottoir mit großen Volieren besetzt. In den Käfigen sitzen Dutzende Wellensittiche und kleine grüngelbe Papageien zu dritt oder vier auf einem Ast zusammen oder hocken allein in einer Ecke. Einige von ihnen haben den kleinen Kopf eingezogen und, traurig anmutend, scheinen sie zu schlafen. Andere stürzen sich hastig auf das Futter, schreien dabei entsetzlich laut, um Konkurrenten zu verscheuchen. Währenddessen fallen die Körner auf die Straße, werden von der vorbeieilenden Menge zertreten, quietschen unter den Schuhsohlen. Direkt vor dem Laden erleichtern ukrainische Hütchenspieler zwei naive Touristen um einige Geldscheine. Die Luft ist von Abgasen, vom Geruch des Fischmarktes, von Vogelkot und -futter geschwängert.

Neapel ist seit einigen Jahren Einwanderungsland. Neben den Ständen der fliegenden Händler, die über eine reguläre Genehmigung verfügen, werden Tag für Tag auch unzählige illegale Verkaufsstände aufgebaut. Die ganze Straße um den Circumvesuviana-Bahnhof ist ein riesiger Secondhandmarkt für Klamotten und Schuhe. Neben den immer überfüllten Müllcontainern verkaufen auf dem Bürgersteig rumänische Mädchen und Frauen abgenutzte Pumps und Turnschuhe, verschlissene Herrenjacken, halb zerfetzte Plüschtiere, Plastikohrringe und Glitzerhaarreifen. Eine Roma verscherbelt Spielzeuge: den nackten Barbiepuppen stehen die Haare zu Berge. Straßenbeleuchtung und -schilder werden von den Menschen als Mobiliar ihres »Geschäfts« benutzt. Zwischen zwei Laternen hängen an einer Leine, ursprünglich die Schnur eines Fensterladens, Sporttaschen und T-Shirts.

»Was ist aus unserem armen Neapel geworden?« Meine Bekannten schütteln den Kopf. Das ganze Zeug hätten die Leute doch direkt aus dem Müllcontainer herausgefischt. Die Stadtverwaltung hat erhebliche Schwierigkeiten, dieses Gebiet zu kontrollieren. Regelmäßig geißeln die Zeitungen in den Schlagzeilen die Lokalpolitiker. Die Anwohner protestieren, organisieren Kundgebungen, kritisieren die Unfähigkeit der zuständigen Dezernate, nicht einmal den minimalen Standard an Sicherheit und Sauberkeit gewährleisten zu können. In der Woche arbeiten hier nach Schätzungen mehr als 300 fliegende Händler. Am Wochenende verdoppelt sich ihre Zahl. Der Kiez um die *Porta Nolana* wird immer dann zu einem Pulverfass, das zu explodieren droht, wenn noch viele weitere unerlaubte Stände aufgebaut werden. Die ambulanten Verkäufer verschiedener Nationalitäten kämpfen um einen Platz, und oft endet ein Streit in einer Messerstecherei.

Gleichzeitig werden hier Drogenhandel, Prostitution und Wucherei betrieben, wie der Pfarrer der schönen Basilika der Heiligen Cosma und Damiano moniert.

Inmitten dieser Kaschba vermutet niemand einen Traum von Konditorei. Die Pasticceria Carraturo hat einige Filialen in der Stadt, eine sogar im vornehmen Viertel Santa Lucia. Hier trinke ich einen Espresso mit meinem Besuch, bevor wir von dem gegenüberliegenden Bahnhof mit der *circumvesuviana* nach Sorrent fahren. Im vorderen Teil befindet sich die Bar, die ständig überfüllt ist. In Kühlvitrinen neben der Kasse liegen Kuchen und Sahnetorten. Im hinteren Zimmer steht eine große Glastheke, in der sich verschiedene Sorten von süßem Gebäck erhaben darbieten wie behäbige Damen am Strand. Hinter dem Tresen arbeiten sowohl Neapolitaner als auch Immigranten: zwei athletische junge Männer, beide in weißem Hemd, schwarzem Schlips und Konditormütze. Einer kommt vermutlich aus Algerien, der zweite muss aus Polen stammen. Beide haben sich völlig integriert, sie sprechen mich mit *voi* an, ihr einwandfreies Italienisch ist vom neapolitanischen Akzent gefärbt. Durch eine hintere Tür sind die Konditoren bei der Arbeit zu sehen: Teig wird ausgerollt, Torten und Plätzchen werden in den überdimensionierten Ofen geschoben. Man bekommt den Eindruck von großer und fröhlicher Betriebsamkeit. Zwischen den jungen Feinbäckern hat ab und an der Firmengründer seinen Auftritt: ein kleiner weißhaariger Herr mit brauner Hornbrille schaut diskret, aber bestimmt, ob die Kundschaft der Reihe nach bedient wird, eilt selbst herbei, wenn man ratlos vor der Vitrine steht, und hilft bei der Wahl von Kuchen oder Konfekt. Ich habe mich in eine mit winzig kleinen Erdbeeren dekorierte Sahnetorte verliebt, bin auch den *sfogliatelle* nicht ganz abgeneigt. Die kleinen Augen des alten Herrn fangen an, wie flüssige Schokolade zu glänzen, als ich ihn nach den traditionellen neapolitanischen Spezialitäten frage. Er deutet mit einem Finger an, ich soll ihm in die hintere Werkstatt folgen. An einem großen

Tisch bleibt er stehen, und in konspirativer Haltung erklärt er mir das Geheimnis der *sfogliatella*.

Einige Neapolitaner sind fest davon überzeugt, dass die *sfogliatella* schon vor 2000 Jahren erfunden wurde. Immer wieder bin ich auf diese Theorie in Büchern über die lokale Geschichte gestoßen, die auch häufig augenzwinkernd auf die Ähnlichkeit vom Genuss der Süßspeisen und erotischer Leidenschaft hinweisen. Das kleine dreieckige Gebäck, so heißt es, soll von Jungfrauen der *Magnae Matris Kybele*, der Göttin der Erde, als Opfergabe präsentiert worden sein. Ihre Form sei eine Anspielung auf das weibliche Geschlecht. Durch eine schüchterne Geste deutet dies auch der alte Konditor an, maliziös und etwas verlegen zugleich. Und das allmähliche Entkleiden des gekräuselten Blätterteigmantels, lässt er dann wissen, vergleicht der Neapolitaner insgeheim mit betörender Verführungskunst. Das zarte honigfarbene Gehäuse ist ein lockerer, plissierter Rock. Die Süße der aromatischen Cremefüllung assoziiert er mit der Grazie und dem Geheimnis der Frau.

Die neapolitanische Legende will, dass das zarte Konfekt im siebzehnten Jahrhundert von Nonnen erfunden wurde. Das barocke Neapel des *Seicento* war sowohl ein geschäftlich wie auch religiös pulsierendes Zentrum. Neben den Palazzi florierten die Kirchen und Klöster. Um Familienvermögen und -titel zusammenzuhalten, mussten Mädchen aristokratischer Dynastien nicht selten gezwungenermaßen den Weg ins Kloster wählen. Hinter den hohen Mauern der Abteien pflegten die adligen *signorine* neben den Gebeten auch den Kult der *dolci*. Jeder Konvent hatte seine eigenen Spezialitäten, deren Rezepte streng geheim gehalten wurden. Vor den religiösen Feiertagen wurden die Delikatessen dann zum Verkauf angeboten. So war das Kloster Santa Chiara für seine *zeppole*, Pfannkuchen, berühmt, das Stift San Marcellino priesen die Neapolitaner für den Osterkuchen, die Abteien Donnaregina und Santa Maria di Costantinopoli zeichneten sich durch ihre

Obstkuchen aus. 'A sfogliatella soll – so die Überlieferung – im Kloster Croce di Lucca neben der heutigen Musikhochschule San Pietro a Maiella entstanden sein. Diese und noch weitere Legenden habe ich in den Patisserien der Stadt gehört. Auf jeden Fall muss die sfogliatella allein genossen werden, zum Frühstück oder am Nachmittag zum Espresso. Sie ist ein Sattmacher. Nach dem Genuss der madame sfogliatella hat man stundenlang keinen Hunger mehr. Gerade weil sie nach einem lauten Mahl schwer im Magen liegt, hat sich im neapolitanischen Dialekt die ironische Redewendung Avé 'na sfugliatella eingebürgert, die eine Geldstrafe oder gepfefferte Rechnung bezeichnet.

Nach dem Rezept brauche ich nicht zu fragen, erklärt der pasticciere süffisant, es sei unmöglich, 'a sfogliatella zu Hause zu backen. Ihre Zubereitung ist die Meisterprüfung des Patissiers. Man braucht zwei Männer, die den Teig kräftig bearbeiten, aber dann mit großer Sorgfalt wie ein graziles seidenes Tuch auslegen (die Nonnen ließen sich hierbei vor den Feiertagen von Adjutanten unterstützen, meint nicht ohne Anspielung mein Cicerone). In meiner Lieblingskonditorei, die übrigens 1837 gegründet wurde, werden die krausen Ringellocken noch per Hand gearbeitet. Das ist aber nicht mehr in jeder Feinbäckerei der Fall. Oft werden die Gehäuse industriell und mit künstlichen Aromen und Geschmacksverstärkern produziert. Der Bäcker füllt sie lediglich mit der Ricottacreme. Auch für eine professoressa wie mich (instinktiv scheint er zu wissen, dass ich mehr bei Büchern zu Hause bin) sei es hingegen möglich eine frolla vorzubereiten. Diese kleinere Schwester der sfogliatella wurde Anfang des neunzehnten Jahrhunderts vom königlichen Konditor Pintauro erfunden: ein süßes Brötchen aus Mürbeteig mit der gleichen, mousseartigen Füllung. Heute noch befindet sich die Konditorei Pintauro an der Via Toledo, Ecke Vico dell'Afflitto. Eine Enkelin der sfogliatella riccia ist die Santa Rosa: Auch sie ist ein Konfekt aus Blätterteig. Der Name stammt vom Kloster Santa Rosa da

Lilma an der amalfitanischen Küste, wo sie erfunden wurde. Sie hat eine eher kegelartige und größere Form als die traditionelle *sfogliatella*. Verfeinert wird sie durch *creme chantilly* und zuckersüße Sauerkirschkonfitüre. Eine weitere, raffinierte Variante ist *coda d'aragosta*, Langustenschwanz genannt. Der Teig besteht aus zwei Schichten: außen leichter Blätterteig, innen Brandteig; die Füllung besteht statt aus Ricotta aus einer Mischung von Sahne und *creme chantilly*.

Wenn ich heute durch die Gassen in Neapel laufe und den Duft von *sfogliatelle* und *dolci* einatme, wirkt dies auf mich wie Marcel Prousts *madeleine*. Der dunkle Tunnel der Erinnerung verschluckt mich und wirft mich in der Konditorei der *signorine Sepe* 1976 wieder aus. Die besten Freundinnen meiner Eltern, drei alte unverheiratete Damen, arbeiteten in ihrer eigenen Konditorei. Schon als Kind kamen sie mir unglaublich alt vor: Pina, Lina und Carmelina, so ihre Namen, führten in der Hauptstraße von Pompeji ihre Patisserie. Meine Eltern besuchten sie sonntags nach der Messe. Ihr Laden war zugleich eine Espressobar, so durfte er durchgehend geöffnet bleiben. Während die jüngste Schwester, Carmelina, die häusliche, introvertierte, hinter dem Tresen stand und sich um die Kundschaft kümmerte, unterhielten sich Pina und Lina mit meinen Eltern. Lina war forsch und neugierig, auch mal zynisch, auf jeden Fall die Kreative im Konditor-Trio. Pina war die ernstere, die Verwalterin. Eine Dame aus anderen Zeiten: Heute wie damals trägt sie toupiertes, blondiertes Haar und eine getönte Brille. Jedes Mal wurden wir Kinder vor dem Besuch »dressiert«: Wir durften die Damen weder ansprechen noch um Süßigkeiten betteln. Wenn die *signorine* uns etwas anbieten würden, hätten wir zunächst *no grazie*, nein danke, zu antworten. So war es auch. »Nein, danke!!«, sagten wir mit glänzenden, lüsternen Augen. »Ach, komm, nur ein kleines Plätzchen!«, meinte Lina dann und schaute dabei meine Eltern auf Zustimmung wartend an. »Nein!«, sagte der Papa, die Kinder müssten die *educazione*, die gute Erziehung lernen, also werde nicht gebettelt. »Aber, lieber Ciccio« (Unglaublich! Mit diesem bäuerlichen Kosenamen riefen die Frauen meinen Papa), sollten nicht die Kinder nach den vielen Entbehrungen der Eltern in der Nachkriegszeit zumindest am Sonntag was Süßes bekommen? Endlich konnten wir nach dem Zeremoniell des Hin und Her einen *dolce* erhalten. Das bevorzugte Gebäck meiner Kindheit war der *biscotto amarena*, ein etwa zehn Zentimeter langer Keks aus Mürbteig, der in der Mitte eine rötlich-braune feste Mischung aus Schokolade und Sauerkirschen verbirgt. Die Oberfläche besteht aus glasiertem Baiser. Dieses Gebäck hält sich auch zwei Wochen, am besten aber genießt man es ofenwarm, wenn der Mürbteig noch locker ist, später wird er leider etwas pappig.

Heute wie damals vor dreißig Jahren stehe ich sonntags vor der Vitrine der Konditorei, will mich entscheiden, welchen Kuchen ich als Dessert für das sonntägliche Mittagessen zu meinen Eltern mitnehme. Die Vitrine gliedert sich in vier Etagen. Im unteren Fach machen Pralinenschachteln jeder Größe und für jede Gelegenheit schöne Figur. In der oberen Etage thronen nachmittags verschiedene Sorten salzigen Gebäcks: die *pizzette*, kleinformatige Pizzen mit dem Durchmesser eines Kuchentellers oder einer Espressountertasse. Auch hier kann man zwischen zwei Sorten wählen: *semplici* und *fritte*. Die Ersten sind einfache *pizzette* mit Tomatensoße, ein paar Mozzarellawürfeln und einem Basilikumblatt. Die *fritte* bestehen aus dem gleichen Teig, aber wie der Name sagt, werden sie frittiert. Meist sind sie auch mit Mozzarella und Tomate gefüllt oder, was ich favorisiere, mit Ricotta und Salami. Die gleiche Füllung, auch mal mit Spinat, ist in den *rustici* zu finden: Blätterteigtaschen verschiedenen Formats.

Die zweite und dritte Etage nehmen große und kleine *petit fours* ein. In Neapel nennt man diese Art von Gebäck immer *paste*, unabhängig davon, ob sie salzig oder süß sind. Man unterscheidet zwischen *paste secche* und *paste fresche*. Die *secche* sind trockenes Kleingebäck, Plätzchen aus Mürbteig und Marzipan. Typisch sind die *pignolate*, knusprige hornförmige Kekse aus Pinienkernen, Zucker und Mehl. Traditionell gehören sie zur Weihnachtstafel, doch werden sie auch das ganze Jahr über in den Konditoreien angeboten. Die *pignolate* sind ein altes Backwerk. In der Renaissance wurden sie als Vorspeise serviert, erst später avancierten sie zum Dessert. *Fresche* (»frisch«) sind Konfekt mit und ohne Creme, aus Biskuit- oder Brandteig: *babà*, sizilianische Hörner (*cannoli*), Windbeutel mit Sahne, Kaffee-, Schokolade- oder Erdbeercremefüllung; sie müssen am gleichen, spätestens am darauffolgenden Tag verzehrt werden. Anders als die *sfogliatella* wurde das zweitbekannteste Dessert Neapels, der *babà*, nicht an der Bucht der Sirene Parthenope, sondern in Frankreich erfunden. Der *babà* besteht aus einem lockeren, leichten Teig, der mit einer Mischung aus Wasser, Zucker und Rum durchtränkt wird. Damit er nicht austrocknet, wird er mit einer sehr dünnen Schicht aus Aprikosengelee bestrichen. Der *babà* ist in verschiedenen Formaten erhältlich: als großer Kuchen in einer an einen Gugelhupf erinnernden Form oder als winzig kleines Biskuit in der Form eines aufgeblähten Pilzes. Die Erfindung des *babà* wird Stanislaus Leczinsky, dem König Polens zugeschrieben. Wegen seiner Leidenschaft für die Novellensammlung *Tausendundeine Nacht* gab er seiner zuckersüßen Entdeckung den Namen des Protagonisten von »Alì Babà und die vierzig Räuber«. Aristokratische Familien ließen im Ottocento ihre Köche von französischen Kollegen ausbilden. So kam der *babà* nach Neapel. Sicherlich gehört er heute zu den beliebtesten Kuchen Süditaliens. Der *babà* ist so weich wie Watte, er lässt an die Bequemlichkeit der Neapolitaner denken, weil hier manchmal auch Essen harte Arbeit ist. Wie die *sfogliatella* findet auch diese Mehlspeise in ironischen Redewendungen ihren Platz.

Sì' proprio, nu babà!, du bist wirklich ein *babà*!, ist ein typischer Satz, an dem man die Ambivalenz der Neapolitaner, diesen Cocktail aus liebenswerter Freundlichkeit und hinterhältigem Individualismus, messen kann. Wichtig ist es, den Blick des Gesprächspartners zu beobachten: Strahlen einen die Pupillen direkt an, oder hat er die Augäpfel leicht nach oben gedreht? Je nachdem wie der Blick ist, bedeutet der Satz ein Kompliment oder eine charmant getarnte Schmähung. Ohne dass der Adressat es überhaupt merkt, wird er somit als naiv und dümmlich diffamiert. Vielleicht freut er sich sogar, während sein Gegenüber lacht.

Der Lieblingskuchen der Neapolitaner ist die *pastiera*. Bis in die Achtzigerjahre wurde sie ausschließlich zu Ostern zubereitet. Heute ist sie jederzeit in Konditoreien, Bars und Restaurants zu erhalten. Sie wird in einer runden Aluminiumform verkauft, gewöhnlich *ruoto* genannt. Man kann sie in etwa mit einem Käsekuchen vergleichen. Wie ihre französische Cousine, die *Tarte*, hat sie einen Boden und einen Rand aus Mürbteig. Die Füllung besteht aus einer Mischung aus Ricottakäse, Weizen und Eiern. Am besten wird der Kuchen zwei Tage nach der Zubereitung genossen, denn erst nach dieser Zeit entfaltet er seinen vollen Geschmack, wenn nämlich die Weizencremefüllung allmählich austrocknet. Laut den vielen Neapolitanern, mit denen ich über ihren Lieblingskuchen gesprochen habe, stammt die *pastiera* aus sehr alten Zeiten. Bereits in der Antike sei das eingeweichte Weizenkorn den Göttern als Opfer der Erde angeboten worden. In den religiösen Zeremonien wurde mit dieser Gabe die Wiederkehr des Frühlings gefeiert. Etwas von diesen Ritualen lebt noch heute im katholischen Brauch am Gründonnerstag fort, wenn die Altäre mit grünen Trieben und Sprossen geschmückt werden. Das erste Mal taucht der Name *pastiera* 1337 auf. Ende des fünfzehnten Jahrhunderts feiert der Dichter Jacopo Sannazzaro in seinen Versen die blonde Farbe dieses Kuchens.

In jedem Supermarkt und auch im kleinsten Lebensmittelgeschäft sind vor Ostern die Zutaten, das eingeweichte Korn und das Orangenwasser, in großer Menge zu finden. Jede

Familie hat ihr eigenes Rezept. Auch in meiner Familie bereiten Tanten und Cousinen die *pastiera* für das Osterfest vor. Traditionell beschenken sich die Familien gegenseitig mit diesem besonderen Kuchen.

Während ich dieses Kapitel schreibe, ist gerade Ostern. Die Luft in meiner Straße, die direkt ans Spanische Viertel angrenzt, duftet nach Zucker, Vanille und kandierten Agrumen. Da ich noch am Ostersamstag mit Budgettabellen und Berichten für die Zentrale beschäftigt bin, kaufe ich für meine Eltern eine *pastiera* in einer der erstklassigen Konditoreien der Stadt. Als ich am Ostersonntag mit einer gelben Kuchenschachtel im Arm in ein Taxi steige, spricht mich der Fahrer sofort an. Als Erstes fragt er mich, wie viel ich für die Torte bezahlt hätte. Mittlerweile habe ich gelernt, dass man die Neapolitaner besser im Vagen hält. Wenn man von sich selbst erzählt, wollen sie immer mehr wissen. Ausweichend antworte ich mit einer Bemerkung über die teuren Preise. Damit löse ich eine Wortlawine aus: Noch letzte Woche habe eine *pastiera* mit 26 cm Durchmesser achtundzwanzig Euro gekostet. Am Ostersamstag verlange sogar der einfachste und dümmste Konditor in der Peripherie vierzig Euro für die gleiche Größe. Ich frage ihn, ob auch in seiner Familie gebacken wird. Früher einmal habe seine Mutter stets sieben *pastiere* gebacken, eine für die Familie, die restlichen zum Verschenken. Nun sei sie zu alt und habe das Backen aufgegeben. Da er Einzelkind und noch ledig sei, habe er dieses Jahr zum ersten Mal selber einen Osterkuchen zubereitet. Ich schaue ihn mit einer Mischung aus Überraschung und Bewunderung an, denn er ist immerhin der erste neapolitanische Mann, der dies zugibt. Gleich fügt er hinzu, dass er jedoch einen fertigen Mürbteig im Supermarkt gekauft habe. Schließlich sei er Anfänger. Die Zutaten für die Füllung habe er im besten Käsegeschäft seines Viertels gekauft. Der Inhaber sei ein ehemaliger Schulfreund von ihm. Dieser fahre regelmäßig nach Battipaglia, einer Stadt hundert Kilometer südlich von Neapel, die für ihre hervorragenden Milchprodukte und vor allem die Büffelmozzarella in ganz Italien bekannt ist. Der Ricotta-käse muss nämlich sehr frisch, ja jungfräulich sein. Die Eier bekommt er dagegen von einem Cousin, der einen Hof außerhalb der Stadt hat. Auch in einem kurzen Gespräch mit einem Taxifahrer ist immer wieder festzustellen, dass die Neapolitaner großen Wert auf die exzellente Qualität der Zutaten legen und auch lange Wege auf sich nehmen, um die besten Produkte zu kaufen. Mit seiner Methode – erklärt er mir weiter – brauche man keine Angst zu haben, dass der komplizierte Mürbeteig nicht gelingt. Das Resultat sei perfekt gewesen und jedenfalls kostengünstiger, fügt er hinzu, wobei er einen ernsten Blick auf meine Kuchenschachtel wirft.

'O presepe.
Weihnachten

»Ein Neapolitaner, der in der Weihnachtszeit die Krippenstraße San Gregorio Armeno kein einziges Mal besucht, hat seine Wurzeln verloren«, schnaubt ein Freund, als wir uns eines Abends Anfang Dezember in einer Pizzeria treffen. »Er ist ein *alienato*, ein Entfremdeter«, fährt er fort. »Besser wäre es, er würde die Stadt verlassen.« »Uff! Übertrieben!«, rufen die anderen aus und winken mit schneller Handbewegung ab. Der *presepe*, die Weihnachtskrippe, befeuert jährlich die Gespräche der Neapolitaner. Hier scheiden sich die Geister: Krippe, Tanne oder lieber die säkulare Reise nach Thailand? Der Freund ist einer der Verfechter der alten Tradition. Er begibt sich jedes Jahr nach San Gregorio Armeno. Die enge Gasse in der Altstadt ist das Mekka der Weihnachtskrippen und das nicht nur zur Weihnachtszeit. Von der Piazza San Domenico Maggiore aus geht man entlang der Via San Biagio dei Librai, *Spaccanapoli*, wie das Volk sie nennt, und nimmt dann die zweite links: Hier befinden sich die traditionellen Läden und Werkstätten, in denen der Neapolitaner alles finden kann, um eine schöne, ja sogar die jeweils schönste Krippe zu basteln: Statuetten von Maria, Joseph und dem

Jesuskind, von Hirten und Engeln in unterschiedlichen Größen. Die Figuren gibt es in jeder Preislage: angefangen von den industriellen Massenwaren aus Ton oder Plastik bis zu den kostspieligen, handgefertigten Exemplaren aus Keramik, für die größte Sorgfalt in jedem Detail aufgewendet wurde. Die kleine Statue der Madonna trägt echte Stoffkleider, einen hellblauen Mantel aus leuchtender Seide, ein Kleid in zartem Puderrosa mit goldenen Stickereien. Und im Antlitz der fülligen Engelchen findet man die rotzigen Gesichtszüge der Bübchen wieder, die in einer Ecke des Ladens sitzen und Bildchen von Fußballspielern austauschen. Während die teuren Statuetten in der Glasvitrine verschlossen sind, liegt eine Vielzahl unterschiedlichster Bausteine für einen echten neapolitanischen *presepe* auf Tischen vor den Läden aus. Häuser, Bäume und Kulissen aus Pappe, detailgetreue Reproduktionen sämtlicher Haushaltsgegenstände. Auf den Regalen sind Miniaturen von Häusern oder Läden aus Karton aufgereiht: die Bäuerin melkt eine milchweiße Kuh, der Bäcker legt die Brotlaibe in eine Reihe; der Weinhändler schaut hinter großen, gefüllten Korbflaschen erwartungsvoll hervor. Myriaden von kleinformatigen Objekten aus Ton liegen aus: die Opfergaben der Neapolitaner an das Christkind. In kleinen Körben glänzen die Venusmuscheln und silberne Fische, klein wie ein Fingernagel. Im Format einer Streichholzschachtel stehen daneben die Käfige mit Kaninchen und den Hennen, die Eier ausbrüten. Ein Scharaffenland in Miniaturformat: Präsentkörbe mit aufgeschnittenen Salamis und Mortadellawürsten, Tomaten, Salat- und Blumenkohlköpfen, sogar winzige Säcke mit Nüssen und Maronen, so klein wie Stecknadelköpfe.

Neben Putten und Schäfern fallen die zeitgenössischen Gestalten auf, Karikaturen von Politikern, Fernseh- und Fußballstars, die wie bei einem Schnappschuss in einer charakteristischen Haltung erfasst wurden: Berlusconi hebt dramatisch die Hände, wie man es von der Wahlkampagne her kennt; Maradona schaut skeptisch auf den Kapitän der italienischen

Fußballnationalmannschaft, Fabio Cannavaro, der auf der Fußspitze den Ball balanciert. Wie in einem Vexierspiegel stehen nebeneinander Dutzende von Statuetten des heiligen Mönchs Padre Pio aus dem apulischen Pietralcina, dem in Neapel tiefe Verehrung entgegengebracht wird. Und daneben die »drei neapolitanischen Kronen«: Pulcinella, der Schauspieler Totò und Eduardo De Filippo. Der Schauspieler und Theaterautor De Filippo ist den Neapolitanern, was Dante den Italienern ist. Mit seinen erfolgreichen Theaterstücken machte er die neapolitanische Mundart, die bislang ausschließlich in derben, volkstümlichen Lustspielen Gebrauch fand, zur Kunstsprache. 1931 schrieb er *Natale in Casa Cupiello* (»Weihnachten bei den Cupiellos«), sein bekanntestes Stück. An Heiligabend widmet sich der arbeitslose Familienvater Lucariello vollkommen seiner Krippe. Die Familie ist arm, hält sich über Wasser nur dank des Schwiegersohnes, der ein erfolgreicher Händler ist und diese mit Geld und Geschenken unterstützt. Aber den wohlhabenden Mann hat die Tochter nie wirklich geliebt. Sie hat nun die Flucht mit ihrem Geliebten geplant. Vor dem Aufbruch möchte sie sich am Festtag von ihren Eltern verabschieden. Als die Mutter den Plan verhindern will, zerstört die Tochter in einer dramatischen Handlung die mühsam aufgebaute Krippe des Vaters. Damit ist jeder Familienzusammenhalt symbolisch und faktisch dahin. Eduardo, wie die Neapolitaner den Dramatiker familiär nennen, überlässt die Figuren ganz ihren Emotionen. Damit karikiert er die tragikomische Realität Neapels und übt Gesellschaftskritik, ohne zu kommentieren. Und jedes Jahr wird das Stück zu Weihnachten im nationalen Fernsehen ausgestrahlt, wie etwa »Dinner for one« am Silvesterabend in Deutschland.

Wenn man im Sommer durch San Gregorio Armeno spaziert, wundert man sich über die bunte Vielfalt, die einen in dem schmalen Gässchen empfängt. Mit dem Reiseführer in der Hand sind viele auf dem Weg zur Basilika San Lorenzo, einem der wenigen erhaltenen Exemplare gotischer Kunst in

Kampanien. Man bewundert die Kopfsteinpflaster: Die Straße wurde von den Römern angelegt; *Decumanus maior* steht im Buch. Man kauft ein Eis in einer *Gelateria* und bleibt verdutzt vor einem Stand stehen. »*Venite!* Kommen Sie!« Ein Verkäufer kommt aus dem Laden und preist seine Ware an. Jetzt stehen die Verkäufer der gegenüberliegenden Läden auf und verfolgen mit großem Interesse die Szene. Man entscheidet sich für die Nachbildung eines Obstkorbes aus Ton mit klitzekleinen Bananen, Melonen und Nektarinen: drei Euro. Der Tourist holt einen Fünfzig-Euro-Schein aus der Brieftasche. Der Verkäufer muss wechseln, er läuft schnell zur Bar an der Ecke. In der Zwischenzeit schalten sich die Konkurrenten ein: »*Guardate ccà!* Schauen Sie, *tutto fatto a mano,* alles Handarbeit!« Einer zeigt auf eine Einfahrt, die zu einem großen Hof führt. Dort liegt hinter einer großen Glastür eine Werkstatt: Drei Männer sitzen an einem Tisch und malen an Hirtenfiguren. Hinter ihnen warten auf einem Regal in Reih und Glied dunkelbraune Tonstatuetten, bis auch ihnen leuchtende Farben und Kleider verliehen werden. Am Ende des Raumes ragen zwei Statuen der Maria und eine überdimensionale Plastik eines melancholischen Heiligen mit Bischofsmütze hervor. Jetzt tritt aus der Portiersloge eine zierliche alte *signora* in einem schwarzen Kleid mit weißen Blümchen hervor. Sie scheint an die vielen Fremden gewöhnt zu sein: kurzes Aufblicken, *Ahh! Touristen,* dann kehrt sie wieder zu ihrem Stuhl und ihrer Lieblingssendung im Fernsehen zurück. Kein Grund zur Sorge: Jetzt ist Sommer, alles ist ruhig. Die stressige Zeit beginnt ab Anfang Dezember. Stichtag ist der 8., Mariä Verkündigung, wenn sich das ganze Viertel mit allen möglichen Leuten füllt. Aus der ganzen Region Kampanien kommen sie hierher: Einer will eine neue Statuette oder ein neues Häuschen für seine Krippe erwerben, der andere sucht ein Geschenk für die Mutter oder den Schwiegervater, noch einer will den Kindern die vielen Varianten der Engel zeigen.

Eine gute Krippe verlangt eine lange Vorbereitung. Über

die Jahre hinweg wird sie liebevoll und geduldig aufgebaut, verbessert und vervollständigt. Die Nachbarn meiner Eltern fangen sogar schon Ende Oktober mit den jährlichen Vorbereitungen an. Und jedes Jahr muss die Krippe anders sein, größer und raffinierter werden. Es werden Mechanismen gebaut, um Naturphänomene nachbilden zu können. Durch ein System von kleinen Plastikröhren und einer elektrischen Pumpe entspringt ein echter Wasserfall. Beliebt sind auch die alten Plattenspieler mit 45 Umdrehungen. Auf die Plattenauflage wird türkisfarbenes Papier geklebt und das Gerät selbst unter einer ausgeschnittenen Holzplatte versteckt. So entsteht ein See, auf dem sich kleine Enten im Kreis bewegen. Und wen kümmert's, wenn neben dem See die Hirten die Enten statt der Schafe beobachten? Schrankenlos ist die Phantasie des Bastlers. Selbstverständlich zeigt sich die echte neapolitanische Krippe vor einer mediterranen Landschaft. Oft knien Maria und Josef vor der Ruine eines antiken Tempels mit korinthischen Säulen oder sie haben Unterschlupf in einer Strohhütte gefunden. Den Hintergrund bilden Palmen und ein Sichelmond. Neben den Hirten stehen die Verkäufer der typischen Produkte der Landwirtschaft Kampaniens; Mozzarella- und Ricottakäse, dunkelgrüne Honigmelonen, die an einer Strohschnur neben dem Schinken hängen. Was die Krippen widerspiegeln ist nicht weniger als das neapolitanische *theater mundi*. Sie bildet das Alltagsleben der Menschen vor zwei oder drei Jahrhunderten nach und ist Ausdruck einer archaischen bäuerlichen Welt, in der sich zugleich die Farben und das Gewimmel des heutigen Neapels zeigen.

Das Herz der alten Neapolitaner hängt sehr an der Krippe. Hält man was auf sich und die Tradition, muss die Familie am Fest eine Krippe haben, koste es, was es wolle. Das kann auch kuriose Züge annehmen. Als *zia* Maria, die Schwester meines Vaters, heiratete und mit ihrem Mann eine neue Wohnung bezog, blieb das Krippchen ihrer Kindheit bei den Eltern zurück. Nun wollte sie aber eine eigene Krippe für sich und ihren Mann Alfonso haben. Da sie in ihrem Lebensmittelladen vor den Feiertagen viel zu tun hatte, war Heiligabend, und sie hatte noch keine Krippe. Kurz vor Geschäftsschluss eilte sie, so schnell es ging, in die Krippenstraße. Dort angekommen musste sie aber zu ihrem Entsetzen feststellen, dass viele der Figuren und Accessoires schon ausverkauft waren. Es gab keine Hirten mehr, keine Engel oder Händler. So kaufte sie, was sie kriegen konnte. Um Mitternacht legte sie ein lebensgroßes Christkind in die Futterkrippe, angebetet von fünf heiligen Königen, die sich daneben als Liliputaner ausnahmen. Noch dazu saßen drei von ihnen auf Kamelen, zwei schwarze Melchiore waren zu Fuß gekommen.

Eine echte neapolitanische Krippe ist eine Investition, die Kosten können dreistellige Summen erreichen. Viele Neapolitaner, die ins Ausland emigriert und zu Geld gekommen sind, reisen nach San Gregorio Armeno und bestellen Sonderanfertigungen der *pastori*, der Hirtenstatuetten, für ihre Krippe, um sie dann in ihrem Haus in New York oder Köln aufzustellen. Wohlhabende Familien besitzen auch wertvolle Krippen aus dem siebzehnten und achtzehnten Jahrhundert. Zu Weihnachten öffnen sie die Tore ihres Hauses, um sie interessierten Bewunderern zu zeigen.

Am ersten und zweiten Weihnachtstag geht man zu den Nachbarn und bringt einen Teller *dolci* mit. Traditionell sind es die *struffoli*, das typische neapolitanische Weihnachtsgebäck. Dabei handelt es sich um kleine Teigkügelchen, die bei hoher Temperatur frittiert werden. Anschließend werden sie kreisförmig übereinandergestapelt und mit einer dickflüssigen Soße aus Honig und Orangenwasser übergossen. Zuletzt werden sie mit kandierten Orangen- und Zitronenschalen sowie mit bunten – weißen, roten, grünen, hellblauen und gelben – winzigen Zuckerperlen, den *diavolilli*, kleinen Teufelchen, bestreut. Schließlich sehen sie aus wie ein Schatz, den die Heiligen Drei Könige aus dem Morgenland mitgebracht haben. Dann betrachtet man ausgiebig die Krippe. Die Unterschiede zur Aufstellung im vorigen Jahr werden bewundert und kommentiert.

Welchen Wert die Krippe für die Neapolitaner hat, veranschaulicht auch folgende Begebenheit. Eines Nachts entwendeten Einbrecher aus der Kirche Santa Maria delle Grazie zwischen der Via Toledo und dem Spanischen Viertel alle aus der Barockzeit stammenden Figuren der Krippe. Groß war die Entrüstung der Einwohner des Viertels. »Um Gottes willen! Was für eine Katastrophe! Wie konntet ihr uns so was antun?!«, zürnte der Pfarrer den unbekannten Räubern. »Und wie konntet ihr das den Kindern des Viertels antun, die sich so sehr über das Christkind und die heiligen Szenen freuen?« Die Entrüstung in der Öffentlichkeit und in der Presse war riesengroß. Vor Silvester, in der Morgendämmerung, tauchten die antiken Statuetten wieder auf. Die Diebe hatten ihre Beute reuig wieder zurückgegeben.

Die Neapolitaner haben einen Hang zum Basteln. Ähnlich dem *presepe* findet man in einigen Läden in der Altstadt kleine Altäre, in denen neben der Fotografie des heiligen Padre Pio und der *Madonna dell'Arco*, der Schutzpatronin der Diebe und der Prostituierten, das Standbild von Maradona und ein Pokal aus Plastik aufgebaut sind, hinter der Szene die hellblaue Flagge des Fußballklubs Neapel.

Gerade mit diesem klischeehaften Bild Neapels wollen meine Freunde aufräumen, mit denen ich mich bei einer Pizza über das neapolitanische Weihnachtsfest unterhalte. Weder basteln sie eine Krippe, noch schmücken sie einen Weihnachtsbaum. *Per carità!* Man schmunzelt über den 35-Jährigen, der sich für Krippen begeistert. Es sei denn, er tut es für seine Kinder. Sie tadeln den *votta-votta*, den großen Ansturm von Käufern und Schaulustigen, der in der Adventszeit die enge Gasse verstopft. Die Menge *votta*, d. h. schiebt und drängt. Vorwärts kommt man nur mit Ellbogenkraft. Und man muss die Augen offen halten, damit im Durcheinander nicht die Geldbörse verschwindet. Und wenn man endlich einen Hirten ergattert hat, muss man mit Enttäuschung feststellen, dass einem statt der schmucken Tonstatuetten aus dem Schaufenster industrielle Erzeugnisse »Made in China« angedreht wurden. Außerdem unterhalten die Unternehmer in den *paesi vesuviani*, in den kleinen Städten am Fuß des Vesuvs, Fabriken, in denen in der vorweihnachtlichen Zeit Immigranten 24 Stunden am Tag arbeiten.

Das neapolitanische Weihnachten ist kein stilles, besinnliches Fest, sondern fröhlich, bunt und chaotisch. Am 24. bereiten die Familien das Abendessen, den *cenone*, vor. Da *vigilia* ist, d. h. ein Fastentag vor dem Fest, darf kein Fleisch gegessen werden. Daher sind Muscheln, Garnelen und Fisch die Hauptakteure beim traditionellen Weihnachtsessen. Der klassischen Vorspeise Spaghetti mit Venusmuscheln (*spaghetti alle vongole*) folgen zwei Hauptspeisen, gegrillter Fisch vom Feinsten (Dorade, Loup de mer oder Zahnbrasse) und dann frittierter Aal und Stockfisch (*'o baccalà* und *'o capitone*). Als Beilage wird ein herzhafter Salat (*insalata di rinforzo*) aufgetischt, der eigentlich ein Mittagessen für sich wäre: gedünsteter Blumenkohl mit in Essig und Öl eingelegten Paprikaschoten und grünen Oliven. Das majestätische Finale bildet das Dessert, unvorstellbar süßes Mandelgebäck in Fladenform (*roccocò*) sowie krosse Rauten mit Wein-Schokolade-Glasur (*mostaccioli*). Den finalen Stoß geben der tüchtigen Leber die hochprozentigen Schnäpschen aus Agrumen. Nach dem eintönigen Zitronenlikör (*limoncello*), der in den Neunzigerjahren Mode war, folgen der *rucolino* und *liquerizia* (Rauke- und Lakritzschnaps). Nachdem man die modernen Erzeugnisse des globalisierten Landes der Zitronen probiert hat, greift man schließlich zum klassischen Digestif, dem *nocino*, einem würzigen, herben Kräuterlikör, der aus der hellgrünen Schale der Walnuss und *settanta cape d'erba*, siebzig verschiedenen Kräutern, vom Hausherrn selbst angesetzt wird.

Nach dem Essen spielt man dann endlich mit den Verwandten Karten oder Tombola. Auch das hat Tradition und geht auf einen ausgeprägten Hang der Neapolitaner zur Schicksals-gläubigkeit zurück. Das Glücksspiel beruht auf einer Zahlen-allegorie. Jede Zahl steht für Wonne oder Schmerz des All-tagslebens, nicht ohne eine augenzwinkernde Anspielung auf die Welt der betörenden sinnlichen Freuden. Aus einer Los-trommel aus Plastik – die Oberfläche ist dem geflochtenen Korb der antiken Trommel nachempfunden – werden die Zahlen von eins bis 90 gezogen und ausgerufen. Dabei wird nur das Symbol genannt: *L'Italia* steht für eine Eins und *'A musica* bedeutet die 55. Eine kleine Ikone erfasst in jedem Zahlkästchen des *cartellone*, der großen Papiertafel, die Zah-lensymbolik bildlich. Jeder Spieler hat ein oder mehrere Spiel-bretter vor sich und bedeckt die Zahl, wenn diese ausgerufen wird. Zu diesem Zweck stehen bei meiner Tante Servierteller mit Orangen und Mandarinen auf dem Tisch: Man verwen-det einfach kleine Stücke von duftenden Mandarinschalen, um die Felder zuzudecken. Wegen der großen Popularität des Gesellschaftsspiels werden überall in Neapel, vor allem im Kiez von San Gregorio Armeno, mehrsprachige Ausführun-gen der Tombola verkauft: neapolitanisch, italienisch und englisch. Als Heranwachsende fanden wir Gefallen an den manchmal etwas schlüpfrigen, verhüllt erotischen Symbolen: die 21 *'a femmena annura* (die nackte Frau) ist Emblem für die ungestüme Weiblichkeit, dargestellt durch einen weißen Frauenkörper mit prallen Brüsten. Bei der 29 legt ein halb-nacktes Pulcinella-Kind verlegen beide Hände ans Scham-bein. »Der Vater der Kreaturen« lautet die Erklärung in schar-lachroten Buchstaben. Besonders gut gefiel mir und meinen Geschwistern das Bildchen der 71. Das Gesicht eines glatz-köpfigen Mannes taucht aus einer Kloschüssel auf, mit einer Hand hält er die Klobrille hoch: *L'ommo 'e merda*, der Mann aus Scheiße. Mit seinen fettigen Haaren, der schwarzen Horn-brille und dem hämischen Gesichtsausdruck sah er in unseren Augen wie der strenge Religionslehrer Don Mimì aus. Als Onkel Franco *l'uomo di cacca* ausrief (der Onkel war vorher von der Tante gebrieft worden: Wegen uns Kindern mussten die schmutzigen Zahlen entweder ignoriert oder in korrekter italienischer Hochsprache ausgerufen werden), brachen wir in zügelloses Gelächter aus. Die Zahlen benutzten wir dann auch im Alltag, um etwas anzudeuten, ohne es mit Worten zu benennen. So war die hysterische Nachbarin einfach nur »22«, die »Verrückte«, die nörgelnden Tanten waren »66«, die »Jungfern« (*'e ddoje zetelle*).

Die Zahlensymbole der Tombola werden im Buch der *smorfia* (wörtlich: »Grimasse«) dechiffriert und dienen auch der Deutung von Träumen. Der Katalog hat einen archaischen Ursprung. Wie die mündliche Mythenerzählung hat er durch die Jahrhunderte zahlreiche, auch widersprüchliche Bilder in einem einzigen Symbol zusammengefasst.

Der neapolitanische Volksglaube besagt, dass Träume zukunftsweisend sind, besonders wenn einem verstorbene Angehörige erscheinen. Denn die Seelen des Fegefeuers (*anime del purgatorio*) kommunizieren durch ihre Bildersprache dem Diesseits die Glückszahlen, die am folgenden Wochenende im Lotto gelost werden. Die Hermeneutik des Traumes ist in Neapel eine wahre Kunst, die mit Hilfe der *smorfia* gedeutet wird. So nennt man in Neapel die Traumdeutung wegen des Lottospiels auch *smorfiare*, d. h. das Traumbild auslegen. Von enormer Wichtigkeit ist dabei der Handlungsablauf. Hat der Verstorbene gesprochen, so entspricht dies der Zahl 48. Wenn der Tote stumm bleibt, bedeutet dies jedoch 47.

Tante Maria war in der Familie die Königin der Traumdeutung. Einmal aber fiel sie ihrer Deutungs- und Spielsucht selbst zum Opfer. Eines Nachts nämlich erschien ihr im Traum ein alter verstorbener Freund: Ciro. Ein beleibter Anwalt, der den Wein und das Essen sehr liebte. Obwohl er an Gicht erkrankt war, trank und aß er weiter wie bisher, bis er eines Tages, von einem Schlaganfall getroffen, unter dem Sonnenschirm entschlief. Im Traum sah er gesund und jung aus.

Er saß auf den Treppenstufen vor dem Haus meiner Tante. Als er sie kommen sah, stand er auf und zeigte ihr seine beiden Kinder. Er nannte das älteste »1« und das jüngste »90«. Als meine Tante aufwachte, war es noch Morgengrauen. Sie konnte nicht weiter abwarten, rief kurz vor sechs bei meinen Eltern an und erzählte meinem verschlafenen Vater von dem verstorbenen Freund. Sie schilderte, wie gut er ausgesehen habe: *un cappotto di cammello*, einen Wintermantel aus Kamelhaar habe er getragen, und das, obwohl die Sonne geschienen habe, aber egal. Jetzt gehe es ja darum, den Traum zu *smorfiare*. Noch am selben Morgen wurden Freundinnen konsultiert, alle vorhandenen kabbalistischen Standardwerke durchforstet. Schließlich spielte sie die Zahlen 1, 90, 72 (das Wunder) und 48 (der sprechende Tote). Sie kam von der Lottostelle direkt zu meinen Eltern. Meine Eltern schauten sie fassungslos an, als sie zugab, eine Million Lire gesetzt zu haben. Sie wollte ihre Bedenken nicht hören. Stattdessen kalkulierte sie ihre möglichen Gewinnchancen, denn sie hatte sowohl auf Neapel als auch auf *tutte le ruote* gesetzt. Auch überlegte sie, welche Summe sie Ciros Witwe schenken konnte: zehn Prozent oder fünfzehn Prozent vom Gewinn. Schließlich hätte Ciro statt ihr auch seine Ehefrau im Traum besuchen können. Natürlich wurden die Zahlen nicht gezogen. Die Ersparnisse der Tante waren hin. Am nächsten Sonntag begegnete sie vor der Kirche dann Ciros Ehefrau und sprach sie unverblümt auf den bösen Scherz an, den ihr der verstorbene Freund bereitet habe. Die Dame hörte sich die ganze Geschichte in aller Ruhe an. Und ihr Kommentar war: »Ein Witzbold im Leben, ein Witzbold auch als Toter!«

Sehen, berühren, glauben

Die Nachbarin meiner Eltern ist eine sehr religiöse Dame. Vor allem verehrt sie die heilige Rita von Cascia, Patronin für aussichtslose Anliegen und Pocken. Nicht nur ist sie in der Pfarrei für die Organisation der Feierlichkeiten am Gedenktag der Mystikerin verantwortlich, der jährlich auf den 22. Mai fällt. Auch gleicht ihre Wohnung einem Tempel frommster Verehrung. Im Flur hängen mehrere Andachtsbilder der heiligen Ordensschwester mit dem Attribut der roten Rose. Im Wohnzimmer steht auf dem Regal direkt neben dem Fernseher ein überdimensionales Bild der Heiligen. Zwischen der Scheibe und dem Holzrahmen stecken Schwarzweißfotografien von verstorbenen Verwandten. Davor haben Kerzen und eine Vase mit stets frischen Blumen den besten Platz eingenommen. Ob das auffallende Bild sie nicht störe, wenn sie fernsieht, fragte sie einmal meine Mutter. »Nein, nein«, meinte die Nachbarin beschwichtigend, *al contrario*, im Gegenteil, denn *Santa Rita* leiste ihr Gesellschaft, wenn sie sich beim Abendprogramm entspanne. Einmal versetzte aber ein Eklat am Vorabend der Feierlichkeiten die Gemeinde in Unruhe. Wie jedes Jahr sei die gottergebene Dame zur

Beichte gegangen, aber der Pfarrer habe sich diesmal heftig geweigert, ihr die Absolution zu erteilen. Meinen konsternierten Eltern erklärte sie seelenruhig, sie habe lediglich ihren Standardsatz ausgesprochen: zwar verehre sie Gott und Jesus Christus, aber sie glaube nur an die heilige Rita. Bei diesen Worten sei der Pfarrer sehr verärgert gewesen und habe streng gemeint, sie würde damit gegen das erste Gebot verstoßen. Als sie versucht habe, ihm ihren Standpunkt näher zu erläutern, habe er sie ohne die ersehnte Sündenvergebung des Beichtstuhls verwiesen.

Tatsächlich pflegen die Neapolitaner eine komplexe, persönliche Beziehung zu den Heiligen und zur Religion. Der fremde Besucher, der zum ersten Mal eine süditalienische Kirche betritt, kann sich des Eindrucks nicht erwehren, hier herrsche ein polytheistischer Glaube. Wie die Nachbarin meiner Eltern verehren die Neapolitaner unterschiedliche Heilige und Madonnen. Auf Platz eins der Meistangebeteten rangiert seit Jahrhunderten unverrückbar *San Gennaro*. Der Glaube geht durch alle gesellschaftlichen Schichten. Laut Umfrage einer lokalen Tageszeitung, die das religiöse Verhalten süditalienischer Politiker unter die Lupe genommen hat, wird im italienischen Parlament nach San Gennaro der heilige Padre Pio aus Pietralcina besonders gerne verehrt. Unter den süditalienischen Katholiken hat der Mönch aus Apulien große Konjunktur, hatte er doch dem jungen Karl Wojtila seine Zukunft auf dem Heiligen Stuhl vorausgesagt. Die Damen geben dagegen eine Vorliebe für die Rosenkranzmadonna von Pompeji oder die *Madonna del Carmine* zu. Wegen der immensen heilvollen Wirkung haben beide schwarzen Madonnen Anhänger nicht nur in Italien gefunden, sondern auch in den Vereinigten Staaten, wo große Gemeinden von neapolitanischen Auswanderern leben.

Das Bildnis der dunkelhäutigen Jungfrau Maria vom Berge Karmel gelangte im 13. Jahrhundert von Palästina nach Neapel. Eremiten auf der Flucht vor Muslimen nahmen es mit sich. Für ihre Kirche, die vermutlich zwischen 1282 und 1300 eingeweiht wurde, erhielten die Mönche ein Grundstück am Meer, die heutige *Piazza Mercato*, an der sich noch die Kathedrale der *Madonna del Carmine* befindet.

Die Basilika mit der Piazza nimmt in der Geschichte der Stadt eine herausragende Stellung ein. Kein anderer Ort ist mit einer derartigen Fülle von Geschichten von Leid und Segen verbunden. Einerseits assoziieren die Neapolitaner den Platz, der bis ins neunzehnte Jahrhundert als zentraler Ort für Hinrichtungen diente, mit dramatischen Ereignissen. Stets kreisen die Erzählungen um Helden, die sich gegen präpotente Herrscher auflehnten und deswegen sterben mussten. Der blonde sechzehnjährige Konradin von Hohenstaufen wurde von seinen Widersachern verraten und sah 1268 an dieser Piazza die letzten Sonnenstrahlen seines Lebens. Hier begann 1647 der von Masaniello geleitete Aufstand der Fisch- und Fruchthändler gegen die spanischen Steuererheber. In der traditionellen neapolitanischen Ikonographie wird der rebellische Fischer Tommaso Aniello mit dem Emblem des karmelitanischen Ordens der gleichnamigen Basilika dargestellt, ein kleines dreieckiges Erkennungszeichen, das auf die Abstammung aus dem Viertel Mercato hinweisen sollte. 1799 wurden hier die Aufständischen der gescheiterten bürgerlichen Revolution gegen das Haus der Bourbonen exekutiert. Das erbärmliche Schicksal der verwöhnten Luisa Sanfelice, die aus Liebe zu einem jungen Aristokraten zufällig in die Verschwörung verwickelt wurde und schließlich eines schrecklichen Todes auf dem Schafott starb (aus Versehen ließ der Henker die Axt fallen, daraufhin trennte er mit einem einfachen Messer das Haupt vom Körper der jungen Frau) hat Hunderte von Legenden inspiriert. Der Philosoph Benedetto Croce (1866 – 1952) sammelte die zahlreichen historischen Dokumente und mündlich überlieferten Erzählungen über die unglückliche Sanfelice in einem eindrücklichen Pamphlet (1888).

Andererseits repräsentiert die Basilika der allerseligsten Jungfrau Maria von Karmel für die katholischen Gläubigen seit dem Mittelalter eine Oase, den Fluchtort, an dem sie den Trost der Gottesmutter, die Rettung aus einer Notlage erfahren. Die *Madonna del Carmine* ist extrem wundertätig, wie Hunderte Votivgaben, die sich über die Jahrhunderte in der Sakristei angesammelt haben, bezeugen. Auf der Rückseite des Hauptaltars sind die Wände regelrecht mit den *ex-voto* tapeziert. In hohen Vitrinen hängen auf rotem Samt mehrere versilberte, stilisierte Schildchen: Darstellungen von Armen und Augen, Händen, Beinen und Füßen, Brüsten und Bäuchen, Leber und Lungen. Die filigranen Weiheobjekte stifteten der Jungfrau die Gläubigen als Dank für die erhaltene Gnade, *per grazia ricevuta*: die Genesung von einer schweren Krankheit.

Das ganze Jahr über sitzen auf den schattigen Bänken der Kathedrale ältere und junge Frauen, die für sich, ihre Ehemänner und Kinder die dunkelhäutige Madonna anflehen, sie möge ihre Bitte erfüllen. Mit der heiligen Ikone sprechen sie in direktem, mitunter auch bestimmtem Ton, quasi wie zu einer Verwandten. Zwischen der regelmäßigen geflüsterten Litanei sind hin und wieder Ausrufe zu hören: »*E' capito*, hast du verstanden?!«, oder: »Vergiss nicht, was ich dir gesagt habe!«, und: »*Madonna d' 'o Carmene, aiutame tu*, hilf mir!« In der von chronischer Arbeitslosigkeit gepeinigten Stadt Neapel ist nach den Krankheiten die Suche nach einem anständigen Job häufigster Anlass für die Zwiesprache mit der Heiligen Jungfrau.

Der Höhepunkt der Verehrung der *Madonna del Carmine* ist der Gedenktag am 16. Juli. Den Auftakt bildet am Vorabend *l'incendio del campanile*, ein beispielloses Feuerwerk. Am ganzen Glockenturm werden viele Feuerwerkskörper kunstvoll platziert; einmal angezündet, erwecken sie den Eindruck, das ganze Gebäude würde lichterloh brennen. Zur selben Zeit wird das Gemälde der Jungfrau auf den Hauptaltar gestellt, damit es die Menschen aus nächster Nähe verehren können. Am Tag danach geht eine lange Prozession durch das ganze Viertel, an der die Honoratioren der Stadt, Priester, Diakone und Nonnen sowie das Volk teilnehmen. Die *Madonna bruna* segnet alle, auch die chinesischen Händler und rumänischen Prostituierten, die sich jetzt in den Gassen, wo im sechzehnten Jahrhundert Kaufleute der Anjous ihre Geschäfte betrieben, einquartiert haben.

Spätabends herrscht in der Kathedrale immer noch großer Andrang. Schwerer Blumenduft, Weihrauch und Körpergeruch wallen an dem heißen Sommerabend in den Kirchenschiffen. Einige Frauen bleiben die ganze Nacht in Anbetung. Böse Zungen meinen aber, dass sie hierher nur wegen der attraktiven Würdenträger kommen würden. Man munkelt, dass der Kirche Santa Maria del Carmine die schönsten Priester der Stadt zugeteilt werden. Ob Italiener, Nordafrikaner oder Polen, die Karmeliter zeichnen sich tatsächlich durch die feine Gleichmäßigkeit ihrer Gesichtszüge und ihre stattliche Erscheinung aus. Die glänzenden Augen der Damen, die leichtfüßig von der Beichte zurückkommen, strahlen das Wonnegefühl der Sündenvergebung aus. Aber man sagt, dass die Kultdiener sich eher für die erhabenen, geschlechtslosen Engel der Kirchengemälde interessieren und für manche Epheben, die zu später Stunde in Spelunken der Altstadt Gottes Gnade mit ihren liebkosenden Händen verteilen. Schönheit rege den Neid an, und der Neid generiere die Klatschgeschichten, entschuldigt sich mein Begleiter in seiner feinen, reservierten Art. Dennoch, als wir in die Kirche hineingingen, kam uns ein schöner Mönch entgegen, einen Augenblick lang dachten wir, es sei der amerikanische Schauspieler George Clooney.

Wie schon im vorigen Kapitel angedeutet, spielt der Traum eine zentrale Rolle im neapolitanischen Leben. Nicht anders als im Alten Testament oder in den griechischen Sagen findet für manche abergläubische Neapolitaner die Begegnung mit dem Numinosum stets im Schlaf statt. Die Geschichten ähneln sich zum größten Teil erheblich: Der Protagonist erkrankte, die Ärzte gaben ihm kaum Hoffnung auf Genesung, doch wandte sich dieser an einen göttlichen Helfer, der ihm im Traum erschien und verkündete, er sei bald geheilt. Die Ärzte waren perplex, als sie später die Genesung feststellten.

Bei den Heiligen ihres Herzens bedanken sich die Neapolitaner aber nicht nur mit Votivgaben und Geldspenden, sondern auch mit kleinen Altären, die seit Jahrhunderten in gutbürgerlichen wie in Arbeitervierteln an Hauswänden angebracht werden. Mal sind es kleine Tabernakel, mal größere Altäre, die mit Gittertor und zizeliertem Rahmen prächtigen Hauseingängen ähneln. Sie werden von der Bevölkerung mehrmals in der Woche mit frischen Blumen und neuen Kerzen versorgt. Neben dem Bild des Heiligen hängen meist weitere kleinere Andachtsbilder und verblasste Fotografien von Verwandten der Stifter des Tabernakels und Anwohnern der Straße: ein bärtiger Mann mit Pilotenbrille und ältere weißhaarige Damen mit wässrigen Augen und schüchternem Lächeln, die einen durch Gotteshilfe geheilt, die anderen schon verschieden. Die Verwandten hingen ihre kleinformatigen Porträts zur Erinnerung an sie auf. Wenn Passanten vorbeikommen, machen sie das Zeichen des Kreuzes. Eine Marmortafel erinnert ferner an den Tag der Einweihung des Tabernakels bzw. an seine Restaurierung.

Der Brauch, Fotografien von Verstorbenen aufzustellen, ist eine weitgehend archaische Angelegenheit. In den Privatwohnungen von älteren Menschen stehen auf der Kommode aufgereiht Bilder von Verstorbenen. Wie bei der Verehrerin der heiligen Rita da Cascia vom Kapitelanfang drängen sich in manchen Wohnungen auf den Regalen Schwarzweiß- und Farbfotos von Verwandten. Die Sitte hat in meiner Familie oft für Gesprächsstoff gesorgt. Während meine Mutter die Aufstellung heftig als einen heidnischen Brauch kritisierte, bemerkte dagegen mein Vater, der Brauch würde direkt auf die alten Römer zurückgehen. Die Fotos auf der Kommode würden die Altäre der Laren in den römischen Häusern ersetzen.

Die vielen kleinen und großen Altäre sind Neapels Besonderheit. Sie drücken das Bedürfnis der Menschen nach Konkretheit aus. *Vedere, toccare, credere* – das Andachtsbild wird vom Gottesfrommen wie in Ekstase betrachtet, berührt und geküsst. Der Volksglaube und die tiefe Religiosität der Süditaliener finden besonders in der Zeremonie am Gedenktag des heiligen Gennaro ihren prägnanten Ausdruck. Seit Jahrhunderten wohnen die Neapolitaner zweimal im Jahr, im Mai und September, der Verflüssigung des heiligen Blutes bei.

Januarius, Bischof von Benevento, wurde im Jahre 305 in Pozzuoli geköpft. Der Legende nach verflüssigte sich sein in einer Ampulle aufbewahrtes Blut zum ersten Mal in den Händen des heiligen Severus, als dieser die Reliquie überführen wollte.

Pünktlich um 9 Uhr am 19. September schaltet Familie Militante, bei der ich ein halbes Jahr gewohnt hatte, den Fernseher an. Der lokale Sender *Canale 21* überträgt live aus der *Cappella di San Gennaro* im Dom das Wunder. Für die feierliche Zeremonie bleibt an diesem Vormittag die eng bevölkerte Via Duomo gesperrt. Dunkle Limousinen mit eingeschaltetem Blaulicht treffen ein: Begleitet von *Carabinieri* in Festuniform und Hut mit rotem Federbusch, kommen hochrangige Politiker, um einmal im Jahr den Stadtpatron zu würdigen. Wenn der Ministerpräsident Kampaniens, die Bürgermeisterin und der Vorsitzende der Provinz Neapel Platz genommen haben, kann die heilige Liturgie beginnen. Ein dunkelhaariger Seminarist stößt kräftig das Weihrauchfass an. Eine langsame Kamerafahrt zeigt die bis zum Rand gefüllte Kathedrale. Rentner und Schüler, Frauen, Männer und Kinder stehen unter den imposanten Säulen aus orientalischem Granit und beten, einige mit dem Rosenkranz in der Hand, dass auch diesmal *'o miracolo*, das Wunder bald geschehe. Ein schlechtes Omen ist es, wenn die Verflüssigung langsam vonstatten geht. Es bedeutet ein schwieriges Jahr voller Schicksalsschläge, für die Stadt wie für den Einzelnen. Im September 1980 verflüssigte sich das Blut nicht, und ein verheerendes Erdbeben erschütterte ganz Kampanien. Über die Blutverflüssigung wird seit Jahrhunderten Tagebuch geführt. 2006 wurde das Blut um 9.48 Uhr flüssig. 2007 war der Heilige mit dem gelben Gesicht, *faccia 'ngialluta* – wie die Neapolitaner ihn manchmal spöttisch nennen – eine Viertelstunde schneller.

Eine Prozession mit Dutzenden Geistlichen aus den 23 Diözesen Kampaniens folgt der silbernen Büste des Heiligen, in der die Ampulle aufbewahrt wird. Der Schatzmeister holt das kleine Glasgefäß aus der Mitte der Büste, und mit größter Konzentration übergibt er sie dem Kardinal. Angespannte Gesichter, weit aufgerissene Augen starren jetzt in seine Richtung. »*Annuntio vobis gaudium ...*« in diesem Augenblick löst sich die Anspannung auf. Der Kardinal schafft kaum noch den Satz zu beenden »*... magnum ...*«, als ein gewaltiges Jubeln ausbricht. Hunderte weiße Tücher werden geschwenkt: Seit dem Mittelalter grüßen die Gläubigen damit das vollbrachte Wunder. *Alleluja, alleluja* singt der Chor, während die Glocken läuten und die Blitze der Fotokameras fortwährend aufleuchten. Auch mit Hilfe des Handys wird versucht, die Präsenz des Göttlichen auf Erden in Megapixel festzuhalten. Inzwischen wird draußen ein Feuerwerk gezündet. Die Knalleffekte sind in der Kathedrale deutlich zu hören. Der Kardinal und die acht Dutzend Priester lächeln, sichtbar erleichtert. Einige Nonnen sind zu Tränen gerührt. Sogar die Augen der Bürgermeisterin glänzen. Am Gottesdienst nehmen auch Spieler des Fußballklubs Neapel, Popsänger, Parlamentsabgeordnete teil, sogar der letzte Bourbonenprinz mit Gattin ist unter den prominenten Gästen, denen ein Sitzplatz in den ersten Reihen reserviert wird.

Die Stimmung ist jetzt elektrisiert. Der Kardinal beginnt

die Ansprache. Für viele der hier versammelten Menschen spricht in diesem Augenblick der Heilige selbst, der an seinen Neapolitanern hängt und ihre chronische Notlage missbilligt. Mehrere Male unterbrechen die Anwesenden die Predigt mit leidenschaftlichen Beifallsäußerungen, vor allem an den Stellen, an denen die *camorra* angeprangert wird. Dann schließt der Patriarch die Augen und verkündet, an diesem Tag werde der heilige Januarius alle guten Absichten der Neapolitaner anhören und ihre Wünsche erfüllen. Anschließend steht der Ministerpräsident auf, gefolgt von der Bürgermeisterin, den Assessoren und weiteren Autoritäten. Alle stellen sich in eine Reihe, um einer nach dem anderen die Ampulle zu küssen.

Wenn die anwesenden VIPs dem Heiligen die Ehre erwiesen haben, ist der Moment für Neapels Plebs gekommen. Zum ersten Mal während der Feierlichkeiten für *San Gennaro* verlässt der hohe Würdenträger nun den Altar und will das heilige Blut der Menge zeigen, die im Dom keinen Platz fand. Mit dem Glasgefäß fest in den Händen schreitet er langsam in Richtung Eingangstor. Der Kardinal wie ein Popstar: Er lächelt, schüttelt Hände, küsst einige Kinder auf die Stirn. Die Menschen jubeln, sie sind entzückt. Angesichts der Hochstimmung können sogar die sonst so strengen Bodyguards des Kardinalbischofs sich ein Lächeln nicht verkneifen. Als der Kardinal den Domvorplatz erreicht, ertönt ein mächtiger Beifall in der *Via Duomo*. Der korpulente Mann ist sichtlich bewegt, er hält einen Augenblick inne, bevor er der Stadt den Segen erteilt.

Ein Reporter nähert sich und interviewt einige der Anwesenden: Ein Achtzehnjähriger versteckt seine Tränen hinter der massigen Dolce&Gabbana-Sonnenbrille. Eine blondierte, pummelige Dame mit glitzerndem T-Shirt drängelt sich vor und schreit ins Mikrofon: »Endlich ein guter Kardinal! Genau das, was Neapel jetzt braucht! Neapel hält an den *valori,* den Werten der Religion fest, aber die Arbeit fehlt!« Einer der Schaulustigen ist sogar aus Australien angereist. Nach 45 Jahren wohne er der Feierlichkeit wieder bei, einige Einzelheiten des Rituals seien für ihn neu, aber die Stimmung sei die gleiche wie damals, als er acht war und die Zeremonie zusammen mit seiner Großmutter besuchte. Ihm sei zwar gelungen, die Tränen zu unterdrücken, aber er habe schon eine Gänsehaut bekommen. Wie ein kleines Äffchen springt plötzlich ein junger Mann vor den Journalisten und ruft: »*San Gennà, tu sei della nostra famiglia, vogliamo un posto,* du gehörst zu unserer Familie, sei also gnädig, gib uns eine Arbeit!«

Immer wieder überraschen einen die Neapolitaner von Neuem. Neben der tiefen Religiosität, die an Aberglauben grenzt, legen sie einen konkreten, mitunter sarkastischen Pragmatismus an den Tag. Zum Beispiel meine ehemalige Gastfamilie Militante: Vor der im Fernsehen verfolgten Liturgie wird nicht nur gebetet, sondern auch die Aufmachung der Honoratioren ausführlich kommentiert und über sie getratscht. Diesmal trage der linke Ministerpräsident keinen Schlips des modischen Krawattenherstellers *Marinella*, bemerkt die Tochter Militante. – »Klar! Der Designer steckt mit Berlusconi unter einer Decke!«, antwortet Herr Militante barsch. Als der Medienzar nach Neapel zum Abschluss seiner Wahlkampagne gekommen sei, habe Marinella devot ein Modell extra für Silvio entworfen. »Ssshhh!«, zischt die Mutter, das hier sei ein heiliger Gottesdienst. *Preghiamo,* also beten wir. Auf dem Tisch hat Frau Militante ein Bild von San Gennaro und eine kleine Vase mit frischen Blumen hingestellt, eine Kerze brennt. Im Fernsehen ist jetzt der Kardinal zu sehen: Er hält die Ampulle fest in der Hand, während ein Ministrant sie nach dem ersten Kuss des regionalen Premiers mit einem weißen Tuch abwischt. »*Capisci,* verstehst du?« – wieder der Vater, als die Bürgermeisterin gerade an die Reihe kommt. »Das Tuch ist für die Hygiene. Eine Politikerin der katholischen Mitte kann ihre Lippen nicht da hindrücken, wo schon ein Linker war.« – »Immer diesen langweiligen Seidenschal, ich meine, die verdient ja Geld, kann sie sich nichts

Neues leisten?«, macht die Tochter weiter. »Aber schau mal »– erkennt die Mutter – »sie hat einen Perlmutt-Rosenkranz in der Hand, wie meiner. Ich habe ihn in Pompeji gekauft.« Frau Militante fragt mich, ob ich *religiosa* sei. In Deutschland sei man ja protestantisch. Sie möchte wissen, ob ich nach den vielen Jahren die Religion meiner Heimat beibehalten habe. Auch im Dom von Pompeji findet zwei Mal im Jahr, im Mai und im Oktober, ein wichtiges Fest statt, das der Rosenkranzmadonna gewidmet ist. »Ja, natürlich«, versichere ich.

Der Vater schaut mich neugierig an. Während er mit der Fernbedienung das Fernsehgerät ausschaltet, ruft er aus: »*Vutato o vicariello, scurdato o murticiello!*« Mit dem spöttischen Spruch behauptet er, sobald der Stadtpatron um die Ecke gebogen sei, hätten die Leute ihn schon vergessen und würden sich anderen Dingen widmen, zum Beispiel dem *torrone*, dem Krokant, der an den Verkaufsständen vor dem Dom neben Kettenanhängern mit dem Bild von San Gennaro, den gezuckerten Mandeln, Bonbons- und Lakritzeketten feilgeboten wird. Zu den katholischen Feierlichkeiten Kampaniens gehört diese Süßigkeit traditionell, egal, ob *San Gennaro* oder der *Madonna del Carmine* gedacht wird. Herr Militante bevorzuge den Mandel- statt des Honigkrokants, der ihm mit dem Schokoladenüberzug zu süß sei.

Also, sehen, berühren, glauben, schließlich auch *mangiare*, denn im Endeffekt ist das Schmausen für die Neapolitaner das Schönste auf der Welt.

Das Shopping-Paradies am Toledo

Io mammeta e tu ce ne jammo scampanianno pe' Toledo: »Ich, deine Mutter und du gehen auf dem Toledo spazieren.« Dieses Lied aus den Sechzigerjahren sang mein Vater, als wir klein waren. Im Chanson weint sich ein junger Mann über eine kuriose Dreiecksbeziehung aus. Jedes Mal, wenn er mit der Verlobten weggeht, ist ihre Mutter dabei. Wie ein Polizist marschiert sie hinter ihnen her und passt auf, dass keine unanständigen Berührungen geschehen. Vielleicht erinnerte sich mein Vater dabei an seine Jugend, als es für Mädchen verpönt war, allein mit ihren Verlobten auszugehen. Heute ist das anders. Abends treffen sich die verliebten Pärchen an der Ecke zur Piazza Trieste e Trento. Die Mädchen sind aufgebrezelt wie für eine Modenschau: Glitzergürtel um die Hüften und glänzender Lipgloss auf dem Schmollmund. Auch die jungen Männer sind bereit für das Verführungsspiel, mit Pomade und *pantaloni a vita bassa*, sehr tief sitzenden Hosen. Manche schmusen schon auf einem Motorrad, unbeeindruckt vom Kreischen und Dröhnen der Motorroller ihrer Kumpane.

Unverändert ist dagegen die Rolle der Via Toledo geblieben, die nach wie vor eine der beliebtesten Promenaden der

Einheimischen ist. Stets ist die Einkaufsstraße von Menschen jeden Alters und Geschlechts überfüllt. Aus der ganzen Region strömen die Kampaner zum Shopping hierher, denn hier ist die Auswahl am größten: Schuh- und Bekleidungsgeschäfte en masse und für jeden Geldbeutel, aber auch Bars und Eiscafés.

Die Via Toledo ist aber nicht nur Shoppingmeile, sondern auch wichtiger Finanzdistrikt der Stadt: Hier befinden sich die Sitze zweier nationaler Bankhäuser, untergebracht in prächtigen Altbauten. Nah gelegen ist zudem das politische sowie das administrative Zentrum der Stadt: die Piazza Plebiscito mit der Präfektur und die Piazza Municipio mit dem Rathaus.

Für die meisten Neapolitaner heißt die Straße, die vom spanischen Vizekönig Pedro de Toledo 1536 angelegt wurde, einfach »Toledo«. Meine Großeltern nannten sie »via Roma«, wie sie 1870 nach der Vereinigung Italiens hieß. Mit der sogenannten »neapolitanischen Renaissance«, die der damalige Bürgermeister Antonio Bassolino Mitte der Neunzigerjahre anzustoßen vermochte, haben die Neapolitaner auf die alte Bezeichnung zurückgegriffen. Die Via Toledo wird von ihnen als eigenständiges Viertel betrachtet. Dies drückt sich auch in der Umgangssprache aus. Wenn mich jemand nach meiner Adresse fragt, dann antworte ich »a Toledo«, d. h. »am Toledo«, als ob die Geschäftsstraße eine Parkanlage, ein See oder ein Gebiet an sich wäre.

Die Via Toledo erstreckt sich über zwei Kilometer und war bis ins neunzehnte Jahrhundert das einzige Beispiel einer so langen Hauptverkehrsader in Europa. Immer wieder verweisen die Neapolitaner den fremden Besucher stolz auf das fortschrittliche Unternehmen des »Viceré Don Pedro«: Während zur gleichen Zeit die Straßen in Paris und London eher wie holprige Schotterwege aussahen, wurde die Via Toledo mit Vesuvsteinen gepflastert. Aristokratische Familien zogen hierher; hinter den edlen Palazzi wurden die Quartiere für die

Soldaten errichtet, das heute berüchtigte Spanische Viertel. Wo einmal Gärten mit Brombeerbüschen waren, entstanden im neunzehnten Jahrhundert weitere herrschaftliche Bauten: Die Architektur des Toledo nahm ein einheitliches Aussehen an. Die Häuser bekamen klassizistische, schnörkellose Fassaden. Noch heute sind die schmalen Balkone mit einfachen Eisengittern ein verbindendes Element.

Auf der Via Toledo geben sich die Neapolitaner dem Kaufrausch voll Leidenschaft hin. Wenn man genauer hinschaut, merkt man jedoch, dass viele hier zunächst nur auf Entdeckungsreise sind, vor dem eigentlichen Kauf. Die Expedition startet am Beginn der Fußgängerzone, Ecke Piazza Carità. Nachdem man alle Läden bis zur Piazza Trieste e Trento abgeklappert hat, dringt man in die zweitwichtigste Geschäftsstraße der Stadt, die Via Chiaia, vor. Bis zum Chiaia-Bogen, der Brücke, die den Hügel von San Carlo alle Mortelle mit dem Pizzofalcone verbindet, sind die Preise noch erschwinglich. Der prächtige adlige Palazzo Cellamare markiert die standesgemäße Grenze. Von hier aus geht man geradeaus zur Piazza dei Martiri und zur Via Calabritto, wo sich die edlen Bekleidungsgeschäfte der internationalen Modedesigner befinden. Oder man biegt nach rechts in die feine Via Filangieri ein, wo ebenfalls eine teure Boutique neben der anderen mit herausgeputzten Vitrinen die Kunden locken will. Weil die Geschäfte so glänzen, geht man hinein. Kleider und Schuhe werden anprobiert, Ledertaschen begutachtet. Nachdem die Trends der Saison registriert und die Preise verglichen wurden, entscheiden sich die Einheimischen, auch einen Blick in die Bekleidungsgeschäfte am Corso Umberto zu werfen. An der mit über zwei Kilometern ebenfalls sehr langen Hauptstraße zwischen Piazza Borsa und Piazza Garibaldi befinden sich zahlreiche Läden und Ketten bekannter Damen- und Herrenausstatter, die mit ihren günstigeren Preisen den edlen Einkaufsstraßen im Chiaia, Vomero und Toledo starke Konkurrenz machen.

Ein wahres Faszinosum sind Sommer- und Winterschluss-verkauf in Neapel. Wegen der vielen Rabattaktionen muss die Stadt manchem als *paradiso dello shopping* vorkommen. Gleich nach Neujahr sind schon die ersten Schilder und Schriftzüge an den Auslagen zu sehen: »Saldi«. Wenn ich bereits Anfang Januar kaufe, lacht mich meine Schwester aus. Denn im Laufe des Januars sinken die Preise rapide: Erst werden zwanzig Prozent Rabatt gewährt, nach ein paar Tagen schon dreißig. Anfang Februar ist von fünfzig Prozent die Rede. Noch Anfang März, wenn sich der Frühling schon angekündigt hat und viele Boutiquen bereits die neue Sommerkollektion prä-sentieren, sind in den Vitrinen am Corso Umberto Schilder zu sehen, die siebzig Prozent Nachlass bieten. In diesem Fall spielt der Überraschungseffekt die Hauptrolle. Egal, ob Samt-jackett, Lederpumps oder adrette Tasche, hier ist das Schnäpp-chen garantiert.

Und wenn die Sonderaktionen am Ende der Saison noch nicht begonnen haben, lassen sich die Neapolitaner nicht ent-mutigen und fragen spontan nach einer Preisermäßigung. In den bekannten Ketten der globalen Pullover- und T-Shirt-Hersteller ist es müßig, damit anzukommen. Aber in kleine-ren bzw. privat geführten Läden ist das anders. Die Verkäufer rechnen sowieso immer mit der Bitte um Preisnachlass. Ich staunte, als ich nach meiner Rückkehr nach Neapel hörte, dass die Floskeln beim Handeln immer noch die gleichen sind wie die, die meine Großmutter in den Siebzigerjahren benutzte: »Ist dies ein fester Preis?«, »Es gefällt mir gut, aber ich wollte nicht so viel ausgeben, kommen Sie mir entgegen?« Natürlich ist das alles ein abgekartetes Spiel. In Neapel ist alles Theater: *ogni cosa è teatro*, und jeder hält sich auch an seine Rolle. Zunächst krümmt der Händler die Lippen, schüttelt den Kopf und tut so, als sei diese Bitte ganz und gar unmöglich. »Eigent-lich darf ich nicht. Es ist *prezzo fisso*.« Aber weil er die Schuhe oder den Hut loswerden will, willigt er schließlich in einen Rabatt von ein paar Euro ein. Dabei betont er, »*un caffè*«, »nur ein Kaffee«. Es ist, als ob er dem Kunden (meist einer Kundin) einen Espresso anbieten würde. Eine kleine Aufmerksamkeit eben.

In der Stadt munkelt man aber auch, dass in manchen Läden die Preise aus anderen Gründen sensationell günstig sind. Man sieht ihnen nichts an, aber es ist allgemein bekannt, dass sie als »Waschmaschine« dienen. Sie brauchen keine dicken Umsätze, denn die gibt es bereits. Egal, wie viele Klienten das Geschäft besucht haben, der Besitzer bringt jeden Nachmittag eine Tasche voller Geld zur Bank. Getarnt als Ladenumsatz, ist es anschließend so sauber wie ein frisch gewickelter Kinderpopo. Dieses Phänomen ist für ganz Neapel typisch, egal ob im Chiaia, auf dem Vomero oder in der Via Toledo. Oft wundert man sich, wie unfreundlich die Bedienung in einem Bekleidungsgeschäft ist. Im Schaufenster sieht man eine schicke lilafarbene Bluse und traut seinen Augen nicht. Das schöne modische Teil soll bloß zwölf Euro kosten? Wenn man das Geschäft dann betritt, schaut einen die junge Verkäuferin gelangweilt, nahezu verächtlich an, während sie schnalzend auf ihrem Kaugummi herumkaut. Untertext ihres Blicks: »Was will die denn?« Es ist noch nicht mal Mai, aber die junge Dame trägt nur ein dünnes gelbes Top, in dem nur die Hälfte des Busens Platz findet. Die Haut von der Stirn bis zu den Fingernägeln hat die Farbe der verbrannten vesuvianischen Erde. Sie fragt nach meiner Größe: »Haben wir nicht!«, erklingt sofort die lakonische, unfreundliche Antwort. Ob es die vielleicht in einer anderen Farbe in meiner Größe gäbe, möchte ich fast schon eingeschüchtert wissen. »Ach, nee ...«, sagt sie und reißt die Augen auf, ob ich nicht ganz helle wäre. Schnalz, schnalz. Ah ja, der Kaugummi. Nachdem ich irritiert den Laden verlassen habe, bemerke ich den Eigentümer, der, eine Zigarette im Mundwinkel auf seinem Motorrad sitzt. Gleichzeitig schaut er sich ein Fußballspiel auf dem ultimativen Handymodell an. Die Frage, ob er keine Geschäfte machen will, ist jetzt unnötig. Klar, sie machen gute Deals, aber nicht hier im Laden. Vielleicht beim Drogenverkauf in den Szenevierteln, beim Erpressen anderer Ladenbesitzer. Und für die Verkäuferin geht es nur darum, die Zeit totzuschlagen, die Kunden schnell rauszuekeln, damit sie sich weiter in ihre »Amica«-Spezial Bikini-Sommermode vertiefen kann.

Zwischen Piazza Trieste e Trento und Piazza Carità ist die Geschäftstraße Fußgängerzone. Die Bürgersteige sind von fliegenden Händlern – meist sind es ausländische Einwanderer – okkupiert, die auf weißen Laken Fakes von Designer-Taschen und Brillen, schrille Accessoires, aber auch Kinderspielzeug feilbieten. Dazwischen Straßenmusikanten: Ein Rumäne spielt auf seiner elektrischen Orgel *Torna a Surriento*. Seine Tochter schlägt mit einem Tamburin den Rhythmus dazu. Ein paar Meter weiter hat sich eine Kapelle ausländischer Musiker, vielleicht Roma, aufgebaut. Mit Violine, Kontrabass und Schlagzeug spielen sie ebenfalls neapolitanische Lieder, aber mit Jazz-Arrangements. Viele Passanten bleiben mit offenem Mund stehen. Die ganze Via Toledo bis Piazza Dante ist echt, hier findet man kein präpariertes Leben für Schaulustige wie an manch anderer Ecke des historischen Zentrums. Auffallend ist, dass Ausländer je nach ihrer Herkunft bestimmte Waren anbieten. Nordafrikaner verkaufen meist Designer-Taschen-Imitate; Asiaten falsche Rolex- und Breitling-Uhren sowie gefakte Montblanc-Kugelschreiber. Und wenn sich ein Regentag ankündigt, bringen an jeder Ecke Pakistaner und Sri-Lanker in ausrangierten Kinderwagen bunte Regenschirme an den Mann. Zwischendurch fährt die *guardia di finanza*, die Finanzpolizei vorbei. Schnell sammeln die Händler ihre Ware in den Tüchern ein und verschwinden im Dickicht der Gassen des Spanischen Viertels. Sobald die Polizei wieder weg ist, kommen sie wie Spatzen nach einem Gewitter zurück auf ihren Platz auf dem Bürgersteig und breiten erneut die Waren aus. Oft ist die Polizei dann nur zwanzig Meter weiter. Es ist klar, dass der illegale

Kommerz geduldet wird. Leben und leben lassen scheint hier die Devise zu sein.

Raubkopien und Fakes sind in Neapel Normalität und bei allen sozialen Schichten beliebt. Noch bis vor wenigen Jahren wurden die gefälschten Gucci- und Prada-Taschen im Spanischen Viertel von Einheimischen hergestellt. So konnte es einem Touristen passieren, dass er beim Spaziergang durch das Viertel in einer der vielen Erdgeschosswohnungen Handwerker bei der Arbeit sehen konnte: in einer Ecke Berge von vergoldeten Schnallen mit dem doppelten G, auf einem Tisch die halb fertigen Taschen. Heute wird der Handel mit gefälschten Waren zunehmend von chinesischen Einwanderern übernommen. Sie finden in Neapel fruchtbaren Boden, denn seit Jahrzehnten haben sich süditalienische Handwerker und Kleinbetriebe auf die Fälschung von Markenprodukten spezialisiert. Kein wirtschaftlicher Sektor bleibt ausgespart. Neben Lederwaren und Schmuck werden alle möglichen Fabrikate gefälscht, von Arzneimitteln bis zur Zahnpasta: Olivenöl und Parmesankäse, Waschmittel, Düfte und Make-up bekannter Marken und sogar Autoersatzteile. Nicht zu vergessen die Fälschungen im Bereich der Kunst. Hier sind die Neapolitaner Meister, denn schließlich fälschen sie archäologische Funde schon seit drei Jahrhunderten. Von Neapel aus werden über London Vasen, Säulenkapitelle und Freskenfragmente zuhauf nach Amerika verkauft. Auch Gemälde und Krippenfiguren werden als angebliche Antiquität aus dem *Settecento napoletano*, dem achtzehnten Jahrhundert, verkauft. Wenn auch Fälschungen von Bildern und Plastiken im Kunstbetrieb nicht ganz unnormal sind, ist man doch überrascht über die erfinderischen kriminellen Energien mancher Süditaliener. Bereits Ende des neunzehnten Jahrhunderts wurden von Neapel aus Raubkopien von Büchern in ganz Süditalien in Umlauf gebracht. Damals entdeckte etwa der Verleger des Bestsellers *Cuore* von Edmondo De Amicis, dass zahlreiche von ihm unautorisierte Kopien über den Ladentisch gingen.

Kassenschlager wurden und werden heute immer noch illegal nachgedruckt. Sogar Roberto Savianos Pamphlet gegen die Camorra, »Gomorrha. Reise in das Reich der Camorra«, das sich in Italien über 800 000 Mal verkauft hat, wurde kopiert. Die Plagiate sind meist am kleineren Format und am minderwertigen Papier zu erkennen. Natürlich wird auch das Buchcover nachgebildet, doch schleichen sich oft grobe, mitunter witzige Fehler ein. Nach dem großen Publikumserfolg der Literaturverfilmung »Der Postmann« wurden auf dem Corso Umberto Kopien von Antonio Skarmetas Roman verkauft. Am Inhalt des Buches stimmte zwar alles. Er wurde mit fotografischen Verfahren aus dem Original reproduziert. Aber der Autorenname stimmte nicht. Statt des chilenischen Autors erschienen auf dem Cover Name und Bild des neapolitanischen Filmschauspielers Massimo Troisi, des Darstellers des *postino*.

Solange der Kommerz mit den Fakes die Mode, Film- und Musikbranche betrifft, schmunzeln viele, denn schließlich profitieren beide, Käufer und Verkäufer. Mit dem Lachen ist Schluss, wenn es um die Gesundheit geht. Im Sommer 2007 wurde giftige Colgate-Zahnpasta von der Polizei entdeckt, die in Taiwan produziert und von chinesischen Händlern importiert worden war. Die manipulierten Zahnpastatuben wurden sowohl im Spanischen Viertel als auch in Neapels Vororten Afragola und Caivano verkauft. Zwei Senioren wurden mit Schwellungen im Mund ins Krankenhaus eingeliefert. Seit ein paar Jahren warnt die Polizei immer wieder vor dem Kauf stark reduzierter Waschmittel und Drogerieartikel, vor allem wenn sie ein Etikett in vielen Sprachen aufweisen.

Die Neapolitaner nehmen das Phänomen nicht mehr auf die leichte Schulter. An der Universität Salerno hat Professor Salvatore Casillo das *Zentrum zur Erforschung von Fälschungen* ins Leben gerufen. Bereits seit fünfzehn Jahren macht er auf die ausgeklügelten Systeme der Fälscher aufmerksam. Diese sind längst keine naiven Arbeitslosen mehr, die Publikumsrenner kopieren, um die Familie zu ernähren. Sie verfügen über raffiniertes Wissen und technische Möglichkeiten auf hohem Niveau. Meist sind sie in die kriminellen Aktivitäten der *camorra* verwickelt. Das *Centro Studi sul Falso* koordiniert Forschungsprojekte aus verschiedenen Fachbereichen. Kunstwissenschaftler und Soziologen untersuchen das Verhalten von Produzenten und Verbrauchern; Juristen sammeln in ihren Recherchen wichtige Informationen. Schon häufig wurden von der Generalstaatsanwaltschaft Untersuchungen angefordert und Fachleute herangezogen. Jedes Jahr werden eine wissenschaftliche Tagung und eine Ausstellung zum Thema Fälschung und Raubkopie organisiert. Als ich das Zentrum besuchte, wurden gerade gefälschte Diplome und Zeugnisse von Doktortiteln ausgestellt.

Wenn man tagsüber die Via Toledo entlangspaziert, nimmt man von den prächtigen Häusern rechts und links kaum Notiz. Man wird von den Schaufenstern abgelenkt oder windet sich durch den Strom der vielen Menschen, die sich auf den Bürgersteigen drängen und vorwärtspreschen. Von meiner Terrasse erhasche ich manchmal einen Blick in die stattlichen Wohnungen des gegenüberliegenden Hauses, *Palazzo Cirella*. Es ist durch die Revolution von 1848 in die Stadtgeschichte eingegangen. Noch heute wird in Neapel in Anspielung auf die blutigen Auseinandersetzungen jenes Jahres gesagt: *è successo un quarantotto*, es ist ein 48 passiert, das heißt ein großes Chaos, Konfusion. Als König Ferdinand II. sich weigerte, die Verfassung zu akzeptieren, brach ein gewaltiger Volksaufstand los, an dem sich die Eigentümer des Palazzo, die Herzöge Catalano-Gonzaga, beteiligten. Hier verschanzten sich die Rebellen, u. a. auch Tänzer und Schauspieler des Teatro di San Carlo, und leisteten vergebens Widerstand. Im Innenhof befindet sich in einer Nische eine Fontäne mit der Statue eines bärtigen Mannes, der eine Amphore auf der linken Schulter trägt. Während ich an diesem Kapitel schreibe, ist ein Teil des Palastes eingerüstet, und die schöne Fontäne dient den Bauarbeitern während ihrer Pause schon mal als Tisch und Ablage für Pizza und Wein.

Während der graue Dachstuhl bröckelig und baufällig aussieht, sind die Wohnungen aufwendig restauriert worden: bei einer Zigarette abends auf dem Balkon sehe ich die hohen Räume, honigfarbenen Parkettböden und mit Brokat bezogenen Sofas. Der Kontrast könnte nicht stärker sein. Unten tummelt sich das Volk, oben wohnt der Adel oder das Großbürgertum wie vor drei Jahrhunderten. Dann ist auch die Glaskuppel der *Galleria Umberto I.*, der 1898 erbauten Einkaufsgalerie, hell erleuchtet. Sie hat jetzt einen ungewöhnlichen Charme. Tagsüber macht sie eher einen traurigen Eindruck. Vor den teuren Bekleidungs- und Juweliergeschäften liegen Hunde und Bettler; manche sitzen auf Kartons und zeigen ihre wunden Beine. Um Münzen bettelnd, streunen Romakinder und -frauen umher. Und wenn es regnet, wird Sägemehl auf den schönen Marmorfußboden gestreut, da die Glaskuppel an einigen Stellen undicht ist.

Nachts bietet die Via Toledo ein völlig anderes Bild. Die Straße ist wie eine Braut, die in der Hochzeitsnacht mit zerzaustem Haar vom Bett aufsteht. Die Palazzi erstrahlen in ihrer antiken Schönheit. Im dämmerigen Licht der Straßenlaternen glänzen die Fassaden, als ob sie gerade erst frisch gestrichen worden wären. Vor den Türen der Geschäfte türmen sich jedoch die Abfälle und das weggeworfene Verpackungsmaterial: Plastiktüten, Schuh-, Hemden- und Speditionskartons liegen zuhauf auf der Straße. Vor einem Schuhladen hat jemand sogar die leeren Schachteln ordentlich übereinandergestapelt, sodass sie jetzt eine Säule von fast einem Meter bilden.

An einem Abend stehen die Balkonfenster eines herrschaftlichen Hauses offen. Maler sind dabei, wunderbare Deckenmalereien zu restaurieren. Veilchen, Mohn- und Glockenblumen, Vogelmotive leuchten trotz der Dunkelheit auf leicht gelbem Hintergrund. Der nächste Saal zeigt auf roter Temperafarbe Amorfiguren und pompejanische Motive. Heute ist ein Abend für Wunder. Im Fernsehen läuft ein wichtiges Spiel der Champions League. Deswegen ist die Straße bereits um neun Uhr menschenleer und so still wie sonst nie. Von Weitem hört man das Wasser im »Brunnen der Artischocken« auf der Piazza Trieste e Trento rauschen. Ein einzelnes Mofa braust vorbei. Vielleicht versucht ein Fußballfan noch rechtzeitig nach Hause zu kommen. Zwei ältere Damen kommen mir entgegen. Sie unterhalten sich über den Pfarrer. Ich erhasche Fragmente ihrer Konversation. Sie lachen wie zwei Kinder, weil sich der Geistliche vor der Kommunion in den Messkelch mehr Wein als Wasser eingeschenkt hat.

Am nächsten Tag suche ich das Haus mit den üppigen Wandmalereien auf: *Palazzo Zevallos Stigliano.* Erst jetzt fällt mir auf, dass ich vor einiger Zeit schon einmal da war, um im dort untergebrachten Kreditinstitut einen Fünf-Euro-Schein in Münzen zu wechseln.

Nur wenige Wochen in Neapel reichen, um sich das hastige Gehen der Neapolitaner anzugewöhnen. Den Kopf gesenkt, die Glieder vor Anspannung erstarrt – stets ist man damit beschäftigt, auf die Geldbörse, das Handy, die Tasche aufzupassen –, geht man durch die geschichtsträchtigen Straßen und vorbei an Kunstwerken und Baudenkmälern, die zum Weltkulturerbe gehören, ohne sie eines Blickes zu würdigen. An dem Tag muss ich blind gewesen sein, das fürstliche Marmorwappen über dem stattlichen Eingangsportal zu übersehen. Unter einer Krone beschützen zwei Adler das Emblem der aristokratischen Familie Colonna-Stigliano. Dieses repräsentative Element, das auf das Vermögen des ehemaligen Eigentümers hinweisen sollte, ist im Laufe der Jahrhunderte unverändert geblieben. Der 1639 erbaute Palazzo wurde während der Revolte des Masaniello geplündert, die wertvolle Einrichtung vom aufständischen Volk verbrannt. Auch die gepflegte Glastür und das kleine Metallschild *spingere* (drücken) in Jugendstilbuchstaben waren mir bei meinem ersten Besuch nicht aufgefallen. Kaum eingetreten, fühlt man sich in die Finanzmetropole London Ende des neunzehnten Jahrhunderts gebeamt. In den Bau direkt gegenüber den finsteren Gassen des Spanischen Viertels zog 1898 die *Banca Commerciale Italiana* ein. Sie hatte das Gebäude von der adligen Familie erworben und einer aufwendigen Sanierung unterzogen. Der Grundriss blieb unverändert. Die Säle im Erdgeschoss, die vorwiegend als Abstellraum, Stall und Werkstätten dienten, wurden mit Marmortafeln und gewundenen Eisengeländern ausstaffiert und schließlich zu Bankbüros umfunktioniert. Der ehemalige große Innenhof erhielt ein Dach aus buntem Glas mit üppigen Verzierungen, Blumenmotiven im Liberty-Stil, und dient auch nach über hundert Jahren als Empfangshalle für die Kunden. Wer zum ersten Mal hier ist, erwartet hier Bankiers zu begegnen, die sich in frisch gebügelten Hemden und dunkelblauen Nadelstreifenanzügen Großgeschäften widmen. Der Anblick täuscht. Hier ist es nicht anders als in jeder Filiale einer Dorfsparkasse. Beim ersten Besuch zog ich eine Wartenummer und setzte mich auf einen Lederstuhl neben einem Schreibpult aus Mahagoniholz. Bald wurde ich aufgerufen und konnte mein Anliegen kurz schildern.

In den reich dekorierten Sälen, die ich am Abend davor von der Straße aus sah, hat das Bankinstitut eine Ausstellung eröffnet, deren Juwel das letzte Meisterwerk des Michelangelo Merisi da Caravaggio darstellt. Der Maler realisierte es wenige Monate vor seinem mysteriösen Tod an der Küste des Tyrrenischen Meeres. Es zeigt das »Martyrium von Sankt Ursula«. Das Gemälde, das erst durch einen Dokumentenfund 1980 mit Sicherheit Caravaggio zugeschrieben werden konnte, ist in einem kleinen neoklassizistischen Saal zu besichtigen, dem ehemaligen Schlafgemach des fürstlichen Paars.

Als ich am Morgen nach dieser Entdeckung vor der Bank stehe, kommt mir eine pummelige Dame entgegen, eine Zwergfigur des Velázquez. Sie hat krauses kohlschwarzes

Haar, und schwarz ist auch der leichte Haarflaum auf ihren Wangen. Von unten heftet sie den Blick ihrer kleinen, dunkel leuchtenden Augen auf mich, als ich sie ungewollt streife. Sie trägt ein weißes T-Shirt mit dem Schriftzug: *Napoli è viva, io la difendo*, Neapel lebt, ich beschütze es.

Zauber und Schauder der Quartieri Spagnoli

»Die *quartieri spagnoli* grüßen Neapel und die Neapolitaner« stand auf einem Transparent am Eingang zu einer Gasse des Spanischen Viertels, als 1987 der Fußballklub Neapel den Meistertitel Italiens errang, als ob es sich dabei um einen Teil eines anderen Staates handeln würde. Nach zwanzig Jahren ist das Grundgefühl der Einwohner unverändert geblieben. Weiterhin wird der Stadtbezirk als eine geschlossene, autonome Welt wahrgenommen. So entdecke ich etwa eines Abends eine ähnliche Parole auf dem funkelnagelneuen Rollladen eines Bekleidungsgeschäfts, das kürzlich an der Ecke zur Via Toledo eröffnet hat. Mit sicherer Hand hat jemand mit der Sprayflasche in schwarzen Großbuchstaben »QUARTIERI SPAGNOLI« aufgeschrieben. Es erinnert an ein Ortseingangsschild. Vermutlich sei jemandem der Laden dort nicht willkommen, teilt mir der Portier am nächsten Tag mit, als ich ihn darauf anspreche. Im kleinen Lebensmittelgeschäft in meiner Straße, die an das Spanische Viertel angrenzt, interpretiert die junge Betreiberin Lina die Schrift als einen klaren Hinweis: Jemand wolle betonen, dass ein paar Schritte vom konsumistischen Glanz der Einkaufsstraße Toledo entfernt eine andere Welt beginnt.

Seit ich mich erinnern kann, stellen die engen Gassen einen malerischen und zugleich verruchten Ort dar. Als ich Ende der Achtzigerjahre in Neapel studierte, wagten ich und meine Kommilitonen kaum, einen Fuß in eine der dunklen Sträßchen zu setzen, so traurig und unheimlich sah damals die Gegend aus. Viele Altbauten waren vom Erdbeben 1980 erheblich beschädigt worden. Ein Dickicht von rostbraunen Eisenstangen und Gerüsten stützte die abbruchgefährdeten Häuser und ließ nur einen schmalen Durchgang für Fußgänger und Autos frei. Vor allem war das Viertel für die Überfälle, die *scippi* berüchtigt. Einmal wurde einer unserer Dozenten dort ausgeraubt. Weil er sich gegen den Diebstahl gewehrt hatte, war er hingefallen und hatte sich verletzt. So fiel das Seminar eine Woche aus, während unsere Furcht vor dieser Gegend noch wuchs.

Nach wie vor ist das Viertel für unachtsame Neuankömmlinge ein gefährlicher Ort, denn die im Schachbrettmuster verlaufenden Straßen bieten dem Besucher keine Möglichkeiten auszuweichen und einen eventuellen Diebstahl zu vereiteln. Dagegen kann der ortskundige Taschendieb nach der Tat schnell auf seinem Mofa verschwinden. In jedem Reiseführer findet man Ratschläge, wie man sich in diesem Quartier zu bewegen hat. Allgemein bekannte Vorsichtsmaßnahmen werden einem wärmstens empfohlen: Wertvolle Uhren oder Schmuck sowie große Geldbeträge solle man lieber im Safe des Hotels aufbewahren. Den Neapolitanern aus den bürgerlichen Vierteln Vomero oder Posillipo stehen die Haare zu Berge, wenn man ihnen erzählt, dass man im Spanischen Viertel einkaufen oder spazieren war.

Eigentlich bekommt man heute, von der Via Toledo einen Blick in die Gassen werfend, einen Eindruck von der Stadt wie von einer Postkarte. Poesie und Mysterium des alten bourbonischen Königreichs beider Sizilien wehen einem entgegen: Restaurierte barocke Tore und Fassaden stehen neben unrenovierten, zum Teil verfallenen, aber romantischen Altbauten. Und dann dunkle Kopfsteinpflaster, pittoreske Ecken, altertümliche Hausaltäre mit Bildern von Heiligen, vor denen stets frische Blumen stehen, und in den Auslagen vor den Geschäften türmt sich buntes und wohlriechendes Saisonobst und Gemüse. Abends laden charakteristische *trattorie* ein, an ihren Tischen zu verweilen. Zwischen den Balkonen hängen zwar die Wäscheleinen noch, aber meist flattern im Wind nicht nur die Bettlaken und die Unterhemden, sondern auch hellblaue Wimpel vom Fußballverein Neapel sowie italienische grün-weiß–rote Flaggen.

Normalerweise betreten wir das Spanische Viertel nur bis zur Piazzetta Sant'Anna di Palazzo, um dort einzukaufen. Weiter ins Herz des Stadtteils dringen wir nicht vor. Wenn ich von der Arbeit zurückkomme, schießen Motorroller wie dröhnende Wespen durch die Gassen. Oft sitzen drei oder sogar vier junge Männer oder Frauen auf den modernen Scootern. Die Passanten laufen Slalom, um nicht überfahren zu werden. Vor der Bar *caffè del professore* an der Piazza Trieste e Trento ist der Treffpunkt der Jugend aus den *Quartieri Spagnoli*. Bis spät in die Nacht hören wir sie grölen und schreien, auf ihren Motorrädern flitzen. An manchen Sommerabenden verwandeln sich die Gassen in eine Rennbahn, auf der junge Männer ohne Helm gegeneinander wetteifern, wer nun wohl das schnellste »Pferd« besitzt.

An einem heißen Sommerabend begleitet uns ein neapolitanischer Freund zu einem Spaziergang durch die engen Häuserschluchten, die einst auch ein Zentrum der käuflichen Liebe waren. Schockierende Szenen aus diesem Kiez hat der Autor Curzio Malaparte im Roman »Die Pest« beschrieben, in dem die Lebensumstände in der unmittelbaren Nachkriegszeit thematisiert werden. »Hässliche, zerlumpte Frauen, mit bemalten Lippen, mit abgezehrten, schminkeverkrusteten Wangen, abscheuerregend und erbarmungswürdig, standen an den Straßenecken herum und boten den Vorübergehenden ihre traurige Ware feil: Knaben und Mädchen von acht bis zehn

Jahren, denen die Marokkaner, Inder, Algerier, Madagassen prüfend unter die Kleider tasteten oder mit der Hand zwischen die Knöpfe der kleinen Hosen griffen. Die Frauen priesen gellend an: ›Two dollars the boys, three dollars the girls!‹« Diese Kinder trugen die haarsträubende Bezeichnung *inginocchiatelle*, eine Anspielung auf die subalterne Position auf den Knien.

Noch in den Sechzigerjahren – so erzählt uns Raimondo – standen alte und junge Frauen vor den Türen der Erdgeschosswohnungen, den *bassi* und luden den Vorübergehenden zum Eintreten ein. Als Jugendlicher sei er hierher mit Schulkameraden gefahren: »Nein, nein« – schüttelt er abwiegelnd den Kopf – »wir waren damals zu jung, wir wussten noch gar nicht, was Sex ist. Diese Frauen erweckten in uns eher Angst.« Besonders eine erregte seine Aufmerksamkeit: eine korpulente Eva mit Riesenbrüsten und blonder Perücke. Wenn sie sprach, ertönte aber eine männliche Stimme.

Im Vorbeigehen blicken wir in einen neapolitanischen *basso*, der sich von den Beschreibungen aus den Vierzigerjahren nicht wesentlich unterscheidet, sofern man von der Satellitenschüssel absieht. *I bassi*, das sind finstere Behausungen, die seit Jahrhunderten in Neapel existieren. Sie sind eng und feucht, riechen nach ungesundem Leben und Armut. Meist bestehen sie aus einem einzigen Raum, oft sind es aber auch Zwei- oder Dreizimmerwohnungen. Die Szene vor unseren Augen hat die visionäre Kraft eines hyperrealistischen Filmstreifens: In einem großen fensterlosen Raum mit Küche sitzt ein alter Mann mit Glatze an einem Resopaltisch und schaut fern; im hinteren Zimmer liegt auf dem Ehebett eine übergewichtige Frau im Spitzenunterhemd. Im Schatten schwingt sie die Hand langsam hin und her wie einen Fächer, ein müßiger Versuch, sich ein wenig Luft zuzuwedeln. Zwei Frauen, eine junge und eine ältere, leisten ihr Gesellschaft. Sie flüstern ihr aufmunternde Worte zu. Wie in einem Fellini-Film, meint Raimondo bei diesem Anblick.

Die Türen aller Erdgeschosswohnungen stehen an diesem

Abend offen. Man lebt quasi auf der Straße, jeder weiß über den anderen Bescheid: das Viertel als großes Einfamilienhaus. Eine Ecke weiter unterhält sich eine Zwanzigjährige im Morgenmantel mit einer Freundin. Sie hat ihre schwarzen Locken zum Trocknen in ein Handtuch gewickelt und hält der Freundin den Spiegel hin, während sich diese die Wimpern schminkt. Raimondo erzählt, dass ähnliche Szenen auch in den von der *camorra* kontrollierten Vierteln Pallonetto oder La Sanità zu erleben sind. Neulich begleitete er einen Regisseur aus Israel, der eine Dokumentation über Neapel vorbereitete, in eine der kleinen Gassen. Es war Sonntagmittag. Die Bewohner der Erdgeschosswohnungen deckten den Tisch direkt auf der Straße. Raimondo selbst war über die archaische und fast bäuerliche Szene überrascht. Wie bei einem Volksfest sei die Stimmung herzlich und heiter gewesen. Während sich der israelische Regisseur und sein Kamerateam über das Lokalkolorit gefreut hätten, empfand Raimondo größte Scham. In diesem Augenblick habe er begriffen, dass im Ausland die dunklen Erdgeschosswohnungen neben der Pizza und dem Vesuv immer noch als das prägende Merkmal der Stadt wahrgenommen werden. Die Familien aßen aber nicht zur Abwechslung, sondern notgedrungen auf der Straße, weil es bereits im April in ihren Wohnungen zu warm, aber vor allem auch zu dunkel ist. Denn das mediterrane Sonnenlicht erhellt die *bassi* nie.

In einer Einfahrt spielen heute Abend drei Kinder Fußball. Eine junge Mutter stößt einen ohrenbetäubenden Schrei aus, als wir gerade vorbeigehen: »Anto'! Aaaantonioooo! Ich habe gesagt, du sollst herkommen, *viene a 'ccà*, Komm her! Du musst noch was essen, *bell' à mammà*, mein Schatz!« Die Großmutter, eine verwelkte Schönheit, die vermutlich gerade mal vierzig ist, sitzt auf einem weißen Plastikstuhl; sie ist dabei, ein paniertes Schnitzel in kleine, mundgerechte Stücke für ihr Enkelkind zu zerschneiden. In manchen Stadtvierteln wird man eben schneller als woanders erwachsen, erzählen die

Neapolitaner in traurigem, resigniertem Ton. Hier bekommen einige Mädchen schon mit fünfzehn oder sechzehn ihr erstes Kind. Während in Italien die Zahl der Eheschließungen sinkt, steigt diese in Neapel kontinuierlich, teilt das nationale Forschungsinstitut Innocenti mit Sitz in Florenz mit, das jährlich im Auftrag des Familienministeriums das Verhalten der Jugend untersucht. Überraschend sind die Zahlen zu den Eheschließungen unter Minderjährigen: 1993 gaben sich in Italien 1562 junge Paare unter 18 Jahren das Jawort. 2002 war die Zahl der Trauungen auf 456 gesunken, aber über die Hälfte davon (233) fanden allein in Neapel statt. *Le spose bambine di Napoli*, die »Mädchen-Bräute Neapels« wird dieses Phänomen genannt, das sowohl das Spanische Viertel als auch die bevölkerungsreichen Ortsteile Forcella und La Sanità betrifft. Auch die Schulabbruchquote ist leider in den genannten Stadtteilen sehr groß. 85 Prozent der Einwohner haben nur die Elementarschule besucht.

Heute wie in den prüden Fünfzigerjahren heiraten junge Menschen, weil die Mädchen schwanger geworden sind. Ihre Vorstellungen vom Leben sind konfus, und angesichts mangelnder Reife tendieren sie zur Improvisation. Ihre Vorbilder sind die Akteure der Reality-Shows der Sender von Silvio Berlusconi. So schnell, wie sie geschlossen werden, enden diese Ehen auch wieder, oft schon nach wenigen Monaten. Damit liegt auch Neapel, was die Zahl der Scheidungen betrifft, im nationalen Trend.

Vor allem in den Achzigerjahren waren *i bassi* ständiges Gesprächsthema in der Stadt. Heute, wo der *camorra*-Krieg in den Randgebieten im Norden der Stadt ausgebrochen ist, interessiert sich keiner mehr für die *banlieues* im Stadtzentrum, beklagen sich einige. Man zählt heute noch circa 7000 Erdgeschosswohnungen. In den *bassi* leben nicht mehr nur Neapolitaner, sondern auch viele Einwanderer aus Entwicklungsländern, die in Italien Tätigkeiten leisten, die kein Einheimischer mehr machen will.

Aber zurück zu unserem Spaziergang. Eine grazile alte Dame kommt uns mit unsicherem Schritt entgegen, an der Leine führt sie drei Hunde aus. Ein freilaufender schwarzer Hund taucht jetzt aus einem Hauseingang auf. Im nächsten Augenblick ist der Teufel los. Lautes Menschengeschrei vermischt sich mit Hundebellen: Ein korpulenter Siebzigjähriger mit Verbrechervisage tritt halbnackt auf seinen Balkon heraus und brüllt nie gehörte schmutzige Schimpfworte in alle Richtungen. Er zieht sich die Unterhose zurecht, bevor er wieder in der Wohnung verschwindet. Die Frau mit den Hunden biegt schnell um die nächste Ecke. Weg ist sie. Ruhe.

Der Schreihals auf dem Balkon ist mit Sicherheit der Boss der Straße. Nach wie vor verdient sich ein Teil der Einwohner seinen Lebensunterhalt durch illegale Geschäfte. Im dritten Jahrtausend spielt allerdings der Schmuggel mit Zigaretten keine so große Rolle mehr wie in den neorealistischen Filmen mit Sophia Loren. Vorbei sind die Zeiten der Romantik des (kleinen) Verbrechens gegen den Staat. Der Handel mit Drogen ist an die erste Stelle gerückt. Die Neapolitaner sprechen diesbezüglich vom Erdbeben im Jahre 1980 als dem Wendepunkt. Damals floss reichlich Kapital für den Wiederaufbau in die Stadt. Der *camorra* gelang es, auch hier ihre *longa manus* einzumischen. Laut Informationen der Kriminalpolizei schaffen es Baufirmen, die der organisierten Kriminalität nahestehen, immer wieder, auf sozusagen legale Weise staatliche Aufträge zu erlangen, indem sie dem Staat das günstigste Angebot unterbreiten. Später werden die Arbeiten vorsätzlich in die Länge gezogen, die Aufträge mehr schlecht als recht zu Ende geführt, die Rechnungen aufgeblasen.

Jetzt meint Raimondo, wir sollten schnell verschwinden, denn im Topf beginne es zu brodeln. Zwischen 21 und 22 Uhr sitzen die *ragazzi* noch beim Abendessen zu Hause, danach schießen sie aus allen Löchern. Unter ihnen sind die vielen Pusher, die das Gebiet kontrollieren. Die Stimmen aus den Fernsehern dringen auf die Straße. Die offenen Balkone sind wie schwarze Augen, die uns intensiv beobachten. Während wir zurück in Richtung Via Toledo eilen, kommen wir an einer der vielen geschlossenen Kirchen Neapels vorbei. Trotz der staubigen grauen Patina ist die große Architekturkunst des neapolitanischen Barock unübersehbar. Wir bleiben stehen und bewundern die gewundenen, aber leider beschädigten Säulen des Kirchenportals, als plötzlich ein großes blaues Auto im gemessenen Schritt auf uns zusteuert. Der Fahrer hupt, dann bleibt der Wagen stehen. Wir wenden uns wieder der Kirche zu. Wieder ertönt das Hupen, aber diesmal langsam und wiederholt. Wir stellen uns an die Hauswand, damit das Auto die schmale Gasse passieren kann. Dann bleibt es erneut stehen. Ein mulmiges Gefühl macht sich in uns breit. Auf der Stirn unseres neapolitanischen Freundes bilden sich sogar kleine Schweißperlen. Betretenes Schweigen. Schließlich fasst sich Raimondo ein Herz und schreitet mit gespielter Sicherheit auf den Wagen zu. Da taucht aus dem Schatten eines Einfahrttores ein junges Paar auf, das sich mit dem Fahrer durch das offene Fenster unterhält. Erst als wir Fragmente ihres Gesprächs erhaschen, leuchtet es uns ein. Am Steuer sitzt ein Großvater mit dem zweijährigen Enkel auf dem Schoß, der nicht einschlafen will. Sogar für das Spiel mit der Hupe interessiert er sich nicht mehr. »Nun, ja, dreh doch noch eine Runde«, fleht die junge Tochter den älteren Mann an, »er wird schon einschlafen!«

Erleichtert gehen wir weiter, an prächtigen Toren vorbei, die manchmal den Blick auf geheimnisvoll wirkende Höfe freigeben. Der stechende Geruch der überfüllten Müllcontainer vermischt sich mit dem Duft von Waschmittel. Tatsächlich stehen Wäscheständer am Straßenrand. Jemand hat gerade Wäsche aufgehängt, das Wasser tropft auf die Straße. Wir entscheiden, in den *Vico della Tofa* essen zu gehen.

In der kleinen *trattoria* herrscht eine unerwartet heitere Stimmung. Als eine attraktive Dame hereinkommt, erheben sich einige der Restaurantgäste von ihren Stühlen: Küsse und herzliche Umarmungen. Es ist Laura Angiulli, die Leiterin des Avantgarde-Theaters *Galleria Toledo*. Die weiteren Gäste sind ebenfalls Theaterleute: Schauspieler, Autoren, Bühnenbildner und Regisseure.

An einem langen Tisch sitzt eine fröhliche Gesellschaft. Ein gut aussehender Mann mit dunklem Sarazenengesicht beherrscht das Gespräch. Nach ein paar Sätzen legt er eine kunstvolle Pause ein, die Anwesenden rufen »aah« und »oooh«, sie lachen und klatschen in die Hände.

Im Herzen des Spanischen Viertels gibt es eine rege Theaterszene. Die *Galleria Toledo* zeichnet sich in der Stadt durch die Inszenierung moderner Stücke und ein engagiertes Kulturprogramm aus. In Zusammenarbeit mit den hiesigen Universitäten und Schulen organisiert Laura sogar Podiumsdiskussionen und Treffen zu aktuellen politischen und kulturellen Themen. Der Schwerpunkt liegt dabei auf dem Dialog mit den Nachbarländern des Mittelmeers und mit Osteuropa. Laura, die Anfang fünfzig ist, hat nichts von ihrer jugendlichen Begeisterungsfähigkeit verloren. Sie berichtet uns von ihrem Filmprojekt über zwei Roma-Mädchen. In zwei Tagen werde sie nach Slowenien aufbrechen und mit den Dreharbeiten beginnen. Im nahe gelegenen Viertel Montecalvario befindet sich das *Nuovo Teatro Nuovo*, eine der wichtigsten Bühnen der Stadt.

Wir erzählen Laura von unserem Rundgang durch den Kiez Trinità degli Spagnoli und Sant'Anna di Palazzo. Laura nickt. Zu gut kennt sie die Situation der hiesigen Bevölkerung, die zwischen Armut und Kriminalität gefangen ist. Junge Leute leben von Diebstählen an Touristen und Drogenschmuggel. Vor allem an der Ecke zur Via Toledo werden teure Armbanduhren geklaut. Die Methode ist ausgesprochen einfach. Einer lenkt den Motorroller, der andere greift nach der Uhr des Opfers und dreht sie mit Wucht nach links und rechts, bis das Armband bricht. Ich erinnere an die Erfahrung eines befreundeten Düsseldorfer Galeristen, dem jemand seine Rolex entwenden wollte. Obwohl es sich um ein Imitat handelte, habe er den Dieb mit solcher Wucht angeschrien, dass dieser schnell in die Gasse Montecalvario verschwunden sei. Laut den Statistiken wird zwischen dem Spanischen Viertel und der Via Toledo alle anderthalb Tage eine wertvolle Uhr geklaut.»Vorsicht!«, wirft Laura ein, selbst die Polizei sei vom Wahrheitsgehalt dieser Erhebungen nicht überzeugt. Wie auch die lokale Tageszeitung *Il Mattino* berichtet, sind unter ausländischen Touristen auch einige schwarze Schafe, die den Diebstahl der teuren Armbanduhr melden, um die Versicherungsprämie zu kassieren. Bei einem Raub in Neapel wundert sich der Versicherungsträger natürlich nicht und zahlt anstandslos.

Laura wollte dem Notstand nicht länger tatenlos zusehen und gründete mit befreundeten Theaterleuten an diesem historischen Ort ihre Avantgarde-Bühne. Die Theaterfrau streckt den Arm in Richtung der Tür des Lokals: Am Ende der Straße steht die Kirche *Santa Maria della Concezione a Montecalvario*, ein Meisterwerk des *settecento napoletano*, gebaut 1714 bis 1724 vom Architekten Domenico Antonio Vaccaro. An der Ecke zur *Via Santamaria di Ognibene* befindet sich ein prächtiger, heute halb verfallener Palast aus dem achtzehnten Jahrhundert, in dem der berühmte Romantiker Giacomo Leopardi lebte.

Mit ihrer regen kulturellen Aktivität wollten Laura und die anderen Künstler der fortschreitenden Degeneration Einhalt gebieten. Zusammen mit freiwillig mitwirkenden Lehrern banden sie junge Menschen in zahlreiche Theaterprojekte ein. Wenn Laura spricht, strömt sie die vulkanische Kraft der Süditaliener aus. Voller Passion ruft sie aus:»Die *Quartieri* gehören uns, den Neapolitanern, nicht der Kriminalität.« Wir fragen sie, ob es nicht gefährlich sei, hier abends rumzulaufen.»Ja!«, sagt sie, einmal habe ihr ein junger Mann mit der Waffe in der Hand befohlen, ihm die Tasche auszuhändigen. Sie sei *veramente incosciente*, echt tollkühn, gewesen. Der junge Mann hatte die Tür ihres Autos aufgerissen und fuchtelte mit der Pistole vor ihrer Nase herum. Sie aber brach in ein neapolitanisches Geschrei aus und überrollte den Dieb mit einer dramatischen Wortlawine: »Ist dir überhaupt bewusst, was du hier tust? Du sagst nichts? Du machst dein Viertel kaputt: Es ist dein Viertel, dein Leben.« Ja, sie habe großes Glück gehabt. Denn der Taschendieb, der mit einer so heftigen Reaktion ihrerseits vermutlich nicht gerechnet hatte, sei einfach davongelaufen.

Das Nebeneinander von großen Gegensätzen ist seit Jahrhunderten das Merkmal dieser Stadt. Kriminalität und soziales Engagement, Schutz des Kulturerbes und Degeneration, Schönheit der geografischen Lage und Umweltverschmutzung sind die fixen Eckpunkte des Universums Neapels. Und das Spanische Viertel ist eine harte Nuss. Mit der Neugier des Besuchers, der im Lokalkolorit die Bestätigung überkommener Bilder sucht, ist sie nicht zu knacken. Mal sind die Menschen verschlossen, schlecht gelaunt und beobachten den Fremden mit Misstrauen, mal empfangen sie einen herzlich. Trotz meiner dunklen Haare und des neapolitanischen Akzents hatte ich zu Anfang meines Aufenthalts das klamme Gefühl, hier fremd zu sein. Einmal meinte ein Schuhverkäufer zu mir, er habe seit fünfzehn Jahren hier sein Geschäft, doch habe er mich bislang nie gesehen. Nein, ich sei keine Neapolitanerin, sondern ein *corpo estraneo*, ein Fremdkörper. Das war kein Kompliment. Ich war sichtlich irritiert. Schließlich bot er mir ungefragt ein paar Euro Rabatt. Mein trauriger Gesichtsausdruck hatte sein Herz erweicht. Kein Zweifel, das Spanische Viertel ist eine andere Dimension. Aber, wie die engagierte Dramaturgin Laura Angiulli meint, man darf nicht alles über einen Kamm scheren. Nur ein Teil der Einwohner des Viertels ist in illegale Tätigkeiten verwickelt. Der Rest spürt das gleiche Unbehagen wie der ausländische Besucher, lebt in Angst vor den Kleinkriminellen. Mit den großen Verbrechen kommt man hier nicht so schnell in Berührung. Sie werden weiterhin in den dunklen Höfen, hinter den hohen Garagentoren stattfinden. Vielleicht gerade deswegen ist der Zusammenhalt der Einwohner des Viertels so stark. Nach einer Weile lernt man sich gegenseitig kennen. Die Nachbarn werden freundlich und hilfsbereit. Wenn der Zeitungsverkäufer meinen Freund um die Ecke biegen sieht, faltet er schon die Tageszeitungen für ihn. Jener wiederum hält schon die Münzen bereit. Man tauscht ein Lächeln aus und wünscht sich gegenseitig eine *buona giornata*. Im Obstladen erklärt mir eine ältere Dame mit schneeweißen Haaren geduldig das Rezept von gekochten Endivien mit Kapern, Sardellen und Oliven, eine wahre Spezialität des Spanischen Viertels, deren Zubereitungsart bis auf das sechzehnte Jahrhundert zurückgeht.

Und eines Tages, als ich nach einem langen Aufenthalt in Deutschland wieder Linas Lebensmittelladen bei Sant'Anna di Palazzo betrete, springt die junge Besitzerin vom Stuhl hinter der Kasse auf. Als ob ich eine verlorene Tochter sei, spreizt sie die Arme und ruft aus: »*Sei tornata!* Du bist zurück!« Die Herzenswärme der Neapolitaner berührt. In diesem Moment denke ich, vielleicht endlich am Ziel angekommen zu sein: Ich habe das Spanische Viertel verstanden.

'A pizza!

Dreitausend Jahre, aber man merkt es ihr nicht an. Der volkstümlichen Kreatur Pizza wird ein göttlicher Ursprung nachgesagt. Auf den Wanderungen auf der Suche nach ihrer Tochter Kore, die der Unterweltgott Pluto entführt hat, findet die Erdgöttin Demeter freundliche Aufnahme bei König Keleos in Eleusis. Sie bedankt sich bei dem Gastgeber, indem sie seinen Sohn unsterblich macht. Doch wird sie beim Mysterienritus beobachtet. Als die Göttin dies merkt, wird sie darüber zornig. Erst das Angebot eines aus Mehl und Basilikum hergestellten Fladens kann sie besänftigen. Zum ersten Mal in der Geschichte der mediterranen Küche tauchen somit die schicksalsträchtigen Zutaten auf, die von griechischen Frauen in Neapel und Pompeji eingeführt und zur ersten »Ur-Pizza« veredelt wurden. In der Ruinenstadt am Fuß des Vesuvs wurden in den verschütteten Läden versteinerte platte Fladen gefunden, in denen viele die Ahnen der Pizza sehen wollen. Über den Stammbaum der italienischen Spezialität kursieren unterschiedliche Informationen. Die »Pizzologen« greifen auf Mythen zurück, zitieren Plinius den Älteren und Vergil, wenn es darum geht, im Wettstreit mit den Nachbarländern am

Mittelmeer die Erfindung der Mehlspeise als echt neapolitanisch zu beanspruchen.

Kein Wunder, dass die beste Pizza Neapels im griechisch-römischen *decumanus maior* zu bekommen ist. In der Mitte der uralten Via Tribunali stand in der Antike der Dioskuren-Tempel, auf dem sich die im sechzehnten Jahrhundert erbaute Kirche San Paolo Maggiore erhebt. Eine Ecke weiter ist der Eingang ins unterirdische Neapel, in die antiken Eingeweide fünfzig Meter unter der Stadt, durch die mehrmals täglich Führer fachkundig begleiten. In diesem historischen Viertel laden die Pizzerias zu traditionellen Leckerbissen ein. Direkt auf der Straße werden kleine und preiswerte frittierte Kleinigkeiten verkauft. »Cibo di strada« – »Essen für die Straße« – nennt sie der Gourmet-Führer der kulinarischen Bewegung »Slow-Food«: Zucchini und Auberginen, Kroketten, *arancini*, deftige Reisbällchen mit einer Füllung von Tomatensoße, salzige Pfannkuchen aus lockerem Pizzateig. Man bekommt sie in einem Kegel aus festem dunkelbraunem Papier (auf Neapolitanisch, *il cuoppo*) eingewickelt. Man isst sie mit der Hand: die Studenten und die Professoren, die aus den nächstgelegenen Fakultäten herbeieilen, die pensionierten Damen, die heute keine Lust zu kochen haben.

Die Straße ist tagsüber sehr belebt. Einheimische und Prominente kommen regelmäßig hierher, um mit einer originalen Pizza den Hunger zu stillen. Viele schwärmen von »Il Presidente«, die Pizzeria wurde 1996 nach dem Besuch von Bill Clinton umgenannt. An den Wänden hängen neben dem klassischen Bild des Padre Pio Fotos berühmter Persönlichkeiten, die hierherkamen, sahen und die Pizza aßen. Vor dem runden Gewölbe des Steinofens hantieren beleibte Männer in weißem T-Shirt und Mütze. Alle neunzig Sekunden wird bei Temperaturen um die 450 Grad eine Pizza fertig. Der Besitzer steht daneben und bedient gleichzeitig die Kundschaft im Laden und auf der Straße.

Denken Sie nicht, die Neapolitaner würden nur in der Via

Tribunali Pizza essen gehen. Jeder Einwohner hat im Kopf einen eigenen, ganz persönlichen Stadtplan der besten Pizzerias. Wenn die Mittagsstunde naht, der Magen knurrt, der verrückte Autoverkehr dröhnt und keine Zeit für das Mittagessen zu Hause ist, weiß der Neapolitaner, egal ob Altstadt, Chiaia oder Vomero, wo die deliziöse Pizza auf ihn wartet. Übrigens: die Pizza essen die Neapolitaner mittags als Snack oder abends mit Freunden, vor oder nach dem Kino und dem Theater, wenn es schnellgehen soll. Vor dem ehemaligen Stadttor Port'Alba stehen tagtäglich vor den Restaurants Trauben junger Leute, die die Pizza, doppelt zu einem Dreieck gefaltet, *a libretto* essen. Dieser köstliche Schmaus ist den gestressten Neapolitanern sehr willkommen. Für sie ist das Mittagessen stets automatisch warm. Wenn sie dagegen als Imbiss ein mit Schinken oder Mozzarella und Auberginen belegtes *panino* nehmen, betrachten sie dieses nicht als Mahl. Sie haben kalt gegessen, d. h. das zählt nicht. Deswegen pflegen sie in solchen Fällen zu sagen, sie hätten nicht gegessen.

An der Via Chiaia soll das nach den Spaghetti bekannteste italienische Nationalgericht erfunden worden sein: die Pizza Margherita! 1889 servierte Raffaele Esposito dem König Umberto I. und seiner Gemahlin Margherita von Savoyen drei verschiedene Pizza-Varianten. Eine davon belegte er mit Zutaten in den Farben der italienischen Flagge: Tomate, Mozzarella und Basilikum. Schließlich ist das Basilikum, wie der Name sagt, ein königliches Kraut (von *basilèus*, König). So war die Sache jetzt rund. Und die Majestät von Savoyen fand an der Pizza Gefallen. *È nata una stella*, so wurde ein Weltstar geboren. Ob bei *Brandi* die Pizza wirklich original ist, mag ich nicht sagen. In Berlin habe ich schon mal bessere Pizzen gegessen als hier. Ich ziehe die Pizzerias in den chaotischen Gassen der »Pignasecca« vor, des an die Via Toledo angrenzenden Marktviertels. In Norditalien und in Rom habe ich Menschen kennengelernt, die nur zu *Michele 'o Zussuso* (Michele den Dreckigen) im Viertel um Porta Capuana gehen, wenn sie gerade Neapel besuchen. Dort gehe es besonders rapide zu und sei für sie so urig-neapolitanisch. Damit meinen sie turbulent. Mir persönlich ist es zu schnell – wie am laufenden Band in einer Automobilfabrik. Das rustikale Ambiente erinnert an Volkstheaterstücke der Fünfzigerjahre und die Pizza schmeckt, wie es das Meisterkochbuch vorschreibt. Übrigens: Ich schaue schnell nach, ob das Portemonnaie noch in meiner Tasche liegt. In diesem Kiez haben selbst die Mauern lange Hände. Aber ich brauche keine Angst zu haben, denn nur wer zerstreut und ängstlich, wichtigtuerisch oder protzig auftritt, hat hier ein Problem. Wer sich Neapel wie der weiche Krebs dem Meer hingibt, der wird hier glücklich.

Ganz nebenbei: Die neapolitanische Pizza ist nicht knusprig, sondern in der Mitte weich und saftig. Der Rand ist locker wie frisches Brot. Die Römer und die Norditaliener bevorzugen einen dünnen Hefeteig. Der römischen Pizza aber zeigt ein Neapolitaner die kalte Schulter: *pizza croccante?* Nein danke! Die kann jeder Neapolitaner selber zu Hause im elektrischen Ofen backen. Man kauft beim Bäcker den Hefeteig, den man nach eigener Lust und Laune belegt, sehr dünn oder lieber etwas fülliger wie eine *focaccia*.

»Wir legten wenige und einfache Regeln fest und verpflichteten uns, diese zu befolgen. Uns ist bewusst, dass die neapolitanische Pizza keine Erfinder, keine Väter, keine Eigentümer hat, weil sie das Ergebnis der Genialität des neapolitanischen Volks ist.« So steht es im Manifest des Vereins zum Schutz der echten, handgemachten neapolitanischen Pizza (*Associazione Verace Pizza Napoletana*), der als Reaktion auf die Verbreitung von unechten Varianten wie der amerikanischen Pizza und der Fertigware aus der Tiefkühltruhe 1984 gegründet wurde. Mittlerweile zählt er Mitglieder in der ganzen Welt. Größten Wert wird auf die Originalität der Zutaten und der traditionellen Zubereitungsweise gelegt. Die Herstellung der Pizza ist sogar in der italienischen Norm UNI 10791 verankert. Spätestens bei der Pizza ist also mit der Schlamperei, die dem Vorurteil nach dem süditalienischen Charakter anhaftet, Schluss. Nicht nur die richtige Mehlmischung und die besten Tomaten ergeben ein ausgezeichnetes Resultat. Viele schwören auf das Wasser Neapels, das in den Bergen bei Avellino entspringt und besonders weich ist. Kalkhaltiges Wasser lässt dagegen den Teig zu langsam aufgehen. Das hat mir ein Pizzabäcker in Berlin erzählt, quasi als Entschuldigung dafür, dass seine Berliner Pizza nicht so echt wie in Neapel schmeckt.

Rund um die Welt der Pizza finden regelmäßig Veranstaltungen wie das »Pizzafest« statt. Die Messe, auf der sich viele Restaurants präsentieren und um den Titel der besten Pizzeria der Stadt wetteifern, ist ein wahrer Publikumsmagnet. Denn hier kann jeder für den moderaten Eintrittspreis von drei Euro so viel *Pizza marinara* und mit *vongole* kosten, wie er will, bevor er seine Stimme abgibt. Und zu Beginn des Sommers machen sich hundert *pizzaioli* aus Neapel wie dem Ausland daran, eine Tonne Holz und einige Zentner Mozzarella zu verbraten. Unter freiem Himmel werden bei der Meisterschaft der Pizzabäcker jährlich 3000 Pizzen gebacken. 2006 stand im Zeichen der internationalen Beziehungen. Ausgerechnet ein Japaner wurde mit der Trophäe »Città di Napoli« als bester Pizzabäcker ausgezeichnet. Er hatte in einer neapolitanischen Pizzeria als junger Mann gelernt und später in seiner Heimat ein eigenes Restaurant aufgemacht.

Gott sei Dank gewann der *pizzaiolo* mit den Mandelaugen erst vor Kurzem. Vor ein paar Jahren hätte mich Ferdinando gezwungen, bis nach Fernost zu fahren, um auch dort eine erstklassige Pizza zu probieren. Als ich in Neapel studierte, war die Lieblingsbeschäftigung meines Freundeskreises, am Wochenende nach der besten, ultimativen Pizza zu suchen. Als wir festgestellt hatten, dass die Pizza in Neapel langweilig schmeckte, klapperten wir wie die Argonauten den ganzen Landkreis auf der Suche nach dem »goldenen Hefeteig« ab. Ins Bergdorf Agerola auf den *monti lattari* lockte uns der Ruf des ausgezeichneten Büffelmozzarella; in Gragnano tranken wir zum *calzone* mit Endivien, den Teigfladen in Form eines riesigen Halbmonds, literweise den dunklen, spritzigen Tafelwein. In Vico Equense und Massalubrense war die *pizza a metro* dann dran. Auf der sorrentinischen Halbinsel geschah in den Siebzigerjahren das große Schisma in der Geschichte der neapolitanischen Pizza. Die runde Form wurde aufgegeben und der Hefeteig in die Länge gezogen, messbar in Zentimetern. Ein halber Meter Pizza pro Person! Und der Kellner kam mit einem meterlangen Servierwagen aus Edelstahl. Darauf lag wie ein platt gedrücktes Krokodil die Pizza Margherita, die direkt vor den Tischgästen in kleinere Stücke geschnitten wurde. Abgesehen vom Rotwein waren es recht anstrengende Abende. Ferdinando war und ist immer noch ein pedantischer Pizza-Liebhaber. Jedes Mal hatte er etwas zu beanstanden. Einmal hatte der Hefeteig nicht lange genug geruht. Das merkt man, wenn nach einer halben Stunde die Pizza schwer im Magen liegt. Faule, ungeduldige Bäcker fügen dem Teig chemische Stoffe zu, damit dieser schneller aufgeht und keine lange Handverarbeitung verlangt. Ein anderes Mal waren die Tomaten daran schuld, dass ihm die Pizza nicht schmeckte. Ferdinando kennt die klitzekleinen Farb- und Aromavariationen einer Pizza mit Sugo von Kirschtomaten von den Hängen des Vesuvs oder von den länglichen *pomodori San Marzano*. Auch differenziert er zwischen dem Garten- und dem Topfbasilikum streng. Schließlich tadelte er eines Abends die Backzeit. Die Pizzascheibe war am Rand kohlschwarz, in der Mitte dagegen zu weich und wässrig. Das passiert – so lehrte er uns – wenn der Ofen noch nicht in Fahrt gekommen ist. Die Temperatur des Holzofens ist äußerst wichtig. Auch muss der Steinboden regelmäßig von den verkohlten Mehlresten gesäubert werden, sonst kleben diese unter dem Teigfladen und hinterlassen einen bitteren Geschmack. Außerdem werden die schwarzen angekokelten Partikel auch als Krankheitserreger betrachtet. Einmal kam die italienische Regierung wegen der möglichen Gefahr für die Gesundheit auf die Idee, in ganz Italien die Holzöfen zu verbieten. Neapels *pizzaioli* gingen auf die Barrikaden. In der Tagesschau zeigten sie die raucharmen Hölzer, die sie zum Beheizen der Öfen verwenden. »*Le sigarette*« seien das wahre Problem für die Gesundheit, meinten sie, der Staat sollte sich lieber um andere Probleme kümmern und den Neapolitanern die Kunst der Pizza überlassen. Die Proteste blieben nicht unerhört. Man vergaß bald die Speise der Bauern und armen Leute und man verabschiedete das allgemeine Rauchverbot für alle öffentlichen Einrichtungen. Die Neapolitaner waren zufrieden, so auch Ferdinando.

Bevor er auf Arbeitssuche nach Mailand emigrieren musste, lebte er mit seinen Eltern auf einem kleinen Hof bei Pompeji, wo zwischen den Ausgrabungen und der Basilika der Rosenkranzmadonna seit Jahrzehnten alles organisch war, lange bevor überhaupt die Bio-Produkte in Mode kamen. Statt mit der Carrerabahn und den Kärtchen der Fußballer zu spielen, übte sich der junge Ferdy als Hobbypizzabäcker. Im Untergeschoss des Hauses thronte ein großer Steinofen, in dem die Mutter mehrmals in der Woche Brot buk. Ferdinando pflegte dagegen leidenschaftlich den Kult der Pizza. Nachdem er uns einige Monate regelmäßig genervt hatte, lud er uns endlich zu sich nach Hause zur Verköstigung seiner Pizza ein. Im wahrsten Sinne des Wortes lechzten wir danach. Wenn wir ihn zum Ausgehen abholten, sahen wir oft die Mutter beim Einmachen der Gemüse aus der *campagna*. Wegen der langen Vorbereitung des Ofens floss an jenem Abend reichlich *Vesuvio*, ein säuerlicher Rotwein, der an den Hängen des Vulkans bei Boscotrecase gezüchtet wird. Die Tomatensoße beinhaltete die sonnengereiften Tomaten aus dem Gemüsegarten von Ferdinandos Mutter. Sie war fest und cremig wie im Bilderbuch eines Fünfsternekochs. Ende August tauchte auch Ferdinando einige Tage unter. Er musste der Familie bei den *bottiglie* helfen, wie die Einmachgläser im Dialekt genannt werden.

Die Spezialität bei Ferdinando war die *pizza con i friarielli e salsiccia.* Die *friarielli* sind mit Knoblauch und einer kleinen scharfen Paprika frittierte oder gedünstete Brokkoliblätter, die im Winter in Neapel eine übliche Beilage sind. Während das Gemüse aus Ferdinandos Garten stammte, wurde die süditalienische grobe Bratwurst beim Nachbarn geholt, der Schweine züchtete. In den Tagen vor dem Schlemmertreffen wurden unendliche Diskussionen darüber geführt, welcher Typ von Mozzarella zu kaufen sei. Mozzarella ist in Neapel immer aus reiner Büffelmilch hergestellt. *Fiordilatte* (wörtlich »Milchblume«) besteht dagegen aus Kuhmilch. Selbstverständlich gibt es auch *miste*, in denen die Milch zu verschiedenen Teilen gemischt wird. Im Bergdorf Agerola wird exzellenter Mozzarella verkauft. Aber dahin mit der Vespa zu fahren, erschien uns allen wirklich zu weit. Da Ferdinando mit dem Ofen beschäftigt war, fuhr ich mit einem Studienkommilitonen nach Bagni, einem Ort in Richtung Salerno. Dort kannte der Freund einen guten, familiengeführten Betrieb, wo der Mozzarella wirklich fabelhaft sein sollte. Bevor wir losfuhren, erinnerte uns Ferdinando ernst daran, woran ein frischer Mozzarella zu erkennen ist. Dabei zitierte er aus dem Film »*Miseria e nobiltà*« mit dem Schauspieler Totò. Der Streifen erzählt die Geschichte zweier sehr armer Familien, die sich im Neapel der *Belle Époque* in einer Art Wohngemeinschaft die Wohnung teilen müssen, um Kosten zu sparen. Felice ist erfolgreicher Fotograf, Antonio (Totò) arbeitet als Briefeschreiber. Da sie fast am Verhungern sind, entscheidet der Fotograf, den alten Mantel zu verpfänden. Er hofft auf ein sattes Pfand, so diktiert er eine lange Einkaufsliste. Beim bloßen Nennen der Speisen, Spaghetti, Tomaten und Wein, läuft den beiden das Wasser im Mund zusammen. Als die Rede vom weißen kugelrunden Käse ist, sagt Felice zu Totò »du musst den Mozzarella in die Hand nehmen und ihn drücken. Und wenn Milch herauskommt, darfst du ihn nehmen, sonst lass ihn liegen.« Der Satz gehört zu den berühmten Sprüchen aus Totòs Filmen. Zitiert man ihn vor einem Neapolitaner, bricht dieser sofort in Lachen aus, denn auf Anhieb kennt er den Kontext, aus dem das Zitat stammt. Den guten Mozzarella erkennt man am weißen Milchtropfen. Wenn man ihn durchschneidet, läuft viel Milch heraus, und er sieht wie lockerer Brotteig aus. Wenn stattdessen eine wässrige, dünne Lake herausläuft, dann heißt es, dass der Käse nicht mehr frisch ist. Nach einigen Tagen vertrocknet er und schmeckt eher faserig. Damit sie nicht liegen bleiben, legen einige Verkäufer die nicht mehr frischen Kugeln in eine lauwarme Salz-Wasser-Flüssigkeit. Nach einer Weile sind sie wieder geschmeidig und weich, als ob sie gerade hergestellt worden wären. In Bagni bekamen wir den Mozzarella wie verabredet. Wir sagten dem Verkäufer: »Und wenn Milch herauskommt, darfst du ihn nehmen ...« Und er prompt: »... sonst lass ihn liegen.« Dabei zeigte er, wie der Käse die weiße Büffelmilch ausschwitzte.

Als wir in den Hof einfuhren, war es schon dunkel geworden. Beim Motorgeräusch der Vespa bellten die Hunde unbändig. Wir schoben die Tür auf, die in den Keller führte, und gingen hinein. Ferdinando stand am Lehmofen. Er lehnte sich an die Holzschaufel, die er mit einer Hand auf den Boden stemmte. Der Ofen verströmte den Duft des Holzes der pompejanischen *campagna*. Ferdinando merkte kaum, dass wir zurück waren. So vertieft war er in die Lektüre eines damaligen Bestsellers. Domenico Reas »Plebeische Nymphe«. Folgende Stelle las er uns dann vor.

»Die Pizza von Fafele war legendär. Sie wollten ihn nach Cava oder Salerno holen, aber der Alte wollte nichts davon wissen. Cava und Salerno schienen ihm so fern wie Frankreich. Nicht einmal Nachfragen von Kunden aus Nofi hatte er angenommen, um aus seinen fünfzig Pizzen am Tag hundert zu machen. Eine Pizza zu machen, sagte er zu seiner Verteidigung, sei nicht wie die Zubereitung eines Tellers Spaghetti. Die Pizza sei zunächst nichts anderes als ein unförmiger Kloß aus 200 Gramm Mehl, den man hat aufgehen lassen. Worauf es ankommt, ist, den Moment zu erahnen, wann man anfangen kann, diesen auf der mit Mehl bestreuten Marmorplatte auszutreiben, zu klopfen und zu wenden. Um dann den Teig so zurechtzurichten, dass daraus eine Scheibe wird, rund wie der Golf von Neapel, dünn und fast transparent in der Mitte, am Rand buchtig wie die Küste. Wenn man es so sagt, so scheint es ganz einfach zu sein, es aber zu tun, das ist wie die Bändigung eines wilden Wesens, sie so hinzukriegen, dass sie die Mozzarellastückchen empfangen darf, die dann die weißen Segel sind, und die Tomatenstücke, die türkischen Segel, und schließlich die Basilikumblätter, der lächelnde Schaum des Meers.«

'O rraù.
Die Primadonna der Soßen

Nicht die Pizza ist der unbestrittene Protagonist der neapolitanischen Küche, sondern die gekochte Tomatensoße, der *ragù*. Wie ein *ragù* zubereitet wird, das habe ich nie vergessen, obwohl ich seit fast zwanzig Jahren zwischen Berlin und Neapel pendle, inzwischen manchmal die falschen Begriffe benutze oder ins Fettnäpfchen trete, weil ich die Gepflogenheiten meiner Heimat verlernt habe. Es kommt sogar vor, dass ich in meiner Muttersprache die falsche Präposition benutze oder ein Wort irrtümlich betone. Aber es wäre undenkbar, dass mir bei der Zubereitung des *ragù* jemals ein Fehler unterlaufen könnte. Für eine neapolitanische Frau ist das Kochen des *ragù* wie Radfahren oder, gestatten Sie mir den Vergleich, wie Liebe machen. Das vergisst man einfach nicht.

Wie das für viele süditalienische Gerichte gilt, stammt auch diese Namensgebung aus dem Französischen, aus *ragoût*. *Ragoûter* bedeutet »den Geschmacksinn erwecken, Appetit anregen«. Nach der »Großen Illustrierten Enzyklopädie der Gastronomie« bezeichnet der Terminus *ragù* eine mit Fleisch zubereitete Soße, die gewöhnlich zu Nudelgerichten geges-

sen wird. Es gibt zwei Hauptvarianten des *ragù*: die norditalie-
nische wird mit Hackfleisch bereitet und ist weltweit als *salsa
bolognese* bekannt. Die süditalienische ist ein dichter, aromati-
scher Fond, der mit einem großen Stück Rindfleisch vier bis
fünf Stunden geschmort wird. Das ist der legendäre *ragù napoletano*. Das Rezept entsteht in Neapel Ende des achtzehnten
Jahrhunderts, zu dem Zeitpunkt, als die Tomate in ganz
Europa große Verbreitung findet. Laut einem lokalen Spruch
beherrscht niemand die Kunst der Ragùzubereitung besser als
die Zunft der »Portieri«. Denn ein *ragù* verlangt viel Zeit, und
es ist größte Sorgfalt darauf zu verwenden, dass die Soße nicht
anbrennt. Während der *concierge* in seinem Häuschen sitzt und
das Hin und Her der Hausbewohner und Besucher beobachtet, kann er ab und an kurz in seine daneben gelegene Erdgeschosswohnung verschwinden und einen Blick auf den *sugo*
werfen.

Und jetzt, verehrte Leser und Leserinnen, sind Sie so weit
in die Geheimnisse Neapels eingedrungen, dass ich Sie als reif
für eine grundsätzliche terminologische Klärung betrachte.
Also aufgepasst, denn die nun folgende Information wird
Ihnen möglicherweise den »Pass der *napoletanità*« bringen. Die
Neapolitaner werden von Ihrem Wissen begeistert sein, Ihnen
um den Hals fallen und rufen: *Ma tttu ssì napulitano!*, »Du bist
ein wahrer Neapolitaner!«.

Also, die Wahrheit lautet: beim *ragù* spricht man nicht von
kochen. Ein *ragù* kocht NIE. Er köchelt gemütlich, im Schritt-
tempo, vor sich hin. *Pippiare* nennen die Neapolitaner das
langsame, konstante Brodeln der Primadonna der Soßen. Die
Kochzeit und die notwendige Temperatur sind für den Neapolitaner *questione di sentimento*, eine Sache des Herzens. Deswegen behaupten viele, dass tatsächlich nicht die *concierges*,
sondern die eigene Mutter den besten *ragù* zubereitet, den die
Ehefrau leider in den Augen ihres Gatten nie übertreffen
wird. Eine prominente Stellung nimmt deshalb in den neapolitanischen Kochbüchern auch ein Gedicht des Dramaturgen

Eduardo De Filippo ein, der diesen Zwist thematisiert. Hier streiten sich Mann und Frau über die Beschaffenheit des *sugo*.

Wollen wir jetzt vielleicht streiten?

Was sagst Du? Ist das *raù*?

Ich esse ihn, weil ich essen muss.

Und darf ich endlich etwas sagen?

Das ist nur Fleisch mit Tomaten.

Denn nur das langsame, liebevolle Köcheln macht aus einer Tomatensoße *'o raù*, wie der *homo neapolitanus* sagt. Zu meiner Schande muss ich gestehen, dass ich eigentlich nicht oder nur wenig kochen kann. Aber: *Ragù* ist eines der wenigen Rezepte, die ich mit geschlossenen Augen umsetzen kann. Das liegt daran, dass ich aus einer konservativen Familie stamme, wo Großmutter und Großvater das Sagen hatten. Das Lernen und Einstudieren des traditionellen Rezepts der Tomatensoße wurde neapolitanischen Mädchen noch vor zwanzig Jahren so selbstverständlich mit auf den Weg gegeben wie die Aussteuer. Denn ohne die Fertigkeit, ein *ragù* zu kochen, wäre man womöglich Jungfrau geblieben. Das Rezept des *raù* gehört zum Grundwissen, das von der Mutter an die Tochter vererbt wird, unabhängig davon, ob diese heiraten oder – wie in meinem Fall – emigrieren wird. Auch das ist eine *questione di sentimento*. Wenn ich in Berlin meine Freunde zum Essen einlade, bereite ich den *ragù* nach dem Rezept vor, das ich von meiner Großmutter und meiner Mutter gelernt habe. Und zwar folgendermaßen:

Zutaten: das beste Stück Rindfleisch (girello), Speck, Tomaten, Zwiebeln, roher Schinken, eine Knoblauchzehe, etwas Schmalz, Basilikum, Olivenöl, Rotwein, Salz und Pfeffer.

Das Rindfleisch wird mit dem Speck gespickt und mit den klein gehackten Zwiebeln, dem Knoblauch und dem Schmalz im Öl angebraten. In geschlossenem Topf auf sehr kleiner Flamme köcheln lassen; ab und an das Fleisch wenden. Wenn die Zwiebel eine blonde Farbe bekommen hat, mit Wein ablöschen. Vorsicht: den Wein sehr langsam eingeben, bis er vollständig verdampft ist. Dann die passierten Tomaten (frische oder in Dosen) hinzufügen und bei starker Hitze kurz aufkochen. Regelmäßig umrühren und darauf achten, dass die Soße nicht anbrennt. Nach Bedarf ein paar Löffel Wasser hinzufügen und dann wieder auf kleinster Flamme circa zwei bis drei Stunden köcheln lassen. Beim Umrühren behutsam und langsam vorgehen und darauf achten, dass die schön samtige Oberfläche der Soße nicht zerstört wird. *Dài una girata alla salsa, ma con attenzione,* »Rühr bitte die Soße um, aber mit Vorsicht«, sagte mir die Mutter, bevor sie sonntags früh in die Kirche ging. »Du, tu das zwei oder drei Mal in der Stunde. Um zehn bin ich wieder zurück«, sagte sie lächelnd, während sie die Frisur im Spiegel kontrollierte. Bei ihrer Rückkehr ging sie als Erstes zum Herd, ohne auch nur ihren Pelzmantel auszuziehen, um den Stand ihrer »Kreatur« zu kontrollieren. Nach zwei bis drei Stunden ist der *ragù* fertig – für mich, nicht nach der Tradition. Dem klassischen Rezept zufolge entfernt man nach zwei Stunden das Fleisch, und die jetzt noch korallenrote Soße muss noch eine knappe Stunde köcheln, bis sie den goldenen Schimmer verloren hat und dunkelrot, glänzend und dickflüssig wird. Ganz zum Schluss gibt man Basilikum hinzu.

Der *ragù* passt zu großformatigen Nudeln wie Ziti, Rigatoni oder Penne. In Neapel isst man zum *ragù* eine stattliche Sorte, die *paccheri*, eine Art größere und breitere Rigatoni. Es kommt einem Sakrileg gleich, dünne Bandnudeln wie Linguine oder, noch schlimmer, dünne Spaghetti zum *ragù* zu essen. Richtig serviert wird so: In eine große Pasta-Schüssel häuft man eine Kelle voll *ragù*, darauf dann zwei Kellen *paccheri*, dann immer abwechselnd Soße und Nudeln, bis die Schüssel voll ist. Ach ja: der Parmesan! Da scheiden sich die Geister. Die Männer sind der Meinung, der Parmesan würde den echten Geschmack des *sugo* verfälschen. Die Frauen mischen einen oder zwei Esslöffel Parmesan schon in die

Nudelschüssel ein, wenn die Männer es nicht merken. Die Morese favorisieren, vor allem im Sommer, statt des Parmesans die Ricotta. Der Weichkäse versüßt die Speise und macht sie frischer. Ein himmlischer Genuss an heißen Sommertagen!

Sotterranea:
unter Neapels Erde

Walter Benjamin nannte Neapel wegen seines Bodens, der aus Lava und Tuffstein besteht, die »poröse Stadt«. Unter der Erde befinden sich von den Phlegräischen Feldern bis hin zum Stadtzentrum unzählige Grotten und Höhlen. Allein im Stadtviertel Stella werden 62 unterirdische Hohlräume gezählt, mit einer Fläche von insgesamt 160000 Quadratmetern, das heißt vier Quadratmeter pro Einwohner. Im Bezirk Chiaia sind 32 Kavernen entdeckt worden, 28 sind es im Posillipo und 34 zwischen der Via Toledo und dem Spanischen Viertel. Nicht alle Höhlen haben einen natürlichen Ursprung. Die alten Römer ließen einige Tunnel bauen, um die Wege zwischen Hafen und Hügel zu verkürzen. Ein absolutes Muss ist der Besuch der *Grotte des Seianus*, eines Tunnels, der die römischen Patriziervillen mit der bezaubernden Bucht der Gaiola verband. Zu besichtigen ist die Grotte ausschließlich im Monat Mai, während des *Maggio dei Monumenti*, einer Großveranstaltung, bei der viele übers Jahr nicht zugängliche Kirchen und Katakomben für das Publikum geöffnet werden.

Die Neapolitaner sprechen auch von einer »vertikalen

Stadt«. Sie spielen damit auf die unterschiedlichen historischen Schichten, die über die Jahrhunderte hinweg übereinandergewachsen sind, an. An vielen Orten Neapels, beispielsweise an der hübschen Piazza Bellini und sogar in der Aula Magna der Universität Neapel, in der sogenannten *sala delle mura greche*, kann eine frühere, untere Schicht der Stadt in Augenschein genommen werden: griechische Mauern aus Tuffsteinblöcken, Geschäfte und Werkstätten aus dem sechsten Jahrhundert vor Christus.

Ein guter Eindruck von der komplexen Morphologie der Stadt ist vor allem an der Baustelle an der Piazza Municipio zu gewinnen. Schon seit einigen Jahren wird hier eine neue U-Bahn-Station gebaut. Die neue Bahnlinie soll ab 2012 den Hauptbahnhof Garibaldi mit dem Verwaltungszentrum um das Rathaus verbinden. Doch die Arbeiten gehen nur langsam voran, da Fachleute immer wieder auf archäologische Funde stoßen. Während ich an diesem Buch schreibe, gleicht die Baustelle einer Art Freilichtmuseum: Das großflächige Areal, das auf die antike Urbanisierung zurückgeht, erstreckt sich zwischen Rathaus und Meer. An dieser Stelle befand sich der römische Hafen, wie die Entdeckung von drei gut erhaltenen Schiffen belegen konnte. Die Reste einer Maueranlage stammen dagegen aus der Zeit der Aragonesen im fünfzehnten Jahrhundert. Dank der *Tavola Strozzi*, dem berühmten großformatigen Gemälde (1464), das die Architektur der Stadt vom Castel dell' Ovo bis zur Piazza Mercato präzise zeigt, konnten die Fachleute die Nutzung der verschütteten Gebäude, vorwiegend Türme und Paläste reicher Aragonesen, mit Sicherheit bestimmen.

Die riesige Baustelle ist zur Ausgrabungsstätte und Touristenattraktion zugleich geworden. Stadtführungen und schaulustige Urlauber halten hier täglich an. Der Fund hat auch unmittelbar wirtschaftliche Folgen gehabt: Die vielen nordafrikanischen Straßenverkäufer sind von der nahen Via Toledo kurzfristig hierher umgezogen und bieten nun ihre bunten, gefakten Prada-Taschen auf den Holzdielen der Aussichtsplattform an.

War früher eine archäologische Entdeckung als Grund für einen Baustopp gefürchtet, zeigen heute die Bauherren der öffentlichen Verkehrsbetriebe ein großes Interesse, die Funde zu pflegen. Neben der zuständigen Behörde des Ministeriums für Baudenkmäler wurde auch die archäologische Abteilung der Universität Neapel zurate gezogen. Und die Architekten – unter ihnen Koryphäen wie der Portugiese Alvaro Siza – wurden aufgerufen, ihr Projekt zu überarbeiten und die sensationellen Ausgrabungen in den modernen U-Bahnhof so weit wie möglich zu integrieren.

Besonderes Aufsehen erregte die Ausgrabungsstätte unter dem Platz Nicola Amore, den die Neapolitaner wegen der vier ähnlichen Gebäude in seinen Ecken *Piazza Quattro Palazzi* nennen. An diesem Ort fand im zweiten Jahrhundert nach Christus die *Sebastá*, die parthenopäische Olympiade regelmäßig statt, wie die Reste eines Säulenganges und eine riesengroße Marmortafel belegen. In der Altstadt treffe ich Professor Elena Miranda, die mit ihrer Forschungsgruppe an der Universität die Geschichte der sogenannten »isolympischen« Wettkämpfe rekonstruiert. Man müsse sich Neapel vor 2000 Jahren wie eine exklusive Sprachinsel vorstellen, in etwa wie das heutige Südtirol, versucht die Dozentin der unkundigen Zuhörerin die damalige Sonderstellung *Neapolis'* zu erklären. Es war eine griechische Stadt im Herzen des Römischen Reichs. Griechisch waren Sprache und Sitten. Zwischen Athen und Rom sei Neapel jedoch weder in der einen noch in der anderen Kultur vollständig aufgegangen. Aus der Begegnung zweier Zivilisationen, die Südwesteuropa nachhaltig geprägt haben, sei in *Neapolis* eine facettenreiche, dritte Zivilisation entstanden, nachdenklich und bezaubernd wie die griechische, kosmopolitisch und offen gegenüber dem Fremden wie die römische. Die Archäologen stützen ihre Annahmen u. a. auch auf die genannten Ausgrabungen an der

Piazza Nicola Amore, die über die Bräuche der damaligen Gesellschaft Auskunft geben.

Von hier aus bis zur Piazza Borsa erstreckte sich in der Antike eine breite Sportanlage, auf der Athleten aus dem ganzen Mittelmeerraum in Wettkämpfen und Pferdeturnieren miteinander konkurrierten. Durch die minuziöse Arbeit der Forscher der Universität Neapel konnte der zwei mal fünfzehn Meter große Epigraf, auf dem die Namen von Läufern und Reitern aus über drei Jahrhunderten eingemeißelt wurden, rekonstruiert werden. Quasi ein Urahn der modernen Plakate, damit wurden die Sieger der Spiele gefeiert. Unter ihnen war die fünfzehnjährige Läuferin Flavia Marina aus Efesos in Kleinasien, die Erste bisher ermittelte Athletin der italienischen Geschichte.

»Es war wie ein gigantisches Puzzle«, stöhnt Frau Professor Miranda. Während der Ausgrabungen des U-Bahn-Tunnels seien zwar über tausend Fragmente sichergestellt worden, aber in chaotischer Reihenfolge, so wie sie die Bauarbeiter nach mehreren Jahrhunderten voller Erdbeben und Naturkatastrophen gefunden hatten. Zusammenhänge zwischen ihnen herzustellen gleiche einer Sisyphusarbeit. Sie zeigt mir einige Fotoaufnahmen von randvollen Holzkisten. Die abgebildeten großen und kleinen grauen Steine sind die Bruchstücke der wertvollen Marmorinschrift. Mittlerweile konnten über 700 Fragmente identifiziert werden. Das Interesse der Fachwelt sei sehr groß, schließt Elena Miranda mit einem zaghaften Lächeln ihre Erzählung, nächstes Jahr werde sie die Ergebnisse an mehreren europäischen Universitäten wie Dublin und Oxford vorstellen.

Parallel zur Stadt an der Oberfläche erstreckt sich eine unterirdische Welt über die ganze Fläche Neapels. Auch unter den Häusern des Spanischen Viertels befinden sich Hohlräume, die, bevor alle Wohnhäuser Ende des neunzehnten Jahrhunderts an die Wasserleitung angeschlossen wurden, als Zisternen dienten. Das Wasser von der Quelle des Flusses Serino gelang hierher durch ein antikes römisches Aquädukt aus dem Jahre 50 nach Christus. In einer Erdgeschosswohnung am kleinen Platz Sant'Anna di Palazzo befindet sich der Verein *Napoli Sotterranea* (unterirdisches Neapel), der am Wochenende Rundgänge durch das ehemalige Zisternensystem unter der Via Toledo und der Via Chiaia anbietet.

Ein freundlicher Herr Anfang sechzig begleitet uns durch eine in den Tuffstein gehauene Treppe bis vierzig Meter unter den Straßenboden. Enge, verschlungene Schächte öffnen sich im Tuffstein. Oft muss man sich bücken und gekrümmt gehen. Die Gänge sind die ehemaligen Wasserrohre, und sie sind schmal, damit das Wasser genug Druck hatte. Der Herr geht voran und erzählt von Touristen, die er vor uns hierhergeführt hat. Sie waren groß und dickleibig und hatten Angst. Wenn korpulente Leute kommen, macht er einen anderen Rundgang. Im Gehen trällert er die Musik aus dem Film »Indiana Jones«, vermutlich um uns von der finsteren Stimmung der feuchten Kavitäten abzulenken.

Während des Zweiten Weltkrieges wurden die vielen unterirdischen Grotten Neapels zu Schutzkellern. Die für die Volkssicherheit zuständige Behörde ließ diese mit Elektrizität und Nottoiletten ausstatten. Treppen und Gänge, die einst nur Revier der *pozzari* waren, kleinwüchsiger Männer, die regelmäßig die Zisternen reinigten, wurden wesentlich erweitert, damit die Bevölkerung während der Bombenangriffe Zuflucht finden konnte. Die Tränen steigen dem jovialen Cicerone in die Augen, als er erzählt, wie seine schwangere Mutter (sie trug ihn im Bauch) mit ihren sechs Kindern die unebenen Stufen schnell und dennoch umsichtig herunterstieg. Eine riesige Menschenmenge drängte sich schreiend und sich gegenseitig stoßend hinab. Die junge Frau musste darauf achten, dass ihre Kinder von der in Panik geratenen Volksmenge nicht zerquetscht wurden. Er zeigt uns Graffiti und Schriften an den feuchten Wänden. Um Langeweile und

Angst zu vertreiben, zeichneten die Schutzsuchenden Panzer und Flugzeuge, Gesichter von Politikern und Diven. Der Umriss eines weiblichen Antlitzes lässt den Stil der Modezeichnungen der Vierzigerjahre erkennen. Vermutlich war hier ein Schneidermeister am Werk. Die Via Chiaia war schließlich das Viertel der neapolitanischen Haute Couture. Einige Graffiti-Skizzen zeigen auch leichtlebige *signorine* mit tief ausgeschnittenem Korsett und Strumpfhaltern. Daneben sind Sprüche über enttäuschte Liebe zu lesen.

Und nun beginnt unser Begleiter eine Tirade gegen die treulosen Frauen. Ein Repertoire an Geschichten, die an einige laszive Novellen des Boccaccio erinnern, wird hier aufgetischt. Immer wieder heftet der weißhaarige Herr seinen Blick auf die Touristinnen und schickt emphatisch eine Entschuldigung voraus, er sei kein Macho: »*Non sono maschilista, non sono maschilista!*« Mit dem Zeigefinger weist er auf den haushohen Schacht, durch den die Wohnungen mit der Zisterne verbunden waren. Durch ihn ließen die Frauen den Eimer in den Brunnen herab und konnten zu jeder Tageszeit Wasser schöpfen. Auf die unzähligen kleinen Vertiefungen in der Steinwand deutend, verändert sich plötzlich seine Miene in die Fratze des Satyrs, der ein Geheimnis enthüllt. Sich an den Mulden abstützend, konnte der *pozzaro*, der Brunnenmann, hinaufsteigen und bis in die Wohnungen gelangen. So entstand die Legende des *munaciello*, des kleinen Mönchs, der nachts in den Häusern vor allem der Viertel Chiaia, Toledo und Sanità gesichtet wurde. Jetzt verleiht der Herr seiner Einbildungskraft Flügel – oder sind es die erotischen Legenden des ehemaligen Lustviertels Sant'Anna di Palazzo, die vor unseren Augen aufgerollt werden? Als der *pozzaro* in der Wohnung der Patrizierfamilie ankam, lag die neapolitanische Matrone beinahe hüllenlos auf dem Bett, stützte ihren Kopf mit den Händen ab und ließ die Beine von der Bettkante baumeln. Was sollte der *pozzaro* bei einem solchen Anblick schon tun? Nun: Es passierte, was passieren musste. Das anschließende Hinabsteigen in den Brunnen fiel dem kleinen Mann im Gegensatz zum Aufstieg, der sehr leicht vonstatten ging, besonders schwer. Seine Beine waren schwach geworden. Die Anwesenden lachen. Ob manche Dame errötet, kann man beim spärlichen Licht der unterirdischen Zisterne nicht erkennen. War der kleine schwarze Kobold verschwunden, fand die Dame auf der Kommode Geschenke und Münzen. Wenn sich später der Ehemann über die unerwartet aufgetauchten Gaben wunderte, dann brachte ihn die Frau sofort zum Schweigen: Er solle ruhig und still bleiben, denn sonst würde der glücksbringende *monaciello* das Haus nicht mehr besuchen. Oft – fährt der Fremdenführer fort – richtete die Frau dem *monaciello-pozzaro* ein komplettes Abendmahl her. Hatte sie dies aber vergessen, dann tobte dieser, warf das Hausporzellan zu Boden, das in tausend Scherben zerbrach. Die Matrone war eine *donna di chiesa*: Tagsüber ging sie in die Kirche und widmete sich den Wohltätigkeitswerken, abends, wenn der *monaciello* kam, opferte sie sich für das Wohl ihrer Familie. »Meine Damen und Herren, sie opferte sich! *si sacrificava*. Eh, eh!«, sagt der Fremdenführer und bricht in schallendes Gelächter aus.

Als ich am nächsten Tag einigen Bekannten von der Führung durch die Unterwelt Neapels erzähle, bemitleiden sie mich. Quasi möchten sie sich entschuldigen. Einer bringt es auf den Punkt: Es gibt nicht schlimmeres als einen Neapolitaner, der imitierend einen schlechten Pulcinella gibt. In die Äußerungen und Gesten unseres Begleiters fließt in der Tat eine tausendjährige Theatertradition ein, die in einer Linie von den Lustspielen des Plautus über die *Commedia dell'Arte* zum heutigen neapolitanischen Volkstheater führt. Der neapolitanische Dialekt bildet seine reichhaltige Grundlage. Spontan und unmittelbar verfügt er über einen breiten Wortschatz von idiomatischen Redewendungen und Metaphern; viele davon betreffen die Welt des Eros. Das Geschlechtliche hat immer eine große Bedeutung im Leben der süditalienischen Bevölkerung gehabt. »Und wissen Sie, verehrte Zuhörer, was DNA ist? Die Gene des *pozzaro* fließen heute im Blut der Neapolitaner. Vielleicht sind sie auf diese Art und Weise entstanden. Kein Wunder also, wenn die meisten so klein und schwarz wie ich sind!« Das schrille Lachen unseres Begleiters schallt in der Zisterne wider.

Unser Spaziergang unter dem Spanischen Viertel endet mit einem eindrücklichen meditativen Moment. Der Cicerone schaltet das Licht für einige Minuten aus, um die tiefe, unendliche Ruhe dieses Ortes aufzuzeigen. Eine samtige geräuschlose Dunkelheit umhüllt die Anwesenden. Dabei denken manche Besucher – wie sie uns später am Ausgang erzählen – an den pochenden Ursprung des Lebens im Mutterschoß, andere an die Stille des Todes.

In eine unwirkliche Dimension zwischen Liebe, Leben und Tod führt also die magische und makabre Aura von Neapels Untergrund.

Eine andere Erfahrung der besonderen Art bietet sich vor allem in der großen Begräbnisstätte *cimitero delle fontanelle* in La Sanitá, einem der traditionsreichsten Viertel der Stadt. Stellen Sie sich eine enorme, in den Tuffstein geschlagene Grotte vor. Sobald man die paar Stufen heruntergestiegen ist, erfasst einen ein merkwürdig beklemmendes Gefühl: Leere Augenhöhlen von unzähligen, zu Bergen aufgestapelten Schädeln betrachten den Besucher. Im unterirdischen Friedhof liegen Gebeine aus vier Jahrhunderten, zum Beispiel die Opfer einer Pestepidemie im Jahre 1656, die 300000 Menschen das Leben kostete. Auch Waisen und Arme sind hier bestattet. Sie werden *anime pezzentelle* genannt, Bettlerseelen, weil sie ohne Aussicht auf ein würdiges Begräbnis gestorben sind. Laut einer neapolitanischen Legende soll ein Geistlicher Mitte des neunzehnten Jahrhunderts acht Millionen Knochen im dunklen Schacht gezählt haben. Außer zwei – dem adligen Filippo Carafa von Maddaloni und Gemahlin – sind alle menschlichen Überreste durchweg namenlos. Für die abergläubigen Neapolitaner symbolisieren sie die Seelen des Fegefeuers (*anime del purgatorio*), Mittler zwischen Dies- und Jenseits. An sie wandten und wenden sich die Menschen noch heute mit einem besonderen Anliegen, einem Wunsch. Hier findet ein Deal statt: Mit Hilfe von Gottesdiensten und Gebeten soll der Läuterungsweg der Seelen vom Fegefeuer ins Paradies beschleunigt werden. Im Gegenzug sollen sie dafür sorgen, dass sich Hoffnungen und Träume der Neapolitaner erfüllen. Meist geht es um die Offenbarung der Lottozahlen.

Einzelne Schädel wurden von manchen Familien quasi adoptiert. Die Lebenden gaben den unbekannten Skeletten einen Namen, statteten sie mit einer eigenen Geschichte, einer Persönlichkeit aus: Es gibt etwa die Nonne Lucia, den Kapitän, den Arzt und das kleine Mädchen Maria. Und wenn sie gute Dienste leisten, werden sie poliert, erhalten ein kleines Häuschen aus Holz, einen Altar mit allen möglichen Devotionalien, Blumen und Kerzen. Manche Matrone kommt mit einer intimeren Angelegenheit hierher, wünscht sich zum Beispiel, den Partner fürs Leben zu finden. Eine andere sehnt sich nach Mutterglück.

Das beispiellose Szenario besitzt die Morbidität eines Barockgemäldes. Gerade deswegen hat es Denker und Künstler von Walter Benjamin bis Rebecca Horn inspiriert. Dem beschriebenen archaischen Volksritus der Fruchtbarkeit widmete der Regisseur Roberto Rossellini – um ein Beispiel zu nennen – eine zentrale Szene in »*Liebe ist stärker*« (1954, Originaltitel: »Viaggio in Italia«). In dem neorealistischen Streifen erlebt die junge Ingrid Bergman eine dramatische Ehekrise – der Mann hat sich mit einigen Freundinnen auf Capri zurückgezogen, mit einer ist er dabei, eine Affäre zu beginnen. Wenn die Protagonistin die unterirdische, schattige Kathedrale der Toten besucht, wird sie von einer Begleiterin auf einen Schädel hingewiesen, den diese mit ihrem Herzenswunsch anbetet, ihr möge bald ein Kind geboren werden.

Auch in der Kirche Santa Maria del Purgatorio ad Arco in

der Via Tribunali, die an den vier Säulen mit den Gebeinen und den polierten Totenköpfen aus Bronze zu erkennen ist, werden die Verstorbenen zum Zweck des Kinderkriegens eifrig verehrt, insbesondere der Schädel einer antiken Dame, der sogar mit Schleifen und einem hauchzarten Schleier drapiert worden ist wie eine Braut.

Als ich vor der kuriosen Installation stand, muss ich sehr beeindruckt ausgesehen haben. Ich glaubte, über mir ein Rascheln wie die Flügelschläge einer Taube zu vernehmen. Da stieß mich meine jüngere Schwester kräftig am Arm und rief in höchster Erregung aus: »*Ma, nun jè o vero*, das ist alles nicht wahr!« Mit ihrer vernünftigen Denkweise als eingefleischte Juristin versuchte sie, den Dunst der vielschichtigen Gefühle dieses Augenblicks zu lichten. (Immerhin sah ich die Kirche nach zwanzig Jahren wieder, die ich in der großen Vorurteilslosigkeit des protestantischen Preußens verbracht hatte.) »*I napoletani sono antichi!*«, meinte sie schließlich mit einem Achselzucken. Der Neapolitaner sei vormodern, er pflege Denk- und Verhaltensweisen, die aus irgendwelchen Urzeiten stammen. Er hänge sehr an den Traditionen, das sei alles, was sich in der Unterwelt Neapels verberge, mehr nicht.

Vorsicht, Ansteckungsgefahr! Das Neapolitanische

Bitten Sie nie einen Neapolitaner, Ihnen eine Kostprobe seines »Dialekts« zu geben. Er wird zwar freundlich lächeln, innerlich aber versucht sein, Sie aus dem Kreise seiner Freunde zu verbannen, Ihre Visitenkarte auf Nimmerwiedersehen in den Papierkorb zu werfen. Die Süditaliener sind besonders sensibel, wenn es um die lokale Mundart geht. Das Neapolitanische ist für sie kein *dialetto*, es ist Landessprache. Schließlich – so meinen sie leidenschaftlich – seien neapolitanische Lieder wie *'O sole mio* und *Torna a Surriento* weltberühmt geworden. Und der Dramaturg Eduardo De Filippo habe mit seinen Bühnenstücken, in denen die Figuren ein regional gefärbtes Italienisch sprechen, das italienische Nationaltheater erneuert. Ganz Unrecht haben meine Landsleute nicht. Jeder Italiener kennt zum Beispiel die Schlusspointe aus De Filippos *Napoli milionaria*: »*Addà passà a nuttata!*«, sagt der Held am Ende des Dramas, das in der Nachkriegszeit spielt. Die Nacht werde bald vorüberziehen, man müsse sie aushalten.

Der Autor Erri De Luca spricht seinen Landsleuten aus der Seele, wenn er seine Beziehung zum Neapolitanischen schildert. »Der Dialekt ist wie der Sport. Er muss in der Kindheit gelernt werden. Dazu gehören Geschicklichkeit der Muskeln und jene außerhalb des Spielfelds unzulässigen Fertigkeiten, Schritte und Kniffe. Aus Gewohnheit benutze ich ihn, wenn ich mit meiner Mutter spreche. Das Gleiche geschieht in vielen Gesellschaften. Die osteuropäischen Juden nennen das Jiddisch ›mamelòshn‹, die Sprache der Mutter. Ich benutze das Neapolitanische gegenüber Unbekannten, wenn ich aggressiv werde, auf der Arbeit, wenn es schnell gehen muss, bei einer lustigen Tafelrunde, wenn ich fröhlich bin, beim Spiel mit den neapolitanischen Karten, wenn ich den exakten Ausdruck benötige, gegenüber Fremden, die sich über den Süden unterhalten, wenn es um meine Identität geht.«

Das Neapolitanische ist die Sprache der Emotionen. Es drückt elementare und archaische Gefühle aus; ein unmittelbarer Kommunikationskanal wird mit dem Gesprächspartnern hergestellt. Der Subtext sagt: Wir gehören der gleichen Welt an.

In keiner anderen Region Italiens findet die lokale Sprachfärbung eine derart intensive und flächendeckende Anwendung wie in Neapel. Redewendungen in der regionalen Mundart sind im Alltag wie in der Politik, Religion und im Fernsehen gang und gäbe. Als die italienische Fußballmannschaft 2006 Weltmeister wurde, schickte Kampaniens Ministerpräsident Antonio Bassolino den gebürtigen Neapolitanern Fabio Cannavaro und Ciro Ferrara einen Brief durch seinen Blog. Der Politiker bedankte sich bei den *guagliune*, den jungen Männern, mit folgenden Worten im Dialekt: »*Ce avite dato 'na gioia granne, granne, granne.* Ihr habt uns große Freude gemacht.«

Pfarrer und Prälaten würzen die Sonntagspredigt mit neapolitanischen Ausdrücken. Wenn Kardinal Sepe die Messe abschließt, klingt der Segen ganz anders als der althergebrachte *Ite missa est.* Stattdessen benutzt Neapels höchster katholischer Würdenträger die dialektale Redewendung *'A Madonna t' accompagna.* Der Abschiedsgruß bedeutet wörtlich:

»Möge dich die Madonna begleiten.« Säkularisiert könnte man es mit: »Komm gut nach Hause!« oder: »Pass auf dich auf!« formulieren. Sogar von Papst Benedikt XVI. verabschiedete sich der Kardinal unter dem Jubel der Gläubigen mit diesen Worten.

In der Mundart äußert sich der feurige Charakter der Menschen. Dazu kann ich eine Geschichte erzählen. Ein Schlüsselerlebnis hatte ich bei meiner ersten Yogastunde in Neapel. Auch in Kampanien ist die Sportart inzwischen in Mode gekommen. Aber die Neapolitaner nehmen den meditativen Charakter der Körperübungen nicht so ernst wie der Rest der Welt. Während ich auf den Beginn des Kurses wartete, plauschten die Frauen angenehm über das letzte Wochenende auf Capri oder Ischia. Natürlich fiel ab und an ein Wort auf Neapolitanisch wie etwa »mò«, das heißt »jetzt«, »in diesem Augenblick«. Irgendwann mal – der Kurs hätte schon seit zehn Minuten anfangen müssen – stieß die Kursleiterin einen heftigen Schrei aus: »Ùeeeè!«. Den Ausdruck kannte ich schon. Sie wollte damit wohl die Aufmerksamkeit auf sich lenken. Ich erinnerte mich daran, dass die Fischer am Hafen oder die Gemüseverkäuferinnen an der Porta Nolana mit diesem archaischen Laut die Kunden anlockten. Ich war etwas überrascht, dass die Dame darauf zurückgriff. Als die Kursleiterin mir einen Bewegungsablauf erklären wollte, erhielt sie ungefragt lautstarke Hilfe von einer jungen grazilen Frau. Ich sei fast schon *scartellata*, d. h. hätte einen ganz krummen Rücken. Deswegen würde mir die Rückendehnung nicht gelingen.

Wenn man das erste Mal in der Stadt ist, merkt man prompt, dass die Neapolitaner Ausrufe, besonders Rufnamen, am Ende abschneiden. Von meinem Büro aus höre ich, wie sich die Mitarbeiter gegenseitig rufen: *Lucì!* (für Lucia), *Umbè!* (für Umberto). Der Gipfel wird bei Elena erreicht. Der Name lässt sich schwer abkürzen. So wird meine Assistentin einfach »E!« genannt. Diese Regel macht auch nicht vor Heiligen und Prominenten halt. Der Stadtpatron heißt einfach *San Gennà* und der Ministerpräsident des Landes *Bassolì*. Für meine Freunde bin ich einfach nur *Morè*. Übrigens, sogar in Berlin wurde ich damit angesprochen! 1996 lernte ich Sandro, einen Landsmann kennen, der zu einem meiner besten Freunde werden sollte. Als wir uns das zweite Mal zu einer Pizza trafen, war ich für ihn bereits einfach nur *Morè*. Vorsicht also, hier laufen Sie große Ansteckungsgefahr! Nach nur einer Woche in Neapel werden Sie bemerken, dass der Dialekt langsam in Ihr Italienisch eindringt. Bald fangen auch Sie an, den Hotelportier einfach *Antò* (statt Antonio) zu rufen.

Besonders »infektiös« ist die Verwendung der Höflichkeitsform. Der Neapolitaner sagt nie »Sie« (italienisch *Lei*), sondern benutzt *Voi*, die zweite Person Plural. Das »Sie« kommt den Neapolitanern hochnäsig und distanziert vor. *Voi* dagegen drückt Respekt aus, aber mit warmherziger Nähe. Schließlich seien wir nicht in Mailand, so erklären einem die Neapolitaner selbstbewusst. In der norditalienischen Metropole gehe es ums Geschäftemachen, wirtschaftliches Kalkül und kühles Auftreten. Im Süden seien dagegen Nähe und Kommunikation vorrangig. Eine Kollegin, die ein paar Jahre in Norditalien als Pressereferentin bei einer renommierten Verlagsgruppe gearbeitet hat, wunderte sich bei einer Reise außerhalb Neapels immer, dass die Menschen nicht Neapolitanisch, sondern Italienisch redeten. Bei ihrem Aufenthalt in Mailand habe sie die lockere Gesprächsart sehr vermisst.

In vielen konservativen Familien werden sogar Eltern und Verwandte in der zweiten Person Plural angesprochen. In meiner Familie wurde diese Art der Anrede eigentlich nicht angewendet. Mutter und Großmutter stempelten sie als altertümlich und provinziell ab. Eine Sprachgewohnheit einer längst untergegangenen Gesellschaft, behaupteten sie. Eines Tages hörte ich mit Erstaunen, dass mein jüngerer Bruder den Großvater mit *Voi* anredete. Mir kam das sehr altmodisch vor, wie in einem Roman aus dem neunzehnten Jahrhundert. Meine Mutter erklärte mir, dass die Sprachgewohnheit von

Mussolini stamme. Der *Duce* wusste, dass Italien vorwiegend eine Agrargesellschaft war. Deswegen schaffte er das »Sie« aus der Umgangssprache ab. Als Italien nach dem Zweiten Weltkrieg eine Republik wurde, kehrte die gesamte Nation zur dritten Person Singular zurück. Natürlich bildete auch hier Neapel die Ausnahme. Für die Süditaliener war die sprachliche Änderung zu umständlich. So machten sie unbekümmert weiter Gebrauch vom *Voi.* Seit Mitte der Neunzigerjahre erlebt die neapolitanische Mundart eine Renaissance, so auch diese Höflichkeitsform. Noch ein Beispiel für die Ansteckungsgefahr: Neulich lernte ich ein deutsch-italienisches Architektenpaar kennen. Unter sich wie mit ihren Kindern sprechen die Eheleute ein einwandfreies Italienisch. Aber wenn sie sich mit den Handwerkern unterhalten, dann spielt eine ganz andere Musik. Sogar der freundliche Deutsche legt das feinere Standarditalienisch beiseite und bringt das ganze neapolitanische Repertoire von Redewendungen und Sprüchen, einschließlich dem »Ihr«. Manchmal, insbesondere wenn ich eine ältere Person anspreche, rutscht mir selbst so ein Satz heraus.

Botschafter zwischenmenschlicher Beziehungen sind auch die Spitznamen. Weit verbreitet ist in ganz Süditalien die Gepflogenheit, Familienmitglieder, Freunde, Kollegen und Bekannte mit einem scherzhaften, mitunter auch zynischen Namen auszustatten. Der Spitzname ist ein Überbleibsel einer archaischen Gesellschaft, als oft viele Menschen den gleichen Namen trugen. Durch das Pseudonym konnte man sie voneinander unterscheiden. In der Kirche *Santa Maria della Santissima Annunziata* im Stadtteil Forcella wird mir die Geschichte vieler Findelkinder Neapels erzählt. In der imposanten Kirche war bis zum Zweiten Weltkrieg ein großes Waisenhaus untergebracht. Als es keine Verhütungsmittel gab und am laufendem Band uneheliche Kinder geboren wurden, befreiten sich unverheiratete Mädchen von ihrer Frucht der Schande am »Rad der Annunziata«, einem Holzrad, in das das Kind gelegt wurde. Die Waisen, auch »Kinder der Madonna« genannt, wurden meist auf den Namen *Esposto* oder *Esposito*, »der Ausgesetzte«, getauft. In der von Fremdherrschern regierten Stadt diente der Spitzname gleichzeitig auch als geheime Floskel bei vertraulichen Gesprächen, um unbemerkt über einen Dritten sprechen zu können. Nicht von ungefähr tragen alle Camorra-Anhänger einen Necknamen, der im Neapolitanischen auch als *strangianomme* bezeichnet wird. Durch das camorristische Pseudonym wird der reale Personenname vollkommen verändert, mitunter entstellt. Wegen seiner Ähnlichkeit zum indischen Schauspieler Kabir Bedi und seiner blutigen Verbrechen ist ein kriminelles Oberhaupt als »Sandokan« bekannt. In meiner Kindheit hörte ich einmal meine Großeltern von einem »Herren aus Neapel« sprechen. Sie unterhielten sich über einen Mafioso aus dem nahen Castellammare di Stabia. Später erfuhr ich, dass dieser auch als »Michele der Affe« betitelt wurde.

Nicht nur in der finsteren Welt der organisierten Kriminalität werden die Spitznamen angewendet. Es ist schlicht und einfach normal, Freunden und, noch öfter, Kollegen einen Kosenamen zu verpassen. Eine augenfällige Gewohnheit oder ein Tick sind ausschlaggebend, für den Spitznamen. Davon kann ich aus meinem Büroalltag ein Liedchen singen. Meine Assistentin ist eine sanftmütige und freundliche junge Frau mit dunklen Augen wie aus Schokolade. Weil sie so reizend ist, nennen sie die Kollegen *ciuciù*, Bonbon.

Und ich? Natürlich wollten mir die Mitarbeiter meinen Spitznamen nicht verraten. Ich brauche aber nicht lange zu überlegen. Es wird so etwas wie »der Plagegeist« (*la rompiscatole*) sein.

Piazza Plebiscito.
Wo die Geschichte der Bourbonen
noch so glänzt

Willkommen im *salotto buono*, in den Repräsentationsräumen der Stadt. Vor dem monumentalen königlichen Palast erweisen Ihnen mit erhabener Gebärde die Gastgeber Reverenz: acht Statuen der wichtigsten Könige Neapels, vom Normannen Roger II. (1095–1154) über den Staufer Friedrich II. (1194–1250) bis zu Vittorio Emanuele II. von Savoyen (1820–1878). Auf dem Balkon in der ersten Etage flattern die Flaggen Italiens und der Europäischen Union im Wind. Von hier begrüßte Giuseppe Garibaldi 1861 das neapolitanische Volk, als das Königreich beider Sizilien im vereinten Italien aufging. Auf der rechten Seite öffnet sich die Stadt wie eine Terrasse über die Bucht. Vor dem Anblick von so viel Blau will man fast schreien und das Meer in einer einzigen Umarmung umschließen. Vor dem Palast sind inzwischen Touristengruppen und nordafrikanische Händler aufeinandergetroffen. Geldscheine und kleine Regenschirme wechseln den Besitzer. Die Sonnenstrahlen brennen auf der Haut. Die bunten Schirme werden willkommen zum Schutz aufgespannt.

Am Abend halten zwei Limousinen mit Blaulicht vor dem Portal des Schlosses. Die Bürgermeisterin samt Gefolge gibt sich die Ehre, eine Ausstellung zu eröffnen. Ein Aufmarsch von dunklen Anzügen und Aktentaschen schreitet durch den Hof, steigt den prunkvollen Aufgang aus weißem Marmor hinauf. Im fürstlichen Flur vor dem Eingang des kleinen Hoftheaters, in dem die Ansprache gehalten wird, stehen Kellner in schwarzem Jackett und Schlips stramm hinter dem aufgebauten Büfett. Die Reden dauern über eine Stunde. Schließlich wird das Büfett eröffnet. Jetzt schnell ein *petit four* ergattern und gleichzeitig die Hand eines einflussreichen Politikers schütteln, ihn im Flüsterton an den ausstehenden Förderungsantrag erinnern.

Ein Hauch der alten Hauptstadt der Bourbonen weht bei diesen offiziellen Anlässen über den Ort. In welcher anderen Stadt Italiens finden sonst solche grandiosen Audienzen statt? Wo geschehen die geheimnisvollen Zusammenkünfte, wenn nicht im Umfeld der Piazza del Plebiscito? Wo befinden sich sonst die feinen Schneidereien, die die Herrschaften und die Damen einkleiden, die exquisiten Konditoreien, die den Empfang ausrichten, wenn nicht in Neapel? Die Könige ließen sich 1600 den kolossalen Palast vom römischen Architekten Domenico Fontana errichten, aber im Grunde genommen wohnten sie lieber in Palermo. Dennoch brauchten sie auch in Neapel ein prunkvolles Haus, für Repräsentationszwecke und Bälle. Zwei Institutionen verkörpern mit ihren dem Außenstehenden unzugänglichen Geheimnissen und den verborgenen Schätzen jene glanzvolle vergangene Welt des alten Reichs beider Sizilien: die Nationalbibliothek und das *Teatro di San Carlo*, die sich im beziehungsweise neben dem *Palazzo Reale* befinden.

Als Elisabetta Farnese 1732 stirbt, hinterlässt sie ihrem Sohn, Karl III. von Bourbon, ein immenses Vermögen: die Städte Parma und Piacenza mit herrschaftlichen Palästen im Stadtzentrum und einer Sommerresidenz. Alle Gebäude sind mit Kunstwerken überfüllt. Dabei handelt es sich um phänomenale Meisterwerke aus der Zeit der Renaissance und des

Barock: Gemälde, Marmor- und Bronzestatuen, Zeichnungen, Bücher, Porzellan, Münzen, Edelsteine, Möbel und antike Gegenstände. Als Karl 1735 König von Neapel wird, lässt er die mütterlichen Paläste leeren und organisiert einen spektakulären Umzug gen Süden. Um alle kostbaren Objekte unterzubringen, lässt er ein Schloss auf dem Hügel von Capodimonte bauen. Auch die wertvollen antiken Bände und Manuskripte finden hier ihre erste Kollokation. Anfang des zwanzigsten Jahrhunderts werden auf Anregung des Philosophen Benedetto Croce die wertvollen Buchbestände 1927 in den Palazzo Reale transferiert.

Von der Piazza Trieste e Trento geht man durch einen üppigen Garten zur Nationalbibliothek Vittorio Emanuele III. Eine große neoklassizistische Treppe führt in die oberen Etagen, Statuen von graziösen Nymphen nehmen den Besucher in Empfang. Im Katalogsaal und bei der Buchausgabe atmen wir den Duft der Geschichte. Die vergoldeten Stuckdekorationen schauen schon lange nicht mehr auf prächtige Brokatkleider, farbenfrohe Federn und Blumen auf Damenhüten. Im ehemaligen Ballsaal befindet sich der Tempel der Lektüre. Unter den Deckenmalereien der Jahreszeiten, wo einst die Angehörigen des Hofes und ausländische Gäste vor dem Ball auf die königliche Familie warteten, werden Bibliografien und Zettelkästen konsultiert, Ausleihscheine ausgefüllt und Bücher fotokopiert. An den alten Holztischen sitzen stille Wissenshungrige. Während der Verkehr unten am Meer entlang der Via Acton blökt und röhrt, ist hier nur Papierrascheln und leises Geflüster zu vernehmen. Das Geräusch der Schritte dämpfen rote, etwas lädierte Teppichläufer. Besonders beliebt ist der Lesesaal der Sektion »Lucchesi Palli«, die seltene Theatertexte und Manuskripte aus der Sammlung des gleichnamigen Herzogs beherbergt. Von ihrem Tisch aus können die Leser über eine riesige Terrasse hinaus auf das Meer schauen. Vor ein paar Jahren noch konnten sie sich dort eine Zigarettenpause im Sonnenschein unter einer grazilen Weinpergola gönnen. Mittlerweile ist die Terrasse aus Sicherheitsgründen gesperrt.

Die Bibliothek besteht aus mehreren Unterabteilungen. Sie bewahren die Raritäten auf, die von großzügigen Prälaten und aufgeklärten Adligen gestiftet wurden. Für ihre reichhaltige Sammlung von Manuskripten und Inkunabeln ist die *Biblioteca nazionale*, die drittgrößte Bibliothek Italiens, renommiert. Neben zwei Millionen Bänden werden hier über 19 000 Handschriften aufbewahrt. Zu den Juwelen der Sammlung zählen Fragmente der Evangelien in silberner Schrift auf purpurfarbenem Pergament aus dem fünften Jahrhundert, das Gebetbuch König Alfons I. mit kostbaren Miniaturen (1455), die Handschriften des Romantikers Giacomo Leopardi, der mit seinen Gedichten *Die Unendlichkeit* (1819) und *Der Ginster* italienische Literaturgeschichte schrieb. Zu den Kuriositäten der Sammlung Lucchesi Palli gehört eine Karikatur, die der famose Tenor Enrico Caruso als galante Hommage für die Nichte des Herzogs zeichnete. Vor der himmlischen Grazie der *contessina* fühlte sich der fleischige Sänger wie in einem »Paradies auf Erden«.

Schließlich werden in der Nationalbibliothek die berühmten *papiri ercolanesi* aufbewahrt, die der Vesuv-Ausbruch 79 n. Chr. unter Lava und Schlamm begrub. Die 1800 Papyrusrollen stellen sozusagen eine Bibliothek in der Bibliothek dar, denn sie stammten aus einer der ersten privaten Buchsammlungen der italienischen Geschichte, aus dem Haus des Lucius Calpurnius Piso, Julius Cäsars Schwiegervater. Der Vesuv-Schlamm konservierte sie als verkohlte Stollen. Fachleute aus der ganzen Welt arbeiteten seit 1756 daran, die fragilen Schriftstücke von Epikur, Aristoteles und Vergil wieder lesbar zu machen. Erst 2001 konnten sie vollständig entziffert werden.

Diese Bibliotheksgeschichten erzählt mir die Hispanistik-Professorin Encarnación Sánchez, als sie mich an einem heißen Sommertag durch die Sektion der Raritäten begleitet. Als wir die Glastür mit der goldenen Inschrift *manoscritti e rari* aufmachen, weht uns feuchte Salzluft vom nahen Hafen entgegen. Ein Turm des mächtigen *Castel Nuovo* erhebt sich im Fenster vor dem blauen Himmel. Am Eingang des Lesesaals sitzt ein behäbiger Vierzigjähriger in Uniform, vertieft in die Lektüre der lokalen Tageszeitung »Cronaca vera«. Als er uns sieht, verdüstert sich seine Miene. Muss es gerade jetzt sein?, vermitteln die nach unten gezogenen Mundwinkel: Möchten wir jetzt seltene Schätze in Augenschein nehmen? Dann brauchen wir eine Sondergenehmigung, weist er uns mit einer Handbewegung zurück. Einige Antragsformulare, die die Notwendigkeit der Konsultation begründen, müssen ausgefüllt werden, bevor der Bibliotheksdirektor sein Placet gibt. In dem Augenblick erscheint ein schmächtiger Herr in der Tür. »Da sind Sie endlich!«, meint er, als er Frau Sánchez sieht. Sie hatte vor einer Woche Fotoaufnahmen einer Handschrift bestellt. Diese sind nun fertig und im Untergeschoss der Bibliothek abholbereit. Angesichts der respektvollen Miene des schüchternen Mannes begreift auch der barsche Pförtner allmählich, dass vor ihm eine wichtige Persönlichkeit des akademischen Lebens Neapels steht. Encarnación Sánchez vermochte vor einiger Zeit, die verschollene Erstausgabe des »Don Quixote« (1605) in der Bibliothek ausfindig zu machen. Die sympathische Professorin kommt ins Schwärmen, wenn sie sich an das spannende Projekt erinnert. Sie wälzte alte Zettelkataloge, verglich Buchsignaturen aus zwei Jahrhunderten. Eine Mitarbeiterin wurde von der Leidenschaft angesteckt. Aus den Magazinen holte sie noch ältere Karteikästen. So konnten die Buch-Detektivinnen den fünfzehn mal zwanzig Zentimeter kleinen Band im gewaltigen Bestand der Nationalbibliothek ermitteln. Beim Übertragen der Titel von einem Zettelkasten in einen anderen hatte man vor hundert Jahren das Kleinod schlicht und einfach vergessen. Nur zwölf Ausgaben davon existieren auf der ganzen Welt. Jetzt müssen Leihscheine ausgefüllt werden wie vor dreißig Jahren, um den alten Quixote einzusehen. Frau Sánchez kennt sich gut aus, in ein paar Sekunden hat sie die Angelegenheit erledigt. Schon zieht sie mich am Arm und führt mich in den kleinen Raritäten-Lesesaal. An den Wänden sind riesige verschlossene Holzschränke aufgestellt. Die Türen sind mit dichten Stoffvorhängen bedeckt, um die Handschriften vor dem pulverisierenden Sonnenlicht zu schützen. Am ovalen Holztisch sitzen mehrere junge Leute, einige davon tragen weiße Baumwollhandschuhe, wenn sie in den antiken Büchern blättern. Hier wird dem Klischee des polternden Neapolitaners die Kraft genommen. Jede Bewegung ist für die Forscher eine Störung, sie gucken uns ernst und missbilligend an. Die quirlige Encarnación erzählt gerade, dass die Neapolitaner die Leidenschaft für das Buch sehr ernst nehmen. Die Abteilungsleiterin taucht auf, herzliches Händeschütteln. Sie bittet uns, im nächsten Zimmer an ihrem Schreibtisch Platz zu nehmen. Unter der Glasplatte eine Landkarte des Königreichs Neapel von 1738. Das Baujahr des Schlosses Capodimonte, ein Jahr davor war das Theater *San Carlo* eröffnet worden. Immer wieder stößt man in Neapel auf solche geschichtlichen Querverweise.

Obwohl die besonderen Kostbarkeiten in einem Safe aufbewahrt werden, liegt nach einer knappen Viertelstunde Wartezeit seine Majestät Cervantes in altem Ledereinband vor unseren Augen. Es sei ein Privileg, dieses Buch sehen zu können, sagt die Abteilungsleiterin, der Professorin zugewandt. Wenn auch das Frontispiz vermutlich wegen der vielen Leserhände fehlt, weiß man, dass es sich um die erste Ausgabe handelt. Auf Anweisung der Inquisition musste Cervantes einige Änderungen in der zweiten Ausgabe vornehmen. Ein roter Stempel mit einer Krone und dem Akronym *BR* (*Biblioteca reale*) zeigt, dass das Buch dem König gehörte. Am Rande einiger Seiten des Buches hat ein antiker Leser Anmerkungen mit der Feder hinterlassen. »Ojo!«, Auge! An dieser Stelle ist Vorsicht geboten. Auf einer anderen Seite ist ein Ritter mit der gestickten Halskrause des 17. Jahrhunderts gezeichnet. Bevor wir den Lesesaal verlassen, wird mir eine alte Ausgabe des »Don Quixote« auf Deutsch gezeigt, gedruckt 1800 in Königsberg. Die illustrierte Taschenbuchausgabe in sechs Bänden gehörte Marie Sophie Amalie, Herzogin von Bayern und letzte Königin beider Sizilien.

Nun wollen wir die Aufnahmen abholen. Über eine eiserne Wendeltreppe steigen wir ins geheimnisvolle Herz der Bibliothek: vor uns mit Büchern gefüllte Regale, so weit das Auge reicht. Wie in einem kafkaesken Traum, in dem sich stets die gleiche Sequenz wiederholt, erstreckt sich ein schmaler Flur durch immer gleich aussehende Räume. Im letzten Saal ist der technische Dienst untergebracht. Die kahlen Wände sind mit Tafeln einer Ausstellung über den Dichter Salvatore Di Giacomo geschmückt. Der Fachmann gerät aus dem Häuschen, als ich mich über die Bilder informieren möchte. Er ist ein großer Verehrer von Di Giacomos Gedichten, nicht nur, weil der Autor jahrelang in dieser Bibliothek arbeitete und schließlich ihr Leiter wurde. Jeder könne Lieder wie *Marechiaro* und *Era de maggio* singen, aber kaum ein Neapolitaner erinnere sich heute an die wunderbare neapolitanische Feder.

Wie die Nationalbibliothek ist auch das *Teatro di San Carlo* eine Welt für sich. Für die Mitarbeiter ist das Opernhaus eine dunkle Festung, in die sie morgens eintreten und aus der sie erst abends bei Dunkelheit wieder herausgehen. Nie sehen sie das Sonnenlicht, höchstens in der Zigarettenpause. Jeden Tag sieht man die *san carlini*, wie die Theaterangestellten genannt werden, vor dem Bühneneingang in Gruppen tuscheln. Am Nachmittag erscheinen grazile Mädchen. Die Haare zu einem Dutt gebunden, gehen die Tänzerinnen der angesehenen Ballettschule des Theaters kerzengerade und selbstbewusst zur Probe. Die 400 Beschäftigten des ältesten Theaters Europas bezeichnen sich als eine große Familie. Sie haben guten

Grund dazu. Nicht nur bei gewerkschaftlichen Kontroversen halten sie zusammen. Wenn eine Pause zwischen zwei Akten gestrichen wird, gehen sie auf die Barrikaden, denn mit der Arbeitszeit verringert sich auch ihr Gehalt. Die Gewerkschaften sind stark, da müssen Oberintendant und Regisseur einlenken. Und die Kraft der familiären Bande ist vor allem an der Verteilung der Arbeitsstellen zu erkennen. Die Posten der Maskenbildnerin, der Hutmacherin wie des Schreiners und Elektrikers werden vom Vater zum Sohn beziehungsweise an die Tochter weitergereicht. So stammt zum Beispiel die Friseuse aus einer alten Coiffeur-Familie, die seit drei Generationen für das Opernhaus arbeitet. Bereits als Kind lernte sie nach der Schule, aus Kunst- und Echthaar Perücken zu nähen. Zunächst war es der Großvater mit seinen Hüten und Perücken, der im Dienste des *Teatro di San Carlo* stand. Später fing der Vater an, beim Nähen und Stanzen zu helfen. Dann brach der Zweite Weltkrieg aus, und der junge Mann musste als Soldat an die Front. Er fiel in englische Gefangenschaft und wurde erst Ende 1945 freigelassen. Neapel war zu dieser Zeit unter amerikanischer Besatzung. Keiner wollte mehr an die Angst und an die Bomben während des Krieges denken. Die Erinnerung an die tragischen Tage streiften sich die Neapolitaner wie eine zweite Haut vom Leib ab. Weil die amerikanischen Soldaten durstig nach Unterhaltung waren, wurden Verdis Opern am *San Carlo* neu inszeniert, und der zurückgekehrte Soldat konnte seine Arbeit am Nähtisch hinter der Bühne wieder aufnehmen.

Als die Tochter den Wunsch äußerte, selbst auch für das Theater arbeiten zu wollen, warnte der Vater sie mit ernsten Worten. Denn Theater sei ein Job, bei dem man keinen Feierabend und kaum freie Wochenenden habe, sondern eine zeitintensive Passion. Abends und an Feiertagen steht nun die liebenswürdige Maskenbildnerin vor und während der Aufführung hinter der Bühne und achtet aufmerksam darauf, dass die Frisur gut sitzt. Auch bei Sängerinnen mit prachtvoller

Haarmähne sei eine Perücke notwendig, sagt sie leise, als ob sie ein tiefes Geheimnis enthüllen würde. Zwei Mal im Jahr trifft sie einen Fachmann, der ihr Strähnen von kastanienrotem und nachtschwarzem Echthaar vorführt. Am schönsten seien die echten Mähnen, denn sie eigneten sich für die trockene Luft des Theaters am besten. Wenn sich im Sommer *il San Carlo* im Amphitheater der Ausgrabungen in Baia präsentiert, greife sie auf Kunsthaar zurück, denn die laue, feuchte Luft des Meeres lasse jeden Haarschnitt kräuseln. Lola aus der »Cavalleria Rusticana« komme vor Anspannung heulend zu ihr. Da dürfe nicht einmal ein Härchen schief sitzen, sagt Stefania verständnisvoll.

Die große Sorgfalt im Detail, der Prunk von Kostümen und Bühnenbildern lassen bereits beim ersten Besuch erahnen, dass das San Carlo anders als *La Fenice* oder *La Scala* das Theater eines untergegangenen königlichen Hofes ist. Während die Opernhäuser in Mailand und Venedig die sozialen Ambitionen des aufgeklärten Bürgertums ausdrückten, huldigte man am neapolitanischen Theater extravagantem Pomp und verschwenderischem Luxus. Opulenz und überschwängliche Sinnlichkeit charakterisierten das Leben eines Gioacchino Rossini, der 1817 seine spanische Liebhaberin Isabella Colbran mit der »Armida« zur einzigen Primadonna Neapels machte.

»Im ersten Augenblick fühlte ich mich in den Palast eines orientalischen Herrschers versetzt. Meine Augen sind geblendet, meine Seele ist entzückt«, schrieb der Romancier Stendhal nach einer Aufführung 1817. Noch heute überkommt den Besucher beim Anblick der mit rotem Samt ausgestatteten Logen und Sitze, der prächtigen vergoldeten Ornamente ein ähnliches Gefühl. Oder ist es der Duft von Eau de Cologne der mit Schmuck und Pelz behängten *signore*, der einen so betört?

Man kennt die Stadt nicht, wenn man nicht einen Abend im Teatro di San Carlo war, sagen die auf ihr Theater stolzen

Neapolitaner. Die Eröffnung der Opernsaison ist in der Stadt das Ereignis *per eccellenza*. Politiker und Schauspielerinnen, Fußballer und Models steigen an diesem Abend in der Via di San Carlo aus dunkelblauen Mercedes- und BMW-Limousinen, die in zweiter und dritter Reihe vor dem Eingang parken. Letztes Jahr kam sogar Ex-007 Sean Connery zur Premiere. An diesem Abend ist es zwecklos auf den Bus zu warten (vor der Haustür des San Carlo befindet sich eine wichtige Haltestelle für viele Buslinien). Der Verkehr ist von der glanzvollen Starparade blockiert. Das mondäne Event lässt aber die feinen Neapolitanerinnen die Überlebensregeln im metropolitanischen Dschungel nie vergessen. Erst wenn sie die Türschwelle des Theaters betreten haben, holen sie verstohlen aus der Jackentasche des Ehemanns das echte Diamantenarmband heraus. Im San Carlo gilt vor allem Sehen und Gesehen werden. Parkett und Loge sind die eigentliche Bühne an diesem Abend und das Publikum die wahren Schauspieler. Vor der Aufführung üben die Damen das »Who's who« Neapels. Es wird nach rechts und links geschaut: Wer sitzt heute Abend in der Ehrenloge? Ist der Herr neben dem Ministerpräsidenten nicht ein Hollywoodstar? Der kultivierte, alte neapolitanische Herr seufzt enttäuscht. Er vermisst die Smokings. Die meisten Herren tragen nämlich blaue und dunkelgraue Anzüge. Und über die Jugend ist er auch nicht glücklich. Wenn die Lichter gedimmt werden, taucht aus der Tasche des Jacketts das Libretto als Computerausdruck auf. Und mit Hilfe der Handybeleuchtung kann ihm während der Aufführung gefolgt werden. Zumindest hat der junge Mann daran gedacht, die Stummschaltung zu aktivieren.

Später in der Pause wird auf dem kühlen Marmor des langen Foyers flaniert. Luxuriöse Roben werden in Augenschein genommen und kommentiert. Der Oberintendant und der künstlerische Leiter gehen von einer Gruppe zur anderen, bezaubernd lächelnd und händeschüttelnd, die Kulturdezernentin wird auf die Wange geküsst, der einflussreiche Politiker unter dem Arm genommen. Schließlich geht es hier um die Finanzierung des hochverschuldeten Theaters. Die Suche nach Sponsoren in der Wirtschaftsmetropole Mailand wurde von den lokalen Politikern in der Presse groß angekündigt. Ob sie es tatsächlich tun werden, verrät ein Funkeln in manchen Augen. Einige beklagen sich über die Unordnung der Stadt. Bevor man das Theater erreicht, muss man sich aus dem Chaos des Bahnhofsvorplatzes Garibaldi herauswinden, an Müllbergen vorbeischreiten und das Leben im dichten Verkehr aufs Spiel setzen. Aber war es nicht schon vor hundert Jahren so? Doch trotz aller Probleme strahlt der Ruf des *Teatro di San Carlo* wie ein Fixstern. Den Müll und die Jugendkriminalität will das mondäne Neapel an diesem Abend vergessen.

Der Gong erinnert daran, dass die Pause vorbei ist. Wenn sich ein Herr beim Austrinken des Campari verspätet, ist es auch kein Problem. Reizende Platzanweiserinnen öffnen unauffällig die Tür zur Loge, wenn die Sopranistin gerade einen hohen Ton singt oder Beifall geklatscht wird. Im *San Carlo* ist man geduldig. Man weiß, dass die Pünktlichkeit nicht gerade zu den Stärken der Neapolitaner gehört.

Aber vergessen Sie dies alles jetzt. Eine Karte für eine Premiere werden Sie schwer auf dem freien Markt finden. Zu den Gewohnheiten der gutbürgerlichen Familien gehört es, sich jedes Jahr ein Abonnement zu kaufen. Viele der 184 Logen stehen quasi im Besitz alteingesessener neapolitanischer Familien, in denen das Theaterabonnement vom Großvater an den Neffen weiter vererbt wird. Einige meiner Bekannten besetzen bereits in der vierten oder sogar fünften Generation die gleiche Loge. Eigentlich beneiden sie die Zuschauer, die eine Karte für die Galerie oder das Parkett gekauft haben. Denn die Logen sind recht unbequem. Wer nicht rechtzeitig erscheint, muss die Inszenierung aus der zweiten Reihe verfolgen, etwa durch die blassen Haarringel der Cousine.

Während drinnen schrille Tonlagen erklingen, sitzen draußen, auf den Steinbänken vor dem Palazzo Reale, junge Mütter aus dem Spanischen Viertel und dem Pallonetto, während sich ihre Kinder beim Fußballspielen auf dem Platz austoben. Einige Kinder spielen Versteck unter der Säulenhalle der Kirche San Francesco di Paola. Und wenn sie müde sind, tuscheln sie sitzend auf den Treppenstufen. Andere dagegen ruhen sich auf dem Rücken der augenlosen steinernen Löwen aus. Der Bühnenvorhang des lauen Aprilabends senkt sich über die Stadt.

'O pallone.
Fußball

»San Gennà miettece A mana toja!« Das weiße Transparent mit der an den Heiligen gerichteten Aufforderung hängt an der Porta San Gennaro, dem Stadttor mit einem Gemälde von Luca Giordano, wo die Via Foria in die Via Duomo führt. Die Fußballfans rufen den Stadtpatron an, seine Hand schützend über sie zu halten, damit Napoli den Sprung in die *serie A*, die Erste Liga, schafft. Die letzten sechs Jahre waren eine lange Durststrecke für die Fans des neapolitanischen Fußballklubs. 2001 rutschte die Mannschaft der drittgrößten Stadt Italiens in die Zweite Liga ab. Der Klub verlor zahlreiche Fans. Bald musste er Konkurs anmelden und stieg schließlich in die Dritte Liga ab. Minderwertigkeitskomplexe beherrschten in dieser Zeit die Gemüter der Neapolitaner, die sich an Diego Armando Maradona wie an einen Herkules erinnerten. Mit der *Mano di Dio*, der Hand Gottes, war es der Mannschaft in den späten Achtzigern gelungen, den *scudetto*, die erste Meisterschaft ihrer Geschichte zu erobern. Für viele gleichen diese Jahre einer unwiederbringlich vergangenen goldenen Ära, einem verlorenen Paradies. Ein Neapolitaner konnte damals einem Mailänder in die Augen schauen und sich ebenbürtig

fühlen, so wird mir versichert. Damals wie heute versuchen die Einwohner, die chronischen Probleme Neapels durch die Erfolge im Fußball zu vergessen: der Fußball als Lichtblick in einer Stadt, die seit jeher immer mit der düsteren Tinte der Unordnung und des Schmutzes beschrieben wird.

Sogar für jemanden wie mich, der sich für Fußball nicht sonderlich interessiert, ist an manchen Tagen die Bedeutung dieses Sports für die Neapolitaner offensichtlich. An einem Frühlingsnachmittag 2007 streife ich ahnungslos durch die Gassen hinter der Riviera di Chiaia. Wegen der milden Temperaturen stehen viele Erdgeschosswohnungen offen. Das Bild, das sich mir beim Blick hinein bietet, ist immer gleich: Männer sitzen um einen Tisch und starren gebannt auf den Bildschirm des Fernsehers. Dass es an diesem Nachmittag im Stadion San Paolo ein wichtiges Aufstiegsspiel gibt, wird mir erst später klar: An einer Kreuzung spricht ein älterer Herr aufgewühlt einen Taxifahrer an, der laut Radio hört. Der Alte schreit: »Wie steht's mit Neapel?« – »*Bbuono, bbuono*, gut: eins zu null.« Der Herr und ich können jetzt beruhigt weiter auf den Bus warten.

Am nächsten Tag sind in den lokalen Zeitungen neben Berichten aus dem Stadion kuriose Äußerungen von prominenten Söhnen und Töchtern Neapels zu lesen, die den Aufstieg der Mannschaft in die Erste Liga mit Inbrunst erwarten. So verspricht beispielsweise Sophia Loren der rosafarbenen *Gazzetta dello Sport*: Wenn es Neapel in die Erste Liga schaffen sollte, vergesse sie ihre 72 Jahre und schenke allen Fußballfans einen Striptease. Die Liebe der charismatischen Diva zum Fußballverein ihrer Stadt ist wirklich groß. Übrigens hängten auch meine Mitarbeiter ein Bild von Diego Armando Maradona auf, an den Schrank in der Teeküche.

Und Mitte Juni ist es endlich so weit. Tatsächlich schafft Neapel den Sprung, im letzten Liga-Spiel, auswärts in Genua. An diesem Sonntagnachmittag wiederholen sich Freudenszenen, die an den Sommer 1987 erinnern, als Neapel zum ersten

Mal die Meisterschaft gewann. Heute wie damals faszinieren mich die Fanartikel, Symbole der Liebe zum *calcio napoletano*: Mützen, Schals, Fahnen und Fähnchen. Vor zwanzig Jahren wurden überall, auf dem Wochenmarkt wie im Kaufhaus, »Maradonas Perücken« verkauft: gelocktes glänzendes schwarzes Kunsthaar, das jeden Neapolitaner im Nu zum Double des argentinischen Fußballgottes machte. Selbst in die Schule kamen die Jugendlichen mit diesem Toupet, und keiner der Lehrer störte sich an diesem Anblick. Der Nachbar meiner Eltern, der sich im Viertel stets durch seine exzentrischen Ideen ausgezeichnet hat, kaufte sogar eine Perücke für seinen Hund. Wochenlang lief der Deutsche Schäferhund so im Garten herum und bellte jeden Passanten aggressiv an. Mein Vater wollte schon die *Protezione animali*, den Tierschutzverein, alarmieren. Als Maradona von den Neapolitanern in einem Triumphzug durch die Straßen getragen wurde, erhellten Tausende Feuerwerke den Himmel, Trompeten ertönten, Hunde, mit und ohne Perücke, bellten. Mein Vater verzichtete auf seinen Anruf.

Zu Ehren Maradonas hatte jemand ein hellblaues Kondom mit der zehn, seiner Spielernummer, auf den Markt gebracht. Ich kenne niemanden, der zugegeben hat, darauf zurückgegriffen zu haben. Aber die Kinder meiner Nachbarn machten großen Gebrauch davon: Vom Balkon aus warfen sie die mit Wasser gefüllten Präservative auf die vorbeifahrenden Autos.

Über den Ladentisch gingen auch kleine Flaschen mit himmelblauem Etikett. Sie erinnerten an die Andenken mit Weihwasser, die an manchen süditalienischen Wallfahrtsorten gegen eine Offerte angeboten werden. Anstelle der Heiligen Jungfrau mit ausgebreitetem Mantel war auf dem Etikett der kleinen neapolitanischen Plastikflaschen das Foto eines bekannten Medientycoons zu sehen. Der Text darauf lautete: *Berlusconis Tränen*. Neapel hatte dem AC Mailand, dem Klub des reichen Unternehmers, den Sieg gestohlen.

Beim besten Willen fällt mir kein Mann ein, den die Neapolitaner so geliebt haben wie Diego Armando Maradona. Nach dem Erdbeben von 1980, das eine tiefe wirtschaftliche und politische Krise der Stadt einleitete, sahen viele in Diego Armando Maradona die einzige Rettung aus der Misere. Maradona symbolisiert *il riscatto della città*, die Befreiung Neapels. Warum lieben die Neapolitaner heute immer noch ihren Diego Armando Maradona, trotz seiner Drogenexzesse und Skandale? Kein Zweifel, Maradona war ein herausragender Spieler. Diese emotionale Bindung der Neapolitaner hat aber noch tiefere Gründe. Maradona versinnbildlicht gewissermaßen den modernen Typus des schlauen Pulcinella, der nicht mehr traurig ist und dem es gelingt, aus ärmlichen Verhältnissen auf den Olymp der Stars zu gelangen. Er verkörpert den ewigen Traum des Neapolitaners: von den dunklen Souterrains, den *bassi*, zum Sonnenlicht der edlen Palazzi der Promenade emporzusteigen. Er will die Liebe und die Bewunderung der Frauen, die Achtung und den Neid der Männer genießen.

Freilich haben solche Vergleiche immer etwas Reduktives an sich, doch hilft dieses Bild, uns einem typischen Wesenszug des neapolitanischen Gemüts anzunähern: Der Neapolitaner oszilliert stets zwischen dem Bedürfnis nach Bewunderung, nach reellem und metaphorischem Sonnenlicht, und dem Stolz auf die eigene Herkunft.

Der Journalist Sergio schwärmt: Diego Armando Maradona war sozusagen ein *napoletano al cubo*, ein Neapolitaner hoch drei, mit allen Stärken und Schwächen: großzügig aber auch unbeständig, lebhaft und bequem, leichtlebig und defätistisch zugleich, ein ehrlicher junger Mann mit phänomenalen Fähigkeiten.

Als Maradona Jahre nach seinem Aufenthalt in Neapel und der Rückkehr in seine Heimat Argentinien wegen eines Herzinfarktes ins Krankenhaus eingeliefert wurde, teilten ihm die Neapolitaner im Stadion mittels Transparenten ihre Solidarität mit. Auf einem stand *Riprenditi, the King!*, Erhol Dich, König!

Raimondo Di Maio, den Sie schon in einem der vorigen Kapitel kennengelernt haben, meint, Maradona sei für Neapel so etwas wie der letzte Heilige gewesen. Nur ihm hätten die Neapolitaner geglaubt. Der Verleger und Buchhändler wohnt im Bezirk Fuorigrotta, in unmittelbarer Nähe des Stadions *San Paolo*. Er erzählt mir von der Aufregung der Sonntage mit Maradona auf dem Feld. Es sei ein Dröhnen von der Sportarena zu hören gewesen: »*Huuuu, huuu, huuuu*«, jault er. Dabei bewegt er die Hände wie eine flackernde Fledermaus und bildet damit das Kreischen der Stimmen nach. Nicht nur die Luft schien elektrifiziert. Es sei wie kurz vor einem Vulkanausbruch gewesen, die Erde bebte beinahe. Jedenfalls vibrierte der Fußboden seiner Wohnung so stark, dass er gezwungen gewesen sei, auszugehen. Kurz und gut: Er habe ein Abonnement kaufen müssen, denn zu Hause sei es nicht auszuhalten gewesen. Raimondo gehört zu jener Sorte von engagierten Neapolitanern, die ihre Stadt aus tiefster Seele lieben und unter dem Elend, der permanenten Notlage, leiden. Nach dem Spiel seien die Leute fröhlich gewesen: *baci e abbracci*, auch Fremde hätten einen umarmt und geküsst. Jetzt sei alles ganz anders geworden. Heute ist im Stadion die Frustration der Jugend zu spüren. Junge Männer kommen, betrunken und bekifft. Das ganze Spiel hindurch machen sie nichts anderes als Joints drehen. Für einen Vater, der mit seinem kleinen Sohn das Spiel besucht, sei dies ziemlich unangenehm. »Was machen die, Papa?« – fragt der Sohn. »*Niente 'a papà*, nichts, mein Lieber«, antwortet der Vater auf die klassisch-neapolitanisch beschwichtigende Art.

Der Fußball war früher für die Neapolitaner ein Moment des sozialen Einklangs. War man nicht Nachkomme einer wohlhabenden Familie, die den Kindern den Einstieg ins berufliche Leben erleichterte, so war das Stadion der Ort, wo man sich als Protagonist fühlen konnte. In der Gruppendynamik ging der Einzelne auf. Heute hat die Jugend andere Muster, sagt Raimondo. Dabei wirkt seine Gesichtshaut noch blasser als gewöhnlich. Die Augenlider sinken nach unten, seine schwarzen Augen suchen Trost und Bestätigung. »Was gibt diese Stadt jungen Leuten?« Junge Männer hätten heute kein Ziel mehr, kein Lebensprogramm. Ihre Träume würden sie sich von den Reality-Shows der Privatsender vorgaukeln lassen. Er spricht mit der intelligenten Resignation des Neapolitaners, der an den sogenannten *Nuovo rinascimento napoletano*, an die Wiedergeburt der Stadt geglaubt hat, aber dann alle Hoffnungen enttäuscht sah.

Abgesehen von zwei Stadien, dem oben genannten *Stadio San Paolo* und dem *Stadio Collana* im Viertel Vomero, fehlen in Neapel Jugendvereine sowie Sport- und Kinderspielplätze fast völlig. Die Universität Bologna hat neulich in einem ausführlichen Bericht die Lebensqualität in den verschiedenen Regionen und Städten Italiens untersucht. Zu den gemessenen Faktoren gehörte auch die Zahl der Sportanlagen. In Nord- und Mittelitalien gibt es durchschnittlich 2,5 Sportvereine und -plätze je tausend Einwohner, in der Alpenregion Val d'Aosta sind es sogar vier. Neapel rangiert dagegen auf dem letzten Platz der Statistik mit -2,07. Sogar in Städtchen der kargen Regionen Kalabrien und Apulien seien die Einwohner bessergestellt als in Kampanien.

An dem Sonntag, als Neapel den Schritt in die Erste Liga schafft, besuche ich Freunde auf Ischia. Auch auf der Insel wie in anderen Städten Kampaniens blockieren Autokorsi alle Wege. Die Autos stehen im Stau. Es sind nicht nur männliche Fans, die die Mannschaft ihres Herzens feiern. Auch Familien mit kleinen Kindern und Großmütter sitzen im Auto und singen euphorisch, hupen, betätigen Gastrompeten und blasen in Trillerpfeifen. Einige haben Lautsprecher auf dem Dach des Wagens angebracht, aus denen die Hymnen der Fußballfangemeinde dröhnen: *Napoli, napoli, napoli, forza, napoli, napoli, napoli, Alè alè, oho, alè alè oho.* Mütter bleiben mit ihrem Kinderwagen am Straßenrand stehen und betrachten belustigt das

Spektakel. Sogar die Babys bewegen sich im Rhythmus der Schlager.

Als ich später wieder in Neapel ankomme, bietet sich von der Fähre aus eine unwirkliche Szene. Die ganze Straße vor dem Hafen ist von Autos, Motorrädern und Vespas verstopft. Statt eines Helms tragen viele Motorradfahrer trotz der hohen Temperaturen eine himmelblaue Plüsch-Perücke (den Abkömmling der argentinischen Lockenmähne). Die Fahnen des Fußballklubs haben sie sich um die Schultern gelegt wie mittelalterliche Ritter ihren Mantel. Auf dem Hügel des Posillipo wie in der Innenstadt werden Feuerwerke angezündet. Von vielen Balkonen hängt eine hellblaue Fahne mit einem »N« in der Mitte. In den kleinen Gassen sind Wimpel und Schleifen von Balkon zu Balkon über die Straße gespannt. Überall sieht man auch ein überdimensionales A, das auf die Serie A, die erste italienische Fußballliga, verweist. Sogar vor dem Rathaus wird nach dem Sieg eine riesige hellblau-weiße Flagge entrollt. Eine ganze Stadt im Freudentaumel.

An diesem Abend werden die Widersprüche Neapels besonders augenfällig. In kürzester Zeit konzentriert sich am gleichen Ort Freude und Großzügigkeit einerseits, Kriminalität und Korruption andererseits. Ich erwarte Besuch aus Düsseldorf. Als die junge Familie mit Kind und circa acht Gepäckstücken am Flughafen Capodichino ankommt, erklärt ihnen der Taxifahrer, dass es wegen des Autokorsos der Fußballfans schwierig sei, die Innenstadt zu erreichen. Circa drei Kilometer vor dem Ziel, als der Wagen sich schon seit einer guten Stunde durch das Verkehrschaos zu schieben versucht, gibt der Taxifahrer auf und versucht meinen ahnungslosen Freunden, die ihre Reise nach Neapel für den heutigen Tag vor Monaten gebucht hatten, mitzuteilen, dass die Fahrt hier ende. Sie müssten allein zu Fuß weiter. Aus Kulanzgründen würde er sogar auf einen Teil seiner Bezahlung verzichten. Dann sieht er meine perplexen Freunde mit dem dreijährigen Sohn im lärmenden Durcheinander neben ihren zwei Rucksäcken, drei Koffern, dem Kindersitz und etlichen Taschen am Straßenrand stehen. Das muss offensichtlich sein Herz erweicht haben. Er streichelt das Haar des Kindes, das versucht, seinen kleinen gelben Trolley allein zu schieben. Er nimmt zwei Koffer und bietet sich als Taschenträger an.

Während der altruistische Taxifahrer die Düsseldorfer Familie zwischen den lärmenden Fans hindurchführt und darauf achtet, dass kein Gepäckstück verloren geht, wird direkt vor meiner Haustür eine Boutique geplündert. Diebe haben sich unter die feiernde Menge gemischt. Mit einer Eisenstange brechen sie das Geschäft auf und laden sogar die Passanten ein, selbst reinzukommen und Ware mitzunehmen. Am nächsten Tag drucken die Zeitungen neben den Fotos von der Feier das Bild eines Mannes ab, der mit einer Schaufensterpuppe unter dem Arm gerade den Laden verlässt. Als die Polizei eintrifft, bewerfen die Einbrecher sie mit Kleidungsstücken. Sogar Arme und Beine der Schaufensterpuppen fliegen durch die Luft.

Andere Fans werden zu Autodieben: In den Vierteln Chiaia und Vomero werden zahlreiche Wagen geklaut. Die Fans fahren damit durch die Stadt, bis kein Benzin mehr im Tank ist. Dann schieben sie das Fahrzeug an den Straßenrand und malen es himmelblau an. Einige Autos an der Promenade Caracciolo werden in Brand gesetzt.

Am nächsten Tag titeln die Zeitungen »Es wird Fest genannt.« Für einen Tag haben die Einwohner die Probleme ihrer Stadt vergessen.

'A camorra.
Die verkehrte Welt

Der Name *camorra* haftet an Neapel wie ein klebriges, schmutziges Etikett. In den letzten Jahren ist die Stadt am Mittelmeer zu einem Synonym für blutige Familienfehden, Drogenhandel und illegalen Wohnungsbau geworden. Spätestens seit dem Buch »Gomorrha. Reise in das Reich der Camorra« des Journalisten Roberto Saviano weiß man aber, dass die organisierte Kriminalität längst kein ausschließlich süditalienisches Phänomen ist. Raffinierte Netzwerke des Verbrechens haben sich in ganz Europa entwickelt. Mitglieder krimineller Organisationen agieren in Neapel genauso wie in Mailand, Duisburg und Stettin. Deswegen sprechen die Fachleute heute in Italien nicht mehr von *camorra*, sondern vom *Sistema*. Wie Saviano schreibt, ist in den Zeiten des globalisierten Kommerzes die Bezeichnung *camorra* veraltet. Sie ruft das falsche Bild des ungebildeten, primitiven Paten hervor, der autoritär über seinen Clan regiert. Das Klischee trägt der brutalen Realität keine Rechnung. Die delinquenten Organisationen, die sich von Sizilien über Kalabrien und Kampanien bis nach Schottland erstrecken, sind als Großkonzerne des Verbrechens zu betrachten, sie verfügen über Umsätze, die mitunter die Bilanz eines europäischen Staates erreichen können.

Trotz der Schreckensmeldungen sieht der Alltag am Fuß des Vesuvs auf den ersten Blick nicht anders aus als in jeder anderen Großstadt, in der man sich vor eventuellen Diebstählen von Taschen und sonstigen Wertgegenständen hüten muss. Es sei zu Anfang gesagt, dass es die *camorra* nicht auf Touristen abgesehen hat. Sie übt gezielte Morde immer dann aus, wenn es um die Machtverteilung im Territorium geht. Abgesehen von den alarmierenden Schlagzeilen bekommt der fremde Besucher von der frevelhaften neapolitanischen *demimonde* wenig mit. Freunde oder das Hotelpersonal raten von Rundgängen in bestimmten Vierteln wie La Sanità und Forcella lieber ab, genauso empfehlen sie einem, weder Schmuck noch Fotokameras zur Schau zu stellen.

Die Experten unterscheiden zwischen dem camorristischen *Sistema* und der Jugendkriminalität. Die sogenannten *babygangs*, jene rabiaten Adoleszenten, agieren nicht nur in Neapel, sondern auch in anderen Städten Europas, in etwa in den Banlieues in Paris. Doch kann es hier in Neapel vorkommen, dass ein junger Gruppenchef ins »System« aufsteigt und beispielsweise die Kontrolle über den Drogenhandel in einem bestimmten Kiez übernimmt. Anders als die Mafia, die streng hierarchisch gegliedert ist, hat die *camorra* eher eine horizontale, flüssige Struktur. In bestimmten Vierteln können bis zu drei Mal in einer Woche neue Allianzen geschlossen werden. Ein neuer Bandenführer steigt auf, gleich darauf verschwindet er, wird verhaftet oder von rivalisierenden Gruppen beseitigt.

Aber wie fühlen und denken die Neapolitaner heute, wenn von *camorra* die Rede ist? Durch das neapolitanische Leben geht gewissermaßen eine Zäsur. Laut den Statistiken gehören etwa zwanzig Prozent der Bevölkerung von Neapel und Umgebung der organisierten Kriminalität an beziehungsweise verdienen ihren Lebensunterhalt durch illegale Aktivitäten. Der Großteil der Bevölkerung hat präzise Kenntnis darüber, wer der camorristischen Unterwelt angehört. Fragt man aber einen Neapolitaner, ob er persönlich einen *camorrista* kennt, wird diese Frage meist verneint. Viele schüttelten den Kopf und nahmen einen verdutzten Gesichtsausdruck an, als ich sie danach fragte. Keiner wollte sich offenbaren. Tatsache ist, dass jeder immer Bescheid weiß, ob zum Beispiel der Nachbar Kontakte zur *camorra* unterhält, ob er womöglich selbst ein Boss ist oder welche Geschäfte in der Innenstadt von der organisierten Kriminalität kontrolliert werden. Grundsätzlich gilt für die meisten, solche Orte und Personen zu meiden. Trotz dieser Vorsicht ist es oft unvermeidlich, dass man unbeabsichtigt mit der *camorra* in Berührung kommt.

Eine junge Frau, die vor einiger Zeit ein Praktikum in meinem Büro absolvierte, erzählte mir eines Tages von ihrem »sicherlich nicht unschuldigen« Nachbarn, einem Mann von gewaltiger Korpulenz, der über den ganzen *parco* regiert. Der Ausdruck bezeichnet jene Neubausiedlungen, die in den Sechziger- und Siebzigerjahren zum Beispiel im Bezirk Fuorigrotta, am Hang des Vomero- oder des Posillipo-Hügels errichtet wurden. Um sich vor Fremden und Einbrechern zu schützen, wurden die enormen Häuser mit hohen Mauern und Gittern umzäunt. Jeder kennt hier jeden und weiß über alltägliche Gewohnheiten des Nachbarn Bescheid. Der Hausnachbar der Praktikantin hat in kurzer Zeit über die Hälfte der Wohnungen in der Siedlung gekauft. Somit bestimmt er *de facto*, wer in den kleinen Kiez einziehen darf. Sein Einfluss erstreckt sich sogar auf die benachbarten Wohnungen, die ihm (noch) nicht gehören. Schon mancher Eigentümer sei gezwungen gewesen, den bereits unterschriebenen Mietvertrag zu kündigen, weil der neue Mieter dem Boss nicht passte. Im *parco* sei es aber immer ruhig gewesen, vertraut mir die junge Frau an, weder Einbrüche noch Autodiebstähle seien zu vermelden gewesen. Ob die angrenzenden Läden Schutzgeld zahlen, weiß die junge dunkelhaarige Neapolitanerin nicht. Laut der *vox populi* würden alle Läden in Neapel je nach Stadtlage den *pizzo* an die *camorra* entrichten. Dann lächelt sie verschämt und meint, besonders an ihrer Familie habe der camorristische Häuptling gehangen. Sie habe seinem Kind Nachhilfeunterricht gegeben. Als er dreizehn wurde, dachte der Vater, sein Sohn habe genug gelernt. Die kurze verlegene Pause lässt den beruflichen Werdegang des intelligenten Jungen erahnen.

Die Episode ist ein gutes Beispiel für die engen Verflechtungen zwischen Normalität und Illegalität. Vor allem fällt dabei auf, dass der Gangster die Rolle der Ordnungshüter übernommen hat. In dem von ihm kontrollierten Gebiet gibt es weder Überfälle noch Diebstähle. Zumindest solange keine rivalisierende Familie am Horizont auftaucht und die bestehende Ordnung infrage gestellt wird.

Übrigens: Es ist nicht so, dass hochrangige Bosse ausschließlich in den dicht bevölkerten Vierteln beispielsweise von La Sanità und Forcella oder am Stadtrand leben. Vor einiger Zeit lernte ich bei einem Empfang in einem Kulturinstitut einen lokalen Reporter kennen, der mich und einige Anwesende über die territorialen Kompetenzen der *camorra*-Bosse aufklärte. Während sich einige ausländische Gäste zu Kreuzrittern Neapels machten und von der schönen, geheimnisvollen Stadt, der Freundlichkeit der Einwohner und der Sonne schwärmten, übernahm der Journalist dagegen die Rolle eines freudlosen Leporello und breitete das *Who's who* der Delinquenten im bürgerlichen Viertel Chiaia aus. Im Detail informierte er die Anwesenden, wem was zwischen Hang und Uferpromenade gehört.

Als ich später den Veranstaltungsort verließ, bot er mir an, mich bis zum Taxistand zu begleiten, denn er wollte mir noch etwas zeigen. An der Piazza Amedeo wies er mit dem Finger in Richtung Hügel. Ich hob den Blick zum Himmel, der in einem kalten leuchtenden Blau erstrahlte. Auf den Häusern, den edlen Palästen mit maurischen Zinnen und Jugendstilfassaden, lag ein zarter silberner Schimmer. Die poetische Kulisse zerbrach vor meinen Augen in tausend Scherben, als der lebhafte Publizist Namen und Zahlen auflistete. Manche von der Polizei gesuchten Kriminellen seien Eigentümer der prächtigen historischen Bauten. Vor ihrer Haustür sei alles sauber wie in der Schweiz: kein Müll, keine Ordnungswidrigkeiten, kein Diebstahl. Die Zahl der Diebstähle sei eigentlich in den letzten zwei Jahren in Neapel rapide gesunken.

In bestimmten Stadtvierteln kann man eine regelrechte Umkehrung fundamentaler Werte feststellen. Für manche verkörpert das »System« den Staat, der den Leuten in Schwierigkeiten zur Seite steht, zum Beispiel wenn es um die Gesundheit geht. Dass die süditalienischen Krankenhäuser dürftig ausgestattet und schlecht organisiert sind, ist leider keine Neuigkeit. Das Wochenmagazin *L'Espresso* berichtete, dass für eine Computertomografie oder eine Ultraschall-Untersuchung drei bis sechs Monate Wartezeit einzuplanen sind. Wenn das Untersuchungsverfahren dringend gebraucht wird, muss der Patient die Kosten in einer Privatklinik selbst tragen. In ihrer Not wenden sich einige an den *camorrista*. Dieser ruft den Chefarzt an, und mit zwei, drei Worten ist die Angelegenheit geregelt. Am nächsten Tag gibt es für den Patienten keine lange Warteliste mehr, und er bekommt kostenlos den Gesundheitcheck. Die *camorra* ist auch Arbeitgeber und Arbeitsvermittlungsagentur. Sie verschafft nicht nur illegale Tätigkeiten. Durch die Kontakte in Norditalien und sogar im Ausland kann der Arbeitssuchende einen anständigen Job finden. Die *camorristi* sind aber keine edlen Robin Hoods, sondern brutale Unternehmer. Sie verlangen im Gegenzug bei Gelegenheit Hilfe, bestenfalls die richtige Wahlstimme im richtigen Moment oder eine Gebühr für die Vermittlung der Stelle.

Keine Neuigkeit sind auch die Verwicklungen zwischen Polizei und organisierter Kriminalität. Denken wir zum Beispiel an den Schmuggel. In den Sechziger- und Siebzigerjahren lebten zahlreiche Familien vom Zigarettenschmuggel.

Heute sind die meisten auf Drogenhandel umgestiegen. Die beste Freundin des Schmugglers sei die Finanzpolizei, sagen viele in dieser Region. In den kleinen Küstenorten an der Bucht von Neapel wie Torre Annunziata, Torre del Greco und Portici kennt der Oberhauptmann die Schmuggler gut. Vielleicht ist er mit einem oder mehreren von ihnen in die Grundschule gegangen oder ist mit ihnen verschwägert. »Freund, ich habe Familie und Kinder«, sagt der ihm. – »Ich habe zu arbeiten. Du auch. Lass uns darüber reden.« Wenn die Nachrichten von einer großen Razzia am Hafen oder im Spanischen Viertel berichten, meinen die Leute hier höhnisch, dass gleichzeitig woanders an der Küste eine größere Lieferung Schmuggelware ans Land geht.

Laut Berichten in lokalen Tageszeitungen verdient *il palo*, derjenige, der Schmiere steht, circa 450 Euro in der Woche. Wenn bei der Fahndung in einer Privatwohnung fünf bis acht Kilogramm Kokain gefunden wurden, glaubt niemand an den Erfolg der Polizeiaktion. Es war die *camorra*, die den Fund überhaupt erlaubte. Junggesellen, Familien und sogar allein lebende alte Damen bieten ihre Wohnung als Zwischenstation für die heiße Ware an. Dafür erhalten sie 20 000 bis 30 000 Euro und gegebenenfalls die Anwaltskosten erstattet. Der Preis variiert, je nachdem, ob die Personen der Polizei schon bekannt sind. Der unbescholtene Junggeselle habe einen sehr hohen Marktwert, wird mir erläutert. Übrigens auch ältere Damen: Neulich entdeckte die Polizei, dass eine zerbrechliche achtzigjährige Frau fünf Kilo Kokain im Schrank aufbewahrte.

Deswegen rebelliert auch schon mal ein ganzes Viertel, wenn die Polizei einen Taschendieb oder einen Drogendealer zu verhaften versucht. Frauen werfen Tomaten und Coladosen vom Balkon herunter auf die Beamten. Und die Menge stellt sich vor das Polizeiauto, damit sich der Kriminelle in Ruhe aus dem Staub machen kann. Für die Einwohner mancher Viertel ist der italienische Staat eine ferne und feindliche Entität.

Solche finsteren Geschichten gehören zur neapolitanischen Normalität und werden auch so berichtet. Viele behaupten, *la camorra non esiste*, die *camorra* existiere nicht. Für einige Einwohner der Viertel La Sanità, Forcella oder in den Peripherien Secondigliano, Piscinola und Scampia sind die skrupellosen Bandenführer sogar Träger von positiven Werten. Der Geschäftsmann Tano Grasso, der in Sizilien einen Verein gegen den *pizzo* initiierte, hat sich mit dem Phänomen der »umgekehrten Welt« Süditaliens intensiv beschäftigt. Laut Grasso liegt die Wurzel krimineller Macht nicht in der Mentalität. Auch sei die Tatsache, dass das System Arbeitslose mit Stellen versorgt, kein triftiger Grund. Vielmehr bietet es vorwiegend der Jugend einen positiven Lebensentwurf und, noch schlimmer, eine Identität an. Der Regisseur Enrico Caria hat in seiner Dokumentation *Neapel sehen und sterben* veranschaulicht, dass der verheerende Einfluss solcher Modelle bereits in der Kindheit ansetzt. Er zeigt die Arbeit einer Schullehrerin, die 2007 in Neapel mehrere Kinder im Grundschulalter gebeten hat, die *camorristi* als Tier zu zeichnen. Auf den Blättern der Kinder aus der Mittelschicht erschienen finstere Würmer und Schlangen. Die Kinder aus den *quartieri spagnoli* malten dagegen die Bosse als Löwen und Tiger, edle und starke Wildtiere.

Verhängnisvoll ist in dieser Hinsicht die Wirkung des Fernsehens. Alle von mir Befragten sind sich darüber einig, dass die Bilder von der Verhaftung des blutrünstigen Paten Cosimo Di Lauro einen äußerst negativen Einfluss auf Jugendliche gehabt habe. Der athletische Boss, der über sechzig Morde auf dem Gewissen hat, erschien zwischen zwei Polizisten wie ein Schauspieler aus einem Tarantino-Streifen, rasiert, schlicht gekleidet und furchtlos.

Aber die Polizei schaut nicht tatenlos zu; jedes Jahr werden bedeutende Fortschritte erzielt. Seit den Achtzigerjahren verfolgt die italienische Regierung die Kriminalität mit einer in

Europa ungewohnten Härte. Eine Reihe von Sondergesetzen wie zum Beispiel die Abhör- und die Kronzeugenregelung, über die in anderen europäischen Staaten schon lange diskutiert wird, sind in Italien längst Realität. In diesem Bereich ist Italien ein fortschrittliches Experimentierfeld. Auch deutsche Kriminalbeamte greifen regelmäßig auf die Beratung italienischer Kollegen zurück.

Palazzi, Landgüter und Villen mit Swimmingpool verurteilter *camorristi* werden vom italienischen Staat beschlagnahmt und umfunktioniert wie etwa im berüchtigten Provinznest Giugliano, wo im ehemaligen Hauptquartier des Geldwäschers Francesco Rea ein Freizeitzentrum für die Jugend entstanden ist. Und in der Wohnung im Spanischen Viertel, in der sich einmal der Clan Mariano traf, ist heute eine Filiale der italienischen Pfadfinder untergebracht.

Im Spätsommer 2007 wurde in La Sanità und Scampia ein Film über die *camorra* gedreht. Unter den Darstellern sind viele Laienschauspieler, gefährdete Jugendliche, die sich selbst spielen. Im Mittelpunkt des Streifens steht das Leben eines Schullehrers, gespielt vom bekannten Schauspieler Sergio Castellito (»Bella Martha«), der seine Schüler den Krallen der *camorra* zu entziehen versucht. In der Fiktion sehen die Jugendlichen zum ersten Mal ihren *mondo alla rovescia*, Neapels umgekehrte Welt in ihrer echten Brutalität. Das Rezept der Kunst, die vergnügt und Distanz schafft, klappt reibungslos. Ein erster Schritt ist getan. Die Liste ähnlicher Jugendprojekte, die sowohl von der Stadt als auch von der Kirche und privaten Initiativen finanziert werden, ist sehr lang: von Literaturwettbewerben und Kunstausstellungen bis zu erfolgreichen Theaterstücken, die in ganz Italien auf Tournee gehen. Die große Mehrheit der Neapolitaner – immerhin achtzig Prozent! – wehrt sich entschieden gegen den Eindruck, dass ihre Stadt resigniert.

Gärten und
verborgene Innenhöfe

Neapel, was für eine anstrengende Stadt! Jetzt stöhnen Sie. Nach drei Tagen sind die Nerven strapaziert. Ihr gestriger Besuch im Museum Capodimonte war zwar ganz phantastisch. Aber um die scharlachroten Papstgemälde Tizians zu bewundern, mussten Sie nicht wenige Hürden auf sich nehmen. Hier wäre ein Kopfschütteln angebracht: ein Museum von Weltrang, aber eine dürftige Infrastruktur. Nur eine einzige Linie (*il C63*) verbindet das Zentrum mit dem Hügel des Capodimonte. Der Bus hat oft große Verspätung und ist so überfüllt, dass man sich hier im Sommer wie in einer Sauna fühlt, mit all den höllischen Gerüchen der süditalienischen Metropole. Wenn man am Denkmal des Dante Alighieri, der einen mit mahnendem Gestus begrüßt, vorbeifährt, hat man eine klare Vorstellung vom Abstieg ins Inferno.

Im Bus hing ein Schild: 28 *posti a sedere*, Sitzplätze, 79 *posti all'impiedi*, Stehplätze. An jeder Haltestelle warteten einige Dutzend Fahrgäste. Sie wunderten sich schließlich, wie viele Menschen in einen einzigen Bus passen. Gefühlte Plätze: 440. Drei junge Frauen, eine mit Kinderwagen und Kleinkind, diskutierten lebhaft. Sie lachten schrill und klatschten sich gegenseitig auf den Arm. Der Griff des Kinderwagens steckte dann im Bauch eines japanischen Touristen, der die üppige Madonna freundlich anlächelte in der Hoffnung, sie würde bald verstehen und den Kinderwagen ein wenig verschieben. Wohin aber? Mit den Armen mussten Sie ihren winzigen Stehplatz verteidigen. Mal überlegen: Wo war es lauter? Auf der Straße, wo die Sirenen der Krankenwagen heulten? Oder im Bus, wo Neapolitaner, Polen, Pakistaner, Deutsche, Holländer, und Franzosen kreischten? Vier Schweizer stritten sich heftig. Einer meinte mit Stadtplan in der Hand, sie seien in den falschen Bus eingestiegen. Da kam eine schwarz gekleidete Frau zu Hilfe. Sie – ihr freundliches Lächeln konnte nur noch einen einzigen Zahn vorweisen – legte den Zeigefinger auf die faltige Brust und bot an, rechtzeitig vor dem Museum Bescheid zu sagen. Ein Platz neben ihr wurde frei, rasch stürzte sich ein hagerer Senior mit Leinenmütze drauf. Eine Frau mit gelblichen krausen Haaren fauchte ihn an. Der Mann holte die *settimana enigmistica* aus der Jackentasche und vertiefte sich unbekümmert ins Kreuzworträtsel.

Erfahrungen wie diese gehören einfach zum Besuch der Stadt. Es gibt aber auch Tage, an denen Neapel einem menschenleeren Eden gleicht. Zum Beispiel am frühen Sonntagnachmittag, wenn alle zum üppigen Mittagessen bei *mammà* sind (ich übrigens auch). Oder in der Woche des *ferragosto*. In ganz Italien schließen im Hochsommer die Betriebe, und der Italiener sucht Erfrischung am Meer. Am 15. August ist auch Neapel ruhig wie eine verlassene Mondlandschaft. Nur wenige Menschen bewegen sich im gleißenden Licht des Morgens. Man hört den einsamen Klang ihrer Hacken auf den Bürgersteigen. An solchen Tagen ist man in knapp zehn Minuten am Schloss Capodimonte und kann die ungewohnte Ruhe im Park genießen. Dieser ist am Wochenende meistens von Familien mit Kindern und von Jugendlichen überfüllt, die ungeachtet des Verbots auf dem Rasen Fußball spielen.

Man muss aber nicht bis August warten. Neapel verfügt

über viele verborgene Gärten und Innenhöfe, in denen der müde Tourist eine Verschnaufpause genießen kann. Die Reiseführer preisen zum Beispiel den Majolikakreuzgang der Klarissinnen (»S. Chiara«) als Hauptort der Ruhe. Unter Zitronenbäumen und Glyzinien können die glücklichen Gäste die gelb und blau verzierten Kacheln aus dem *settecento*, dem achtzehnten Jahrhundert, bewundern und in der absoluten Stille eine ungewohnte Seite Neapels kennenlernen.

Der Innenhof als *patio*, geschützter Weiler, ist typisch für die Architektur der neapolitanischen *palazzi*. Durch ein riesiges Tor gelangt man zunächst in eine Einfahrt, von dort in den Innenhof. Das zum Hof hin offene Treppenhaus führt zur grünen Lunge des Hauses, einer höher gelegenen Terrasse. Im Bauch von Neapel, dem antiken Stadtkern, wie im Viertel Chiaia, schützen die hohen Tore schattige Gärten vor fremden Blicken. Ein besonders beliebter Garten ist der Kreuzgang der Musikhochschule *San Pietro a Majella*. Sobald man die Schwelle des Konservatoriums betritt, befindet man sich in einem grünen Paradies. Man geht unter den Bögen aus grauem Stein spazieren, an gepflegten Gartenanlagen vorbei. Das 1537 gegründete Musikkonservatorium ist der Stolz Neapels, nicht nur wegen der Architektur. Hier wirkten namhafte Künstler. Das umfangreiche Archiv besitzt Handschriften großer Komponisten wie Verdi, Rossini und Donizetti.

Als ich Ende der Achtzigerjahre in Neapel studierte, war einer meiner beliebten Aufenthaltsorte die Terrasse des Goethe-Institutes, das der noble *Palazzo Ruffo* an der Riviera di Chiaia beherbergt. Auf der großen Balkonfläche fanden im Sommer die Diplomfeiern statt. Der Neapolitaner verzieh gerne, dass im deutschen Kulturinstitut ein Espresso aus der Maschine wie auf irgendwelchen entlegenen Provinzbahnhöfen angeboten wurde. Schließlich war die Terrasse mit Blick auf den Park der benachbarten *Villa Pignatelli* eine Augenweide.

Auch das französische Kulturinstitut verfügt über einen

idyllischen Garten. Vom Eingang an der Via Crispi deutet nichts darauf hin, dass auf der ersten Etage des Hauses Palmen und tropische Bäume wachsen. Bis in den Oktober hinein finden hier Veranstaltungen statt. An einem warmen, spätsommerlichen Abend schaue ich durch Palmenzweige auf einen Sichelmond. Die Landschaft erinnert an die Krippen in der Gasse San Gregorio Armeno. Zwei einsame Sterne funkeln am Himmel. Ist das Neapel hier? Oder Tunis? Vielleicht Djerba? Wenn beim anschließenden Empfang kühle Melonenscheiben serviert werden, ist die Magie des Mittelmeers vollständig.

An Sommertagen stellt der Botanische Garten an der Via Foria eine echte Oase inmitten der Metropole dar. Auch diese Gegend ist berüchtigt. Das erzählen mir Lucia und Roberto. Das befreundete Ehepaar wohnt in einer charmanten Altbauwohnung aus dem frühen neunzehnten Jahrhundert. Trotz der guten Wohnsituation würden die Neapolitaner aus dem Vomero, aus Chiaia und sogar aus der Altstadt die beiden fast bemitleiden, weil sie hier leben. Wo doch die Via Foria als triumphaler Eingang in die Stadt konzipiert wurde!, seufzen sie. Der Boulevard wurde zwischen der zweiten Hälfte des achtzehnten Jahrhunderts und der napoleonischen Epoche angelegt. Die Staatsbesuche sahen von der grandiosen Hauptstadt des Königreichs beider Sizilien grandiose Bauten wie den *Palazzo Ruffo di Castelcicala* und die fürstliche Residenz der Caracciolo di Forino.

Der Real Orto Botanico ist eine Perle, für mich einer der schönsten Orte Neapels. Auf Anregung von Josef von Bonaparte 1807 auf einer Fläche von zwölf Hektar realisiert, verfügt der Botanische Garten über viele seltene Pflanzen. Vor einem Besuch muss man sich anmelden und eventuell den Grund des Besuches erklären, eine Sicherheitsmaßnahme zum Schutz des kostbaren Gartens, wie mir beim ersten Mal erläutert wurde. Nur echte Liebhaber der Natur seien hier willkommen. Als der Garten noch frei zugänglich war, habe der grüne

Rasen oft wie nach einem Barbarenzug ausgesehen. Auch seien hochwertige Pflanzen verschwunden und später in einer Gärtnerei eines nahen Stadtviertels verkauft worden.

In der Tat wird hier Wert auf das Detail gelegt. Man geht auf sauberen Alleen unter majestätischen Palmen, an grünen Büschen vorbei. Wo sind jetzt die ständige Untermalung des neapolitanischen Alltags, die lauten Stimmen und der dröhnende Verkehr? Hier herrscht die Stille der ernsten naturwissenschaftlichen Forschung. Die Anlage ist dem Schutz bedrohter Pflanzenarten aus Italien und Südwesteuropa gewidmet, der *kochia saxicola guss* zum Beispiel. Das zarte Pflänzchen, auch als »Capris Sternchen« bekannt, wächst ausschließlich an den Felsenklippen Capris und auf den Äolischen Inseln. Auch werden mikroklimatische Bedingungen hergestellt. So kann – um nur ein Beispiel zu nennen – auch mitten in Neapel ein grandioser Kakteenwald wachsen. Zwischen den drei Meter hohen Kakteen glaubt man wahrhaft in Mexiko zu sein. Vorsicht: Die Stacheln pieksen.

Am liebsten sitze ich auf einer Bank vor der Orangerie. An einem Sommertag hatte ich Unterlagen vom Büro mitgenommen und versuchte, mich auf meinem Stammplatz vor den schönen Fensterbogen in die Lektüre zu vertiefen, als meine Aufmerksamkeit auf eine zierliche Dame im roten Kleid gelenkt wurde. Sie winkte kokett zu mir. Ihre Hüften schwangen anmutig, als sie in meine Richtung kam. Langsam erkannte ich sie: Natascia, eine der besten Federn des neapolitanischen Journalismus. Sie sei hier, um einen Bericht über den »Königlichen Botanischen Garten« und den nahe gelegenen *Albergo dei Poveri* zu verfassen. »Lust mitzukommen?«, fragte sie mich.

So folgte ich der quirligen Journalistin, an Büschen vorbei, bis wir das äußerste Ende des Gartens erreichten. Hinter einem verrosteten Metallzaun erhebt sich ein verwitterter gewaltiger Bau, das ehemalige Armenhaus *Albergo dei Poveri*, das König Karl III. von Bourbon ab 1751 zur Aufnahme von

Mittellosen und Alten errichten ließ. Es handelt sich um Europas größten innenstädtischen Bau mit drei enormen Innenhöfen, einer Kirche und mehreren Trakten, realisiert durch den Architekten Ferdinando Fuga. Allein die Frontseite ist 354 Meter lang. Das ehemalige Armenhaus ist heute ein Torso und für mich ein Symbol eines bestimmten Neapels. Es erinnert an die vielen Projekte, die in dieser Stadt groß angekündigt und initiiert worden sind, aber schließlich unvollendet blieben. Vom Botanischen Garten aus gesehen, zeigt die Hinterseite brüchige Hauswände. Wilde Sträucher – vielleicht transportierte die Luft Samen aus dem *Giardino botanico* – wuchern im nackten Mauerwerk und auf jedem Fenstersims. Und lassen die fensterlosen Öffnungen nicht an die Augenhöhlen der Totenschädel im Friedhof der Fontanelle denken? Die Vorderseite gibt sich dagegen wie ein jungfräuliches Mädchen. Die Fassade wurde nach den Originalzeichnungen des Architekten Fuga mit rosafarbenen und weißen Stuckornamenten frisch renoviert. Die milchweiße Farbe hebt sich am Tag meines Besuches gegen den Himmel ab.

Noch bis zum Erdbeben 1980 diente das monumentale Gebäude als Heim für Taubstumme sowie als Jugend- und Kulturzentrum. Sogar ein Sportstudio und ein Kino waren hier untergebracht. Nach zwanzig Jahren der Verwahrlosung – informiert mich Natascia – seien mehrere Fachleute gefragt und Kommissionen gebildet worden, die der Stadtverwaltung eine sinnvolle Neunutzung des einzigartigen Baus empfehlen sollten. Einige wollten ein Museum für die Kulturen des Mittelmeerraums gründen, andere schlugen vor, die reichhaltige Plastikensammlung des Archäologischen Nationalmuseums hier zu zeigen. Dann gab es die Geschäftsleute, die an ein riesiges Unterhaltungszentrum mit Hotels, Restaurants und Diskotheken dachten. Schließlich hatte man sogar die größenwahnsinnige Idee eines »Museums zur Pflege und Förderung der neapolitanischen Kultur in der Welt« zur Diskussion gestellt. Das jüngste Projekt sieht die Schaffung einer vage definierten *città dei giovani*, einer Stadt der Jugend, vor. Auch das deutsche und das spanische Kulturinstitut wurden eingeladen, hier ihre Sprachkurse zu veranstalten.

Die Entdeckungen dieses Tages sind noch nicht zu Ende. Ich werde durch eine kleine Gasse, in die Via Santa Maria dell'Avvocata, geführt, nicht weit vom Botanischen Garten. Dort befindet sich das *Monastero delle Pentite*, die heutige *Opera don Calabria*. Als wir durch das Gittertor treten, liegt vor mir ein grünes Areal mit einer Fläche von 3000 Quadratmetern, der ehemalige Gemüsegarten des Klosters. Er verwahrloste, bis vor ein paar Jahren der Verein *Centroforia* mit dem Ziel der Wiederaufwertung des Viertels entstand und gemeinsam mit dem Botanischen Garten eine grundlegende Instandsetzung durchführte. »Neapel hat viele geheime grüne Schätze«, verrät Natascia. Bevor wir uns verabschieden, will mich die Kolumnistin noch an einen ihrer Lieblingsorte führen.

In einem Gebäude an der Via Foria 234 befindet sich eine große Gärtnerei (Vivaio Calvanese). Und wieder überrascht Neapel mit seinen Kontrasten. Man lässt die stark befahrene Straße hinter sich, läuft durch einen antiken Hof. Eine schmale Steintreppe führt von dort in den Garten. Auf der Mauer grüßen rechts und links zwei steinerne Frauenbüsten, die verklärt gen Himmel schauen. Um sie und über ihnen wachsen fliederfarbene Hortensien, Rosen, Tulpen und Sonnenblumen, verschiedene Gräser. Mitten im Garten steht ein alter Pavillon, der heute Gerätschaften beherbergt. In einer Ecke befindet sich ein Steinbrunnen, der kühles Trinkwasser spendet. Wo sind wir? Auf einem Landgut an den Hängen des Vesuvs? Oder hat uns eine Zeitmaschine unerwartet in die Vergangenheit katapultiert?

»Hast du noch ein wenig Zeit?«, fragt mich schließlich Natascia. Sie wolle mir noch eine authentische neapolitanische Trattoria zeigen. Hier könne man die beste *'mpepata e cozze* der Stadt essen, ein Sautè mit Miesmuscheln und Meeresfrüchten. Als wir uns an den Tisch setzen, verrät sie mir, hier seien schon einige berüchtigte Bosse gesichtet worden. Wir befinden uns in einem der bekanntesten Fischrestaurants Neapels. Als der Kellner das Gericht serviert, verstehe ich, warum das Lokal so berühmt ist. Die schwarzen Muscheln sind auf dicke Scheiben gerösteten Brots in einer wohlriechenden Tomatensoße gelegt. Der Anblick ruft manches barocke Stillleben aus dem Schloss Capodimonte in Erinnerung.

Als ich mich nach dem Essen verabschieden will, schaut mich Natascia verstohlen an, dann schiebt sie ein Kleeblatt in meine Richtung. Neben dem Brunnen habe sie es gefunden. Ihre Augen glänzen, als sie mir zuflüstert »... auch Via Foria bringt Glück!«

Castel Sant'Elmo.
Der höchste Punkt der Stadt

Mal ehrlich, spüren Sie nach einigen Tagen in Neapel nicht auch eine nervöse Erregung? Sie können beruhigt sein. Es geht jedem hier so. Es ist »nur« die magnetische Kraft der unterirdischen Lava. Man erzählt, dass das gärende Feuer des Vesuvs die Gemüter der Menschen hier nachhaltig beeinflusst. Was tun also, wenn man sich erschöpft und reizbar fühlt? Wenn man im lärmenden Gassenlabyrinth Weiträumigkeit und frische Luft herbeisehnt?

In solchen Momenten der Unruhe besuche ich das mächtige Kastell *Sant'Elmo* auf dem Hügel des Vomero. Meine erste Erinnerung an die angiovinische Festung stammt aus der Zeit meiner Kindheit. Bei seelischer Anspannung empfahl mein Großvater einen Spaziergang zum Hügel. Wenn man traurig sei – sagte er –, müsse man die Welt von oben betrachten. Deswegen zeigte er mir eines Tages das *Castel Sant'Elmo*, den höchsten Punkt der Stadt. (Erinnern Sie sich? Wir sahen die Festung und die unterhalb liegende *Certosa di San Martino*, das Kartäuserkloster, bei der Ankunft am Hafen.)

Mit der *Funicolare* fuhr ich mit meinem Großvater von Montesanto zum Vomero hinauf. Nach ein paar Minuten

Fußweg waren wir an der Burg angekommen. Vom *Belvedere* erfreuten wir uns an einem unvergleichlich schönen Ausblick über die Stadt. An diesem Tag verstand ich zum Beispiel, warum die enge Via San Biagio dei Librai *Spaccanapoli* genannt wird. Die Straßenachse sieht von oben wie eine Kerbe aus, die die Altstadt in zwei Teile trennt (im Italienischen heißt *spaccare* »teilen«). Es war die Zeit nach dem Erdbeben. Die roten Dächer und die prunkvollen *palazzi* verfielen unbeachtet.

Es vergingen fast dreißig Jahre, bevor ich das 1329 gebaute Verteidigungsschloss wieder besichtigen konnte. Während meines Aufenthaltes in Deutschland besuchte ich zwar regelmäßig die Familie und die Freunde, aber die Zeit für Stadterkundungen fehlte immer. Jahr für Jahr geschah das Gleiche. Bald waren die Ferien vorbei, und ich musste den Rückflug nach Berlin antreten. Vom Flugzeugfenster erkannte ich auf Anhieb Sant'Elmos Form eines sechszackigen Sterns. Aus der Vogelperspektive büßt das gewaltige Kastell nichts von seiner Gravität ein. Aber die grünen Gärten und Weinberge, die den Hang umsäumen, verleihen dem Anblick einen elegischen Akzent. In die zarte, sonnige Luft des Morgens starrend, versprach ich mir wieder, beim nächsten Mal einen Abstecher zum Vomero zu machen.

Erst letztes Jahr konnte ich endlich das Versprechen einlösen. Sobald ich von der Seilbahn kommend in die Via Tito Angelini einbog, verstand ich, dass hier das wohlhabende Bürgertum residiert. Von der Straße kann man nur ahnen, welch prächtige Aussicht sich aus den Altbauten bietet. Das Viertel ist eine der begehrtesten Wohngegenden Neapels. Deswegen hängen an der Mauer der Festungsanlage viele Zettel mit Wohnungsgesuchen. Immobilienagenturen werben mit Umsatzbeteiligungen für die erfolgreiche Vermittlung von Wohnungen mit Panorama. Die Lage ist einmalig in der Stadt: Der phantastische Blick und die gute Verkehrsanbindung durch die drei Seilbahnlinien regen viele Suchenden an, sich in dieser Umgebung umzuschauen. Leider alles vergebene Liebesmühe, denn die Wohnungen sind in fester Hand von alteingesessenen Eigentümern. Und wenn einer vielleicht gedenkt, seine Immobilie zu verkaufen beziehungsweise zu vermieten, geht diese meist an Verwandte oder Freunde.

Schnell fündig wird man dagegen auf der *Salita Pedamentina,* einer in den Hügel gebauten Treppe, die im Zickzackverlauf den kleinen Platz *Largo San Martino* vor der gleichnamigen Kartause mit dem Corso Vittorio Emanuele verbindet. Auch an der verfallenen antiken Treppe werden die Widersprüche Neapels augenfällig. Einige Altbauten stehen leer, die Mauern sind moosbedeckt, die Fensterscheiben eingeschlagen. Andere Häuser sind restauriert worden. Wegen ihrer Lage und ihres Rufs werden sie zu günstigen Konditionen auf dem Wohnungsmarkt angeboten. Denn die *Pedamentina* gilt als gefährliche Gegend. In den Achtzigerjahren trafen sich in den schattigen Ecken die Drogensüchtigen zum Heroinkonsum. Trotz der von der Stadtverwaltung geförderten Wiederaufbauprogramme wird noch heute dem Touristen von einem Spaziergang auf den antiken Treppenstufen abgeraten. »*No, Signorina! Per favore!*«, rief der Wächter der Kartause *San Martino* aus, als ich ihn neulich nach dem Weg zum Corso Vittorio Emanuele fragte. Ich solle lieber mit der *funicolare* zurückfahren, meinte er und deutete auf die leeren Spritzen, die dort lagen. Wenn ich heute meine Freundin Susie frage (trotz des Namens ist sie eine waschechte Neapolitanerin), meint sie dagegen, dass die Strecke nicht gefährlicher sei als die Gassen in Chiaia oder hinter dem Corso Umberto. Grundsätzlich gelte es in Neapel, bei Dunkelheit aufzupassen.

Die *Pedamentina* ist ein Stück verborgenes Neapel. Hier stehen romantische Altbauten. Eine Bekannte meiner Familie lebt dort in einer Wohnung zwar ohne Heizung, aber mit einer lauschigen Fliederpergola. Sie genießt jeden Morgen den wunderschönen Ausblick auf die Dächer des Spanischen Viertels. Der Galerist Beppe Morra hat das unter der Kartause liegende Grundstück erworben und den Verein der Weinberge von San Martino (*Associazione delle Vigne di San Martino*) gegründet. Im Sommer finden hier Happenings jeder Art statt: von der Kunstperformance bis zur Weinlese. Mittlerweile sind diese wegen der bezaubernden bukolischen Stimmung ein Geheimtipp in der Stadt geworden. Keiner rechnet damit, dass mitten im verbauten Neapel Rebstöcke und Olivenbäume gezüchtet werden. Sogar Bienenhonig wird hier produziert.

Das Belvedere am *Largo San Martino* direkt vor dem Kloster dient vor dem Eingang der *Pedamentina* als Wendeplatz für die öffentlichen Busse und als Treffpunkt der jungen Pärchen. Auf der Vespa oder auf der Mauer sitzend, stärken sie sich bei Minipizza und Cola. Und wenn man sich über die Mauer hinauslehnt und nach unten blickt, sieht man auf dem Dach eines kleinen Schuppens Hunderte von leeren Plastikflaschen, Getränkedosen und Feuerzeugen liegen.

Neapels Schwächen – der Unrat in allen Winkeln der Stadt, die unkultivierten Menschen, der tobende Verkehr – lassen sich vor dem schönen Ausblick von Kastell Sant'Elmo einfach ausblenden. Am schönsten ist ein Spaziergang auf den oberen Mauern der Burg am späten Nachmittag, wenn das Licht geschmeidig wird. Wie damals mit meinem Großvater beobachte ich Neapel, das zu meinen Füßen wie ein kostbares Geschenk liegt. Der Blick wandert von Haus zu Haus, von Viertel zu Viertel. Links erkenne ich wieder *Spaccanapoli*, und geradeaus hinter der Altstadt erheben sich die hässlichen Türme des *centro direzionale*. Das Verwaltungszentrum wurde Anfang der Neunzigerjahre gebaut, als man sich des alten Neapels schämte. Man wollte auch am Fuß des Vesuvs endlich moderne Hochhäuser wie in der Finanzmetropole Frankfurt am Main haben. Eine Feuerwehrsirene ertönt. Der Schall erreicht uns gedämpft wie durch eine Wand aus Watte.

Man kann die Zinnen der Burg im Kreis abschreiten und die Stadt von jeder Seite bestaunen. Wir gehen ein Stück geradeaus. Mein Begleiter seufzt beim Anblick der Bucht. Ein

Kreuzfahrtschiff legt gerade im Hafen an. Nächste Spitze des hexagonalen Sterns: Der Weg führt leicht bergauf. Gäbe es nicht die beiden Antennenmasten, würde man denken, auf einer Brücke in die azurblaue Unendlichkeit hineinzulaufen. Die Insel Capri ruht wie ein Scherenschnitt am Horizont. Nach dem Sonnenuntergang wird der Himmel tiefblau. Eine einsame Fledermaus flattert aus dem Kreuzgang der unten liegenden Kartause hoch. In Richtung Westen erscheinen hinter dem Hang des Posillipo die Phlegräischen Felder: der Golf von Pozzuoli, Baia und das nach Aeneas' Trompeter benannte Kap Misenum. Gleich daneben erkennen wir die Inseln Vivara, Procida und Ischia. In der transparenten Luft kommt uns die Landschaft wie auf einem Gemälde des Veduten-Malers Jacob Philipp Hackert (1737–1807) vor. Die Runde ist zu Ende. Wir laufen wieder zum Aussichtspunkt, an dem der Rundgang startete. Inzwischen sind über zwei Stunden vergangen, und wir haben es kaum gemerkt. Magie des *Sant'Elmo*: Der Stress ist jetzt wie vom kräftigen Wind weggeblasen worden. In weiter Ferne erhellt ein Feuerwerk den Abendhimmel. Die Feier für einen Heiligen? Oder wird die Entlassung eines *camorra*-Bosses von seinen Anhängern gefeiert? Die Richtung müsste stimmen. Im Osten liegt die Justizvollzugsanstalt Poggioreale. Auch *Sant'Elmo* war bis 1952 ein Gefängnis. Unter anderen der Philosoph Tommaso Campanella (1568–1639) lernte den feuchten unterirdischen Kerker der Festung kennen.

Wenn es dunkel wird, sehen die orangefarbenen Lichter der Stadt wie Blutgefäße eines Lebewesens aus. Ist das Parthenope? Die Stadt pulsiert mit einem einzigen, allumfassenden Schlag.

Bevor wir uns auf den Weg zurück ins Zentrum machen, wollen wir noch einen Blick in die Säle des Museums werfen. Gerade wird hier eine Ausstellung mit Comiczeichnern aus ganz Europa präsentiert. »Comic-Erzähler«, verbessert mich Claudio Curcio, der Leiter von »Napoli Comicon«, dem einzigen Comicfestival Italiens. Seit 1998 findet jährlich das Festival mit einer Messe und mehreren Ausstellungen statt. Claudio Curcio gehört zu jener Sorte von ernsten Neapolitanern. Sie legen keine theatralische Überschwänglichkeit an den Tag. Im Gegenteil: Claudio ist besonnen, ja reserviert. Auf meine dringende Frage erzählt er mir seine Lebensgeschichte. *Castel Sant'Elmo* habe eine wichtige Bedeutung in seinem Leben. Er arbeitete in der einzigen Comicbuchhandlung der Stadt. Bei einem Besuch auf der Burg hatte er die Idee, ein Festival zu organisieren. Er sprach einen Stammkunden an, der gute Beziehungen zu der in der Festung untergebrachten Denkmalbehörde hatte. Schon bald bekam er einen Termin und wurde gebeten, ein Konzept auszuarbeiten. Curcio war damals gerade 23 Jahre alt. Eigentlich ohne jede Erwartung präsentierte er seine Idee. Der Museumsleiter war sehr beschäftigt, ließ ihn lange warten. Schließlich reagierte er knapp im Neapolitanischen: »*'o facimmo stu festival?* Wollen wir also dieses Festival machen?« Claudio Curcio war also als Buchhändler gekommen und hatte die Burg als Festivalleiter wieder verlassen. Die Erfahrung einer unerwarteten Metamorphose auf dem Kastell haben wir auch gerade gemacht. Wir kamen als gestresste Großstädter hierher und gingen als ausgeglichene Zen-Mönche. Wie sieht es jetzt bei Ihnen aus?

Die feine Art der gelungenen Vernissage.
Gegenwartskunst in Neapel

»Hast du gehört? In Neapel gibt es Kunst in den U-Bahn-Stationen!« Mitte der Neunziger war Neapel in Bewegung. Die Zeitungen sprachen damals von einer neapolitanischen Renaissance. Die sogenannte »Wiedergeburt« der Stadt machte sich in vielen Bereichen des öffentlichen Lebens bemerkbar. Zum ersten Mal tauchten – um ein Beispiel zu nennen – im historischen Stadtkern und am Toledo Verkehrszeichen auf. »Endlich auch auf neapolitanischem Boden Zebrastreifen und Verkehrsspuren!«, kommentierten viele meiner Freunde das Ereignis.

Eine große Neuerung der Neunzigerjahre war aber vor allem die Öffnung hin zur internationalen Gegenwartskunst. Auf der Piazza del Plebiscito fanden die Neapolitaner eines Morgens im Dezember 1994 einen riesigen Salzberg vor, auf dem eisengrüne Pferdefiguren standen. Einige sahen so aus, als ob sie gerade aus den Tiefen des Salzhügels geschlüpft wären, andere schienen zu schlafen oder lagen mit dem Kopf abwärts wie nach einem Sturz. Mit dieser Installation von Mimmo Paladino wurde die monumentale Piazza del Plebiscito, die bis dahin als Parkplatz fungiert hatte, den Neapolitanern als Fußgängerzone zurückgegeben, Ort zum Flanieren und zum Staunen.

Inzwischen ist die Gegenwartskunst am historischen Ort zu einer der wichtigsten Veranstaltungen der Stadt geworden. Da, wo 1860 durch Volksentscheid (im Italienischen: *plebiscito*) die Eingliederung des Königreichs von Neapel in das vereinigte Italien beschlossen wurde, können die Neapolitaner jedes Jahr, zwischen Weihnachten und Silvester, Installationen renommierter Künstler wie Frank Stella, Rebecca Horn oder Michelangelo Pistoletto bewundern. Zwar gibt es immer wieder kritische Stimmen, die sich darüber beklagen, dass öffentliche Gelder für Gegenwartskunst ausgegeben werden, die ja eh keiner versteht, doch sind sich schließlich alle einig, dass dank der Kunst mit dem überkommenen Image der Stadt als Heimat »nur« von Pizza, Vesuv und Mandoline aufgeräumt wird.

In den Neunzigerjahren wurde die neue U-Bahn-Linie gebaut, die den Hang des Vomero mit dem Stadtzentrum verbindet. Sowohl die Stationen als auch die Strecke sind neu. Die Züge sind schnell, sauber und pünktlich, nicht anders als in München oder Berlin. Vor allem aber fallen in den Bahnhöfen die Werke bekannter Künstler wie Mario Merz oder Jannis Kounellis auf. Hat man sich gerade noch einen Weg durch die Menschenmenge an der Piazza Vanvitelli bahnen müssen, kehrt ein Gefühl der Ruhe ein, sobald man in die unterirdische Station eintritt. Man wird von einem sanften Licht empfangen, das von einer violetten Neonspirale (Mario Merz) an der Decke ausgeht. Die im leuchtenden Ultramarinblau gestrichenen Wände lassen an den Himmel mediterraner Sommerabende denken. Statt der Sterne aber glimmert am Himmel der U-Bahn-Station eine Zahlenreihe: eine Drei, eine Fünf, Dreizehn usw., möglicherweise eine Anspielung auf die Leidenschaft der Neapolitaner für das Lottospiel? Ein Wandgemälde mit dunkelgrauen Ameisenbären auf weißem Hintergrund, die lässig von rechts nach links schreiten, dominiert den großen Eingangsbereich. Sie wiederholen in der Kunst das Vorbeigehen der vielen Fahrgäste, die sich auf Rolltreppen in Richtung Zentrum (Station Piazza Dante) oder stadtauswärts (Colli Aminei) begeben.

Auch auf dem Bahnsteig ist Kunst: eine monumentale Wand mit einer Arbeit in Keramik von Isabella Mosca Ducrot. Installationen, Gemälde, Plastiken und Fotografien erwarten den Fahrgast auch an den anderen Haltestellen der Linie 1. Die Künstler haben sich von Neapels jahrhundertealter Tradition der Kunst und des Kunsthandwerks inspirieren lassen. Sie greifen auf Materialien und Techniken zurück, die die Griechen in Kampanien einführten und die alten Römer perfektionierten, wie etwa die Mosaikkunst. Das Moderne wird in die geschichtsträchtige Tradition der Stadt integriert. Geht man aus den Stationen heraus, findet man sich mitten in der spanischen, barocken Stadt wieder. Beispielsweise an der Station Dante, wo man durch den verglasten Ausgang die verwaschenen ockerfarbenen und rötlichen Fassaden der Palazzi an der Via Toledo sehen kann. Es ist diese Mischung von Neuem und Altem, die den fremden Besucher hier immer wieder überrascht und fasziniert. Und die neuen neapolitanischen U-Bahnhöfe sind mit ihren Kunstinstallationen bisher einzigartig in Italien. Doch leider fallen die Kunstwerke immer wieder dem Vandalismus zum Opfer. Regelmäßig müssen deshalb kostspielige Restaurierungen der Werke durchgeführt werden.

Der damalige Bürgermeister Antonio Bassolino hat das alte Rezept der großen italienischen Mäzene angewendet: die Kunst zu Werbeeffekten. Es sorgte für großes Aufsehen. Die Neapolitaner waren begeistert, vor allem weil endlich Positives über die Stadt in nationalen wie in internationalen Zeitungen stand. Heute sehen die Einwohner dieses Konzept mit einer größeren Skepsis. Die Bahnhöfe seien schön, aber was nutze es, wenn die U-Bahn nur alle zwanzig bis 25 Minuten fahre. Aus solchen Äußerungen spricht die Tendenz des Süditalieners zum Übertreiben. Sicherlich gilt dies für die veraltete Linie 2 – ganz nebenbei die erste Bahnstrecke Italiens (1880) –, aber nicht für die moderne Linie 1. Die 100 000 bis 150 000 Fahrgäste, die die Linie 1 tagtäglich nutzen, können dies bestätigen.

Das Interesse für die Gegenwartskunst ist in Neapel beträchtlich. Erstaunlich ist zum Beispiel, dass innerhalb von wenigen Jahren zwei Museen für Gegenwartskunst eröffnet wurden. Das MADRE (Abkürzung für *Museo di Arte Contemporanea Donna Regina*) befindet sich in unmittelbarer Nähe einer der schönsten Kirchen Neapels, der Basilika Donna Regina, deren herausragende Wandmalereien der Giotto-Schule zugeschrieben werden. Es sei eine bewusste Entscheidung gewesen, die Gegenwartskunst hierherzubringen, so berichtet der Museumsleiter Edoardo Cicelyn. Die Kunst beschäftigt sich mit dem Leben, also ab ins historische Zentrum, wenige Meter vom Dom, in dem das Blut des heiligen Gennaro aufbewahrt wird, und der Piazza Cavour, wo *camorristi* sich nachts schon blutige Schießereien geliefert haben.

Das zweite Museum für Gegenwartskunst, das PAN (Palazzo delle Arti Napoli), ist im ehemaligen aristokratischen Palast Roccella untergebracht. Das PAN hat schwer zu kämpfen, um vor der Konkurrenz des größeren und besser dotierten MADRE zu bestehen. So oft wie das MADRE hat es das PAN bislang noch nicht in die Kulturseiten der großen Tageszeitungen geschafft, dafür aber berichten die lokalen Seiten ausführlich über die dort präsentierten Ausstellungen.

Fragt man die Neapolitaner, warum fast gleichzeitig zwei Museen für Gegenwartskunst entstanden sind, zucken sie apathisch mit den Achseln und meinen, *mamà* (das MADRE) würde der Region Kampanien gehören, *papà* (das PAN) dagegen der kommunalen Verwaltung. Böse Zungen unterstellen den Lokalpolitikern, die Museen ins Leben gerufen zu haben, vor allem um Personen ihrer Entourage mit einer prestigereichen Stelle zu versorgen. Unter ihnen wären – so die maliziösen Gerüchte – einige Ehefrauen und Töchter hoher Funktionäre, die den *pallino*, die fixe Idee von der Kunst, hätten. Einige meinen auch, dass durch Kunstprojekte *deluxe* die Aufmerksamkeit der Öffentlichkeit von den realen Problemen der Stadt auf Mondänes gelenkt werde: die ultimativen Werke aus der Biennale Venedig oder der Kunstmesse Miami Basel statt der Dreifaltigkeit *camorra*, Kleinkriminalität und dem wie der Heilige Geist über allem schwebende Müll. Der Schriftsteller Giuseppe Montesano, dessen Werke sich durch einen kritischen Geist und soziales Engagement auszeichnen, erzählte in seiner Kolumne in der Tageszeitung *Il Mattino*, dass ein guter Freund von ihm aus der Stadt weggezogen sei. Der Grund: zu viel Müll, zu viel moderne Kunst.

Vergessen wir jetzt das bösartige Geschwätz aus der bourbonischen Gerüchteküche. Eigentlich ist das Interesse für die Gegenwartskunst keine heutige Erfindung von aufgeklärten Stadtpolitikern. Fragt man die Neapolitaner, liefern alle die gleiche Antwort bzw. einen einzigen Namen: Lucio Amelio! Der dynamische Galerist holte in den Siebziger- und Achtzigerjahren prominente Namen der internationalen Kunstszene nach Neapel. Er stellte zum Beispiel Josef Beuys dem skeptischen Andy Warhol vor. Ein legendäres Foto zeigt die beiden zusammen vor den Löwen auf der Piazza dei Martiri. Die Freundschaft zwischen Amelio und Warhol war so tief, dass die beiden sogar das Weihnachtsfest zusammen verbrachten, erzählt mir der erfolgreiche Maler und Psychotherapeut Ernesto Tatafiore. Sogar zu Weihnachten musste sich Amelio um seine Künstler kümmern. Dies kommt für einen Neapolitaner schon fast einem Frevel gleich.

Als nach dem Erdbeben 1980 die Stadt eine politische und wirtschaftliche Stagnation erlebte, lud Amelio wieder namhafte Künstler ein, neben Josef Beuys und Andy Warhol auch Robert Rauschenberg und Cy Twombly, um gemeinsam mit ihnen die Naturkatastrophe und ihre Auswirkungen auf die Stadt künstlerisch zu verarbeiten. 1984 entstand daraus die

Ausstellung »Terrae Motus«, die weltweit Aufsehen erregte und drei Jahre später im Palais Royal in Paris gezeigt wurde. Damit schuf Amelio eine Sammlung von Weltrang, für die seltsamerweise in den vielen Museen der Stadt Neapel kein Platz zu finden war. Nach dem frühen Tod Amelios brachte die aus der Galerie entstandene »Stiftung Lucio Amelio« die Sammlung nach Caserta, wo sie heute im königlichen Palast, den sich die Bourbonen 1756 in Anlehnung an Versailles bauen ließen, zu sehen ist.

Eine ganz andere Stimmung herrscht dagegen etwa bei den Eröffnungen der *Fondazione Morra* oder bei Nathalie de Saint Phalle im *Palazzo Spinelli*. Die Erste ist eine Kunstgalerie mit Sitz im volkstümlichen Viertel Sanità. Tagsüber ist die Via dei Vergini ein buntes Kaleidoskop von Menschen. Die Bäckereien verkaufen das Brot direkt auf der Straße, wie im neunzehnten Jahrhundert die Nudelverkäufer ihre Pasta. Die Metzgereien, Obst- und Fischläden sind immer voll von schnatternden Frauen, die sich vordrängeln: Platz da, jetzt komme ich!, ist der nonverbale Ausdruck ihrer olivefarbenen Gesichter mit den vor Vitalität funkelnden Augen. Sie scheinen direkt einem Gemälde des Malers Luca Giordano (1634–1705) entsprungen zu sein. Und auch hier wie an der Via Toledo und der Piazza Dante sind die Bürgersteige von den vielen fliegenden Händlern fast vollständig okkupiert: Die Waren werden in großen Pappkisten mit lautem Geschrei feilgeboten. Wie das Spanische Viertel ist auch La Sanità ein berüchtigter Ortsteil. Hier lieferte sich 2004 die *camorra* eine blutige Schlacht, der auch unschuldige Passanten zum Opfer fielen. Ein zwölfjähriges Mädchen namens Annalisa Durante starb. Annalisa ist zum Symbol der guten, unschuldigen Seele Neapels geworden. Nach ihr ist heute ein Verein benannt, der sich gegen die *camorra* auflehnt.

Es ist nicht ganz ungefährlich, abends hierherzukommen, wenn die Geschäfte die Rollläden herunterziehen und die Straßen menschenleer werden. Doch wohnen Künstler und

Intellektuelle gerne hier. Die haben den bunten Kiez wegen der niedrigen Mietpreise und der imposanten Altbauten aus dem achtzehnten Jahrhundert gewählt. Das barocke Neapel ist hautnah zu erleben. Die Fondazione Morra befindet sich im Palazzo dello Spagnuolo, der seinen Namen von dem einst spanischen Besitzer herleitet. Der Galerist lädt regelmäßig zu Performances mit jungen italienischen und ausländischen Künstlern ein. In den hohen antiken Räumen trifft sich die kreative Szene Neapels, Studenten der Kunsthochschule wie Kuratoren und Journalisten. Bei Beppe Morras Vernissagen fällt auf, wie viele Künstler aus dem Ausland Neapel als ihre Wirkungsstätte auserkoren haben. 2008 will der joviale Galerist an die Piazza Dante umziehen. In einer kleinen Gasse der Salita Tarsia wird er künftig zu seinen ausgefallenen Happenings einladen. Diese sind mittlerweile in der neapolitanischen Kunstszene Tradition geworden.

Im *Palazzo Spinelli* an der Via Tribunali residiert die französische Künstlerin und Galeristin Nathalie Heidsick. Auch hier betört das Nebeneinander von Geschichte und Modernität. Man geht auf dem Lavagestein der Via Tribunali, die schon von den Griechen angelegt wurde; man klingelt an einem schwarzen schweren Tor, und drinnen wird man von den enormen Proportionen des runden Hofs überrascht. Oben am Dachsims haben die Statuen ihre hieratische Würde nicht verloren, obwohl ihnen mal die Hand, mal ein Arm oder sogar der Kopf fehlt. Man nimmt einen pompösen Treppenaufgang und gelangt in die erste Etage, in deren schlichten Räumen die Galerie untergebracht ist. Bei den Vernissagen sprechen die Gäste englisch, französisch und deutsch. Keine lärmende Bevölkerung hier. Man trifft den Korrespondenten einer der wichtigsten deutschen Tageszeitungen, die Leiterin des französischen Kulturinstituts und den Ordinarius für englische Literatur. Wo ist Neapel hier?

Pompejis Mysterien zwischen Vesuv und Marienwallfahrtsort

Il Vesuvio pieno di neve! An manchem Wintermorgen weckte uns die Mutter mit einem Ausruf der Begeisterung: »Der Vesuv ist voller Schnee!« Verschlafen gingen wir im Pyjama zum Balkonfenster und sahen vor dem bleiernen Himmel die verschneite Spitze des Berges. An diesen Tagen wussten wir, dass es ratsam war, eine Wollmütze zu tragen. Selten schneit es in der Ebene um Pompeji. Nur der Vesuv, der über 1200 Meter hoch ist, setzt sich in den Wintermonaten manchmal einen weißen Hut auf. An diesen frostigen Tagen gibt der Vulkan, der 79 n. Chr. mit seinen schweren Ausbrüchen das Leben in Pompeji und Herkulaneum auslöschte, ein selten friedliches, erhabenes Bild ab, nahezu japanisch anmutend.

»Der Vulkan stellt für das neapolitanische Volk« – so schreibt der Autor Erri de Luca – »einen Kardinalpunkt dar, sicherer als der Polarstern.« Während nur wenige im Nachthimmel den Großen Wagen erkennen würden, wisse aber jeder, unabhängig davon, in welchem Zimmer seiner Wohnung er gerade steht, auf welcher Seite sich der Vesuv befindet. Der Vulkan bildet »einen Leuchtturm, der im Nervensystem der Neapolitaner tief verwurzelt ist«.

Von Kindesbeinen an lebe jeder Neapolitaner eine ambivalente Beziehung zum Vesuv, erklärt mir eine Freundin, die von ihrer Wohnung im Palazzo Donn'Anna tagtäglich einen unverstellten Blick auf Vesuv und Bucht genießen kann. Die liebliche Form seiner Flanken, die weich in Richtung Meer hinabgleiten, flöße manchem das sanfte und zugleich törichte Gefühl ein, sich am Fuß des Berges behütet fühlen zu können. Gleichzeitig könne aber unangekündigt die Natur die Überhand gewinnen. Deswegen fotografiert Marina seit geraumer Zeit den Vulkan. Über 6000 Bilder hat sie mittlerweile geknipst. Die Aufnahmen sollen sie daran erinnern, dass der Vesuv jeden Tag wieder erwachen kann.

Marina bildet hier die Ausnahme. Denn keiner will wirklich daran denken. 400 000 Menschen wohnen direkt am Fuß des Vulkans, verteilt auf zwanzig Gemeinden. Regelmäßig verschickt der Zivilschutz Broschüren, in denen die reale Bedrohung durch den Vulkan anschaulich erklärt wird. Die dort abgebildete Landkarte ist in fünf Flächen unterteilt: von Dunkelrot (größte Gefahr) bis Gelb (weniger gefährlich). Auf den ersten Blick kann jeder Einwohner die Gefährlichkeit des Vulkans für ihn persönlich erkennen. Die Tücke an der Sache: Die meisten leben im roten Abschnitt. Was tun? Nachdem der italienische Staat jahrelang beide Augen vor der Bauspekulation zudrückte, wurde versucht, mit Fördergeldern die Einwohner zum Umsiedeln zu überreden. Und während der staatliche Rundfunk RAI 1 kitschige Streifen über die »letzten Tage von Pompeji« ausstrahlt, veröffentlichen die Medien von *Corriere della Sera* bis *Sunday Times* alarmierende Berichte über die aktuelle vulkanische Aktivität. Aber die Vesuvianer schlafen nicht auf einem Rosenbett. Einmal im Jahr wird der Evakuierungsplan geprobt. Regie führt die *protezione civile*. Für manche Einwohner ist das wie Theaterspielen. Als es aber in Pompeji bei einer der Übungen zu Verletzten unter den Freiwilligen des Zivilschutzes kam, wurde die Szene ungewollt real: Zu viele Menschen müssten im Ernstfall zu enge Straßen benutzen. Nach der Übung landet die Broschüre meist in einer Schublade neben dem Telefonbuch. Man betet die Heilige Jungfrau an, der Vulkan möge in nächster Zeit nicht ausbrechen: »Am besten nicht, solange ich lebe, und auch nicht im Laufe des Lebens meiner Kinder.«

Inzwischen pilgern jedes Jahr sechs Millionen Touristen nach Pompeji, Herkulaneum und zum Vesuv. Heiteres Wetter ist wünschenswert, am besten Kaiserwetter. Denn an klaren Tagen wird einem vom Krater aus eine prachtvolle Aussicht über Land und Meer beschert: vom Kap Campanella bei Sorrent bis Pozzuoli und zu den Phlegräischen Feldern. Im goldenen Sonnenlicht liegen auf den Wellen die Inseln Ischia und Procida wie verträumte Sirenen. An regnerischen Tagen geht es dagegen wie in der Hölle Dantes zu. Der Gipfel ist von einer dunkelgrauen Wolkendecke verhangen. Im dichten Nebel hat man kaum mehr als zehn Meter Sicht. Wäre es nicht besser gewesen, man hätte heute den Besuch des Archäologischen Nationalmuseums vorgezogen? Das wird man sich spätestens dann fragen, wenn bei starkem Regen auch noch der Weg zum Krater aus Sicherheitsgründen gesperrt ist.

Täglich schlängeln sich von April bis Oktober, den bevorzugten Reisemonaten, Hunderte von Bussen auf der kurvigen Straße quer durch den *Parco nazionale del Vesuvio* und spucken ihre Passagiere in Wanderausrüstung auf einem Parkplatz aus. Der Anstieg auf dem rötlichen Geröll kann beginnen. Gott sei Dank leiht einem der Wächter mit Cowboyhut einen Wanderstock. Auch zwei, wenn man will. Nein, winkt der ältere Mann ab, der Stock sei im Preis der Eintrittskarte inklusive. Später könne man ein Trinkgeld geben, wenn man möchte. Auf- und absteigende Prozessionszüge. Auf der Spitze des Vulkanmassivs herrscht großer Andrang, wie beim Papstbesuch. Menschen mit Rucksack und Windjacke quetschen sich an den Pfahlzaun, hinter dem sich Seine Majestät der Krater befindet, ein sandiger Schlund voller erstarrter Lava und

Gestein. Der Boden ist heiß, der Fremdenführer weist auf die Fumarolen hin, aus denen leichter Rauch aufsteigt, wie bei einer Zigarette.

Der Vesuv: dieser Verwandlungskünstler! Auf den Fresken der pompejanischen Häuser zeigt sich der Schicksalsberg als ein gleichmäßiger Kegel, bedeckt mit Wald bis zum Gipfel. Und eine gewaltige Eruption ließ 1872 die charakteristische Doppelspitze mit dem kleineren Berg, dem *Monte Somma* entstehen. Auch mit dem bislang letzten Ausbruch von 1944 veränderte sich sein Aussehen. Vorbei war es mit dem rauchenden Schlot, den man heute nur noch auf den Nostalgiepostkarten abgedruckt sehen kann.

Vergebens wird man am Kraterrand nach Einheimischen suchen, abgesehen von den paar Verkäufern von Souvenirs und Postkarten. Laut dem statistischen Zentralamt ISTAT, das jährlich unter anderem auch die kulturellen Interessen der Italiener evaluiert, sind die Einwohner der Region Kampanien Faultiere. Auch dieses Jahr rangieren sie an letzter Stelle. Nur 28 von hundert haben im Jahr mindestens ein Buch gelesen (der nationale Durchschnitt liegt dagegen bei 42 Prozent), und lediglich dreizehn Prozent haben eine archäologische Stätte besucht. Seufz ... ja, da stöhnt eine echt pompejanische Frau wie ich. Kleiner Trost: Am Vesuv waren 47 Prozent Trentiner und Südtiroler: Es leben die Berge!

Die Neapolitaner organisieren die Landpartie zum Vesuv lieber, wenn das Wetter noch nicht warm genug für ein Bad im Meer ist. Tradition ist der Ausflug zum Vesuv am Ostermontag. Man nimmt *pasta al forno* (Nudelauflauf mit Tomatensoße und Mozzarella), *pizza di maccheroni* (Nudelomelette) und *polpettine* (kleine Bouletten) mit. Zwischen Pinien und Ginsterbüschen werden die Klappstühle und die Kühltaschen aufgestellt. Es wird gegessen, gequatscht, gespielt und gedöst. Die *ristoranti panoramici*, Betonklötze mit Panoramablick, die in den Siebzigerjahren gebaut wurden, sind beliebter Austragungsort für Hochzeits- und Erstkommunionfeiern. Einige wirken heute verwittert und verlassen. Später türmen sich die Müllsäcke in den Ecken. Neben den Kunstwerken, die Absolventen der Kunsthochschule dem Nationalpark stifteten, liegen Krabben- und leere Muschelschalen. Aber wenigstens werden sie wegen der strengen Vorschriften des Nationalparks am nächsten Tag abgeholt. Wenn man dann am frühen Abend den Hügel wieder herunterfährt, dann glühen einem die Lichter der Stadt entgegen, und für einen kurzen Moment vergisst man die Müllberge.

Als ich zehn war, machte ab und an auch meine Familie einen Ausflug zum Vesuv. Beim Picknick erzählten die Eltern und Tanten vom Jahre 1944, als der Krater Asche und erbsengroße Bimsbrocken (*lapilli*) in großer Geschwindigkeit auf die vesuvianischen Dörfer schleuderte. Die Großmutter hatte den Kindern Töpfe und Pfannen auf den Kopf gesetzt und mit einer Schnur um das Kinn gebunden. Ihre paar Habseligkeiten in einem Bettlaken gebündelt, verließen sie das Haus. Zu Fuß wollte sie zur Verwandtschaft ihres Mannes ins sicher gelegene Salerno flüchten. Seit Monaten schon hatte sie keine Nachricht mehr von ihm, der im Zweiten Weltkrieg kämpfte. Sie hatten erst wenige Hundert Meter zurückgelegt, als der kleine Francesco (mein Vater) ganz fürchterlich zu weinen begann. Meine Großmutter drehte sich ein letztes Mal um und erblickte den Rosengarten, den Brunnen und den großen Feigenbaum. Da sah sie, dass ein anhaltender Ascheregen auf das Dach ihres Bauernhauses fiel. In wenigen Stunden würde das Dach unter dem Gewicht der Asche einstürzen. Auf der Stelle machte die temperamentvolle Bäuerin kehrt und schaufelte die ganze Nacht hindurch mit den größeren Kindern die Asche vom Dach. Als ich klein war, ergötzte ich mich an dieser Erzählung über die Tage der Eruption.

In der Jugend lebt man hier in zwei Universen gleichzeitig, in dem von der Kathedrale symbolisierten katholischen und in dem noch in den Ausgrabungen präsenten römisch-heidnischen. In der Grundschule erfährt man, ein direkter Nachfahre jener reichen Römer zu sein, die im alten Pompeji ihr dekadentes Leben führten. Gleichzeitig sei man auch mit dem seliggesprochenen Bartolo Longo verwandt, der das neue Pompeji gründete. Ende des neunzehnten Jahrhunderts errichtete der fromme Anwalt die Basilika und brachte das heilige Bild der Madonna hierher. In der Pubertät wird an den ersten Frühlingstagen die Schule geschwänzt. Statt Latein zu pauken, übt man vor dem römischen Amphitheater Englisch, indem man Gleichaltrige anspricht, die auf Schulfahrt die Ausgrabungsstätte besuchen. Man trifft Verabredungen für den Abend, zu denen man schließlich nicht geht. Denn am Nachmittag rufen die Aktivitäten im Pfarrhaus: Musik- und Sportunterricht. Wer weder auf das eine noch auf das andere Lust hat, spielt mit den Schulkameraden Volley- oder Basketball auf dem Sportplatz hinter der Kirche.

Übrigens, wissen Sie, welchen Witzen man im Ausland ausgesetzt ist, wenn man das (Un-)Glück hat, in Pompeji geboren worden zu sein? Erste Deutschstunde an der Ludwig-Maximilians-Universität München: »Woher kommen Sie?« Meine Antwort: »Aus Pompeji.« Da schaut mich die Lehrkraft des Akademischen Auslandsamtes erstaunt an und meint, sie hätte nicht gewusst, dass die alten Pompejaner noch leben würden. Uni-Cafeteria, Treffen mit den Studienkommilitonen: »Mit deinen zweitausend Jahren hast du dich aber ganz wacker gehalten ...« Die Krönung: Vorstellung bei den zukünftigen Mitbewohnern, einer führt mich in die Gruppe ein: »Maria Carmen, direkt aus Pompeji.« Allgemeine Begeisterung: »Wow! Aus Griechenland!« Seitdem habe ich immer meinen Reisepass dabei.

Anders, als man erwarten würde, spielt sich das Leben in Pompeji so beschaulich zwischen dem Heiligen und dem Profanen ab wie in jeder anderen italienischen Provinzstadt. Schon gut! Zugegeben, vielleicht ein wenig schräger. Zu den sechs Millionen Touristen ist die eine Million katholischer

Gläubiger zu rechnen, die jährlich zur Rosenkranz-Madonna reisen.

Auch Papst Johannes Paul II. kam mehrmals zum Marien-wallfahrtsort, der neben dem Dom von Padre Pio im apulischen San Giovanni Rotondo die meist besuchte Kirche Süditaliens ist. Mit seinem Auftritt hätte der Papst Pink Floyd vor Neid platzen lassen. Hatte doch die englische Rockband in den Siebzigerjahren in den Ausgrabungen ein legendäres Video gedreht. Der Vatikanhubschrauber landete direkt neben dem Amphitheater, das knapp 200 Meter Luftlinie von der Kirche entfernt ist. In der Arena segnete der Papst die Gläubigen.

Aber abgesehen von diesen spektakulären Ereignissen, die das Städtchen auf die Titelblätter aller Zeitungen katapultieren, verläuft das Leben in Pompeji eher ruhig. Auf die Anrufung der Jungfrau des Rosenkranzes im Mai und die Prozession zu Fronleichnam im Juni folgen im Juli, August und September Theater- und Musikvorstellungen. Das *teatro grande* und das *anfiteatro* kehren dann zu einstiger Pracht zurück. Verschiedene Veranstaltungen vom klassischen und Jazzkonzert bis zu Aufführungen im Stil der *commedia dell'arte* locken viele Besucher aus der ganzen Region. Neulich las Roberto Benigni Dantes *Divina Commedia* im überfüllten Amphitheater. An diesen Abenden ähnelt die Stimmung in den Ausgrabungen vielleicht der vor 2000 Jahren: milde Sommerluft und Grillenzirpen, auch die Mückenstiche sind echt. Einmal standen halbnackte Bodybuilder mit lodernder Fackel in der Hand auf jeder Stufe, die von der *palestra* ins »große Theater« führen. Sie trugen sogar ein Röckchen in pompejanischem Rot. Bald verschwanden sie: Vielleicht weil sie die guten Seelen Pompejis zu schlüpfrigen Gedanken animierten? Nach den lässigen Sommermonaten kehrt man wieder zur christlichen Normalität zurück. Im Oktober findet wieder die *supplica*, die Anrufung der Madonna, statt, dicht gefolgt von der regionalen Versammlung der katholischen Jugend, und im November bereitet man sich auf das Weihnachtsfest vor.

Und wussten Sie, dass in Pompeji Millionäre wohnen? Mit den kleinen Kiosken am Eingang der Ausgrabungen haben sich viele eine goldene Nase verdient. Unter mehrsprachigen Reklamen verkaufen sie Statuetten und kleine Terrakottavasen, Poster und Postkarten. An anderen Ständen werden frische Getränke verkauft, insbesondere die frische Zitronengranita, fast so teuer wie die Eismaschine selbst. Dann gibt es die *chiammisti*, jene aggressiven Parkwächter, die die Touristen auf ihre privaten Parkplätze lotsen wollen. Sobald ein ausländisches Kennzeichen auf der Straße auftaucht, winken diese das Auto rabiat von der Straße, als ob man eine Verkehrswidrigkeit begangen hätte. Die Konkurrenz ist groß. Jeder will ein Stück vom Tourismuskuchen abhaben.

Im Herbst 2007 entflammte eine heftige Polemik in den nationalen Medien. Der Privatsender *La7* zeigte eine reißerische Reportage über mangelnde Professionalität und Missstände rund um die Ausgrabungen. Am nächsten Tag lauteten die Schlagzeilen der nationalen Tageszeitungen »Ruin der Ruinen«, »Ausverkauf: Pompeji« und »Der Niedergang der Ausgrabungen«. Die Entrüstung war groß. Der Fernsehbericht zeigte neben brüchigem antikem Mauerwerk, das wegen der Witterung und der fehlenden Pflege kurz vorm Verfall steht, auch gierige Verkäufer und Parkwächter, die auf die Touristen warten wie ein Vampir auf die Jungfrau.

Seit ich mich erinnern kann, rücken Pompejis Ausgrabungen regelmäßig in den Mittelpunkt der Aufmerksamkeit der Medien. Zu Recht, denn es stellt auf einer Fläche von über 5000 Quadratmetern einen vollständigen Abriss des Lebens im Jahr 79 n. Chr. vor, vom einfachsten Handwerkerbetrieb bis zur Luxusvilla. Die einzigartige archäologische Stätte braucht eine behutsame, kontinuierliche Pflege. Laut jüngsten Angaben des Ministeriums für Kultur und Baudenkmäler beläuft sich der Bedarf allein für Unterhaltung und Denkmalschutz auf 25 Millionen Euro im Jahr. Hinzu kommen die Aufwendungen für notwendige Restaurierungen und die

Freilegung noch verschütteter Teile. Gut ein Drittel dieser Kosten wird derzeit von Stiftungen und ausländischen Forschungsinstituten getragen. Denn der Staat ist nicht in der Lage, die Kosten allein zu übernehmen. Das hochverschuldete Italien widmet bloß 0,29 Prozent seines Budgets Ausgaben im Kulturbereich. Weil die Gelder immer knapper werden, überlegt das zuständige Ministerium schon seit geraumer Zeit, einen Teil der Ruinen zu privatisieren. Für die Liebhaber der antiken Stadt besteht aber kein Grund zur Sorge. Vorbei sind die Zeiten, als Silvio Berlusconi das Forum und die antiken Thermen in eine Art Disneyland verwandeln wollte. In Zukunft will sich der Staat ausschließlich auf die Denkmalpflege und Konservierung konzentrieren, während private Pächter den Touristen kompetente Dienstleistungen von der einfachen Führung bis zu multimedialen museumspädagogischen Diensten anbieten sollen.

Ist das vielleicht auch ein Versuch des Staates, die hohe Arbeitslosigkeit in dieser Gegend zu bekämpfen? Laut einer Untersuchung des amerikanischen Finanzdienstleistungsunternehmens »Merryll Lynch & Co.« werden im weltberühmten vesuvianischen Städtchen lediglich fünf Prozent des wirtschaftlichen Potenzials genutzt. 27 Prozent der pompejanischen Bevölkerung sind derzeit arbeitslos, genau so viele sind es – nur um ein Beispiel zu nennen – im kleinen Nest Sant'Anastasia einige Kilometer nördlich von Neapel, wo aber weder ein bedeutender Marienwallfahrtsort noch weltberühmte Ruinen vorhanden sind.

In Pompeji fehlt es an vielem, etwa an einer Infrastruktur von modernen Hotels, die große Touristengruppen aufnehmen könnten, oder einfach an Restaurants und Cafés. Abends wirkt das Areal außerhalb der Ruinen verlassen. Wenn die Ausgrabungen schließen, machen sich die Verkäufer schnell aus dem Staub. Die Verkaufsstände und die Kioske werden geschlossen. Wie vor 2000 Jahren wird das Viertel um die Porta Marina zum Hauptort der Prostitution. Vor dem Bahnhof der *circumvesuviana* stehen rauschgiftsüchtige Prostituierte, Männer wie Frauen, die sich mit ihren Kunden in Autos unten den Zypressenbäumen aufhalten.

Als mich eines Sommerabends mein Vater vom Bahnhof abholen wollte, erlebte er folgende kuriose Situation. Während er in seinem Auto wartete, sprach ihn plötzlich ein gut aussehender junger Mann an: »Darf ich Ihnen einen blasen?«, fragte dieser ganz unvermittelt und gelassen, wie nach einer Auskunft. Das war für meinen streng katholischen Vater zu viel. Er flüchtete ins Innere des Bahnhofs. Vom Fahrkartenverkäufer erfuhr er, dass nachts die Gegend zum größten Swingerklub am Fuß des Vesuvs geworden sei. Viele Autos fahren zwischen der Bahn und der antiken Mysterienvilla hin und her und halten Ausschau nach Gleichgesinnten. War die Straße noch in meiner Kindheit die beliebteste Promenade der Pompejaner, sei sie jetzt für rauschende flotte Dreier reserviert, erklärte man meinem fassungslosen Vater. Der erste Kontakt finde durch die Scheinwerfer statt. Ein Doppelblinken signalisiere Bereitschaft. Der Angesprochene brauche mit seinem Wagen nur dem Auto des Interessenten zu einem der nahe gelegenen Hotels oder Campingplätze zu folgen. Dort könne man ein Zimmer für einige Stunden oder für die ganze Nacht anmieten. Wenn es schnell gehen müsse, dann würde der Hotelier auch nur einen einfachen Campingwagen mit eingebauter Dusche für schlappe zwanzig Euro bereitstellen. Hauptsache: man sei nach einer Viertelstunde fertig. »Und das alles im katholischen Pompeji!«, stöhnen die Nachbarn meiner Familie. Aber die Madonna wache über allem. Weil die Anwohner ständig Proteste beim Bürgermeister einreichen, fährt regelmäßig die Polizei hierher. Die wollüstigen Nachfahren der alten Römer verschwinden dann. Vielleicht verbringt manch einer ein paar Stunden auf dem Polizeipräsidium, bevor er nach Hause fahren und Schlips und Jackett für den bevorstehenden Arbeitstag anziehen kann. Das Gebiet ist für ein paar Tage wieder ruhig, bis die nächste Welle anrollt.

Wenn man vom Vesuv aus auf die Ebene schaut, dann ist der ganze Umkreis nichts anderes als eine braune weite Fläche: kaum Felder, viel Bauspekulation. Von der Aussichtsplattform am Krater versuchen wir herauszufinden, wo Pompeji liegt. Auf dem Steinboden weist ein Pfeil in die Richtung. Wir blinzeln, aber nichts: Weder das Amphitheater noch die Kathedrale des neuen Pompeji sind zu erspähen. Der Mann, der in einer Baracke Postkarten verkauft, nähert sich und streckt den Arm aus, er sehe den Glockenturm von Pompeji, warum könnten wir ihn nicht erkennen? Von der Höhe haben wir Pompeji kaum gefunden.

Wochenende auf Neapolitanisch

Sobald mildes Wetter herrscht, verbringen die Neapolitaner ihre Wochenenden am liebsten auf einer der Inseln im Golf. Viele sind glückliche Eigentümer eines Wochenendhauses am Meer. Andere mieten eins ganzjährig.

Capri, Ischia oder Procida? Sag mir, wo du Urlaub machst, und ich sage dir, wer du bist. Das Ziel verrät Charaktereigenschaften und Vorlieben, gibt über Beruf und finanzielle Lage Auskunft. Nach Capri zieht es die Mondänen auf der Suche nach einem stillen Eden in luxuriösem Rahmen. Dagegen ist Ischia wegen seiner Heilquellen ein beliebter Kurort, aber nicht nur zur Linderung von rheumatischen Beschwerden, sondern auch zum Faulenzen in einer der vielen Thermenanlagen geeignet. Die »grüne Insel« – so wird Ischia aufgrund seiner üppigen Vegetation genannt – lockt ferner mit urigen Wanderwegen Naturliebhaber und Bergsteiger. Hier kann man beides nach Herzenslust: wandern und an herrlichen Mittelmeerstränden ein Sonnenbad genießen. Und den Tauchern bietet die Insel mit ihren Grotten ein wahres Unterwasserparadies. Wer hier auf Entdeckungsreise geht, kann eine einzigartige Flora und Fauna bewundern und mit etwas Glück auch Seltenheiten, wie etwa die schwarze Koralle, aufspüren. Die kleinere Fischerinsel Procida galt dagegen bis vor Kurzem noch als Geheimtipp. Vielleicht sind es deswegen vor allem Linksintellektuelle und Künstler, die hier ein Wochenendhaus erworben haben.

Abgesehen von den alten Aristokraten, die seit Jahrzehnten ihre Ferienvillen bewohnen, setzt ein Neapolitaner, der etwas auf sich hält, alles in Bewegung, um sich ein Ferienhaus auf Capri zu leisten, sei es auch nur ein Loch. Nehmen wir zum Beispiel meinen Vermieter. Als ich ihn einmal anrief, teilte er mir ganz nebenbei mit, er sei gerade auf dem Tragflügelboot auf dem Rückweg von Capri nach Neapel. Schon am blauen Sakko und der Pilotenbrille mit dem Goldrand sind seine großen Vorbilder zu erkennen: Gunter Sachs und Gianni Agnelli, die in den Siebzigern auf der blauen Insel abstiegen und die langbeinigen Komtessen verführten. Auch beim Treffen für die Unterzeichnung des Mietvertrags, das in seiner schäbigen Kanzlei in einer Neubausiedlung stattfand, erzählte er wie beiläufig von seinem Haus auf Capri. Mein Bruder war auch dabei und hörte sich das Gespräch aufmerksam und still an. Als wir das Büro verließen, meinte er, der Vermieter sei ein Angeber. Letzten Endes sei alles nur Fassade, denn er fahre mit dem *aliscafo*, also mit öffentlichen Verkehrsmitteln hin. Die Reichen hingegen würden die Insel mit eigenem Boot erreichen.

Und wer alles in Neapel ein Boot besitzt! Die stilbewussten Neapolitaner legen Wert auf die feinen Unterschiede und distanzieren sich von den *nuovi ricchi*, die zum Beispiel an der Hafenmole von Ischia Porto mit ihren fetten Jachten angeben wollen. Ist ihr Vermögen auf ganz legale Weise zusammengekommen? Leider fällt so mancher dieser Bootsbesitzer durch seine schlechten Manieren auf. In der Regel sind die Boote der unbeliebten Neureichen am Shampooschaum zu erkennen, der vom Haarewaschen im Meerwasser stammt, oder, schlimmer noch, vor allem an den Abfällen, den Plastikflaschen, Verpackungen und Melonenschalen, die wie Schiffbrüchige an den Strand gespült werden. Und das, obwohl die lokale Tageszeitung *Il mattino* die einfachsten Regeln, den Dekalog der *do* und *dont's* auf den Wellen jedes Jahr aufs Neue druckt. Der Grandseigneur schüttelt nur den Kopf, wenn er am Morgen die Zeitung aufschlägt. Das sei doch alles unnötig, denn die *camorristi* könnten nicht lesen. Denken Sie jetzt bloß nicht, dass alle Neureichen mit der organisierten Kriminalität zu tun hätten. Nein. Wegen seiner präpotenten, rücksichtslosen Haltung gegenüber dem Meer wird mancher jedoch mit der Bezeichnung geschmückt.

Im Gegensatz zum Volk vom Festland respektieren die Insulaner die Natur ihrer Heimat in hohem Maß. Ihre Liebe ist so groß, dass manchmal bizarre Theorien rund um den Naturschutz entwickelt werden. Die Ischitaner wirken verärgert, wenn ich ihnen von den alarmierenden Nachrichten der Ozeanwissenschaftler erzähle. In der neapolitanischen »Zoologischen Station Anton Dohrn« habe man mir erklärt, dass die Fische des Mittelmeers vom Aussterben bedroht seien. Da schauen sie mich zunächst verwundert an, dann lächeln sie und meinen süffisant, das betreffe mit Sicherheit nur den Golf von Neapel. Auf Ischia sei alles ganz anders. An den Meerbusen von Forio und Lacco Ameno würden seit Jahrhunderten die Fischschwärme hausen. Daran werde sich nichts ändern. Und zwischen Ischia und der kleinen Insel Vivara sei ein Naturschutzgebiet entstanden. Sein Name ist Programm: *il regno di Nettuno*, in Neptuns Reich dürfe man weder fischen noch anlegen. Ob sich die Neapolitaner daran halten werden? Als ich ihm die Frage stelle, nickt der Matrose und schildert sein verschrobenes Konzept. Bevor der Gast überhaupt einen Fuß auf die Insel setzen dürfe, müsse er ein Formular ausfüllen, in dem er seine Intentionen bekunde. »Liebst du die Natur? Dann darfst du nach Ischia kommen. Du willst es lieber mondän, und womöglich wirfst du deinen Müll in unser Wasser, dann bleib lieber in Neapel« – das sollte Ischias Stadtverwaltung allen Touristen kommunizieren, behauptet der

Seemann selbstbewusst. Deswegen seien hier die Deutschen so willkommen, denn nur sie würden Ischia wirklich lieben. Eigentlich auch die Engländer, aber die Deutschen … das sei doch eine ganz andere Sache.

In der Tat ist Ischia seit einigen Jahren zu einer Art mediterranem Südtirol geworden. Schilder und Werbeflächen sind auf Italienisch und Deutsch verfasst. Sogar ein deutschsprachiges Blatt erscheint hier wöchentlich: Die *Ischia Zeitung* informiert die Feriengäste über das Stadtleben und die Kultur. Übrigens: *La cancelliera*, die Bundeskanzlerin Angela Merkel kommt jedes Jahr hierher. Sie wird wegen ihres unprätentiösen, zurückhaltenden Stils von den Einheimischen besonders geschätzt. Die Fischer des malerischen Ortes Sant'Angelo schwärmen von der reservierten blonden Dame, die wie andere Touristen auch mit der Fähre aus Neapel anreist.

Immer wieder werde ich mit Lobeshymnen auf Deutschland konfrontiert, und es wird mir versichert, dass deutsche Touristen auf allen drei Inseln besonders beliebt sind. Schauen wir zum Beispiel nach Capri. Wussten Sie, dass der Mythos von Capri eine deutsche Erfindung ist? »Klaro! Wo wurden sonst die Capri-Hose und das Capri-Eis erfunden?«, wird mir jetzt manch einer sagen wollen. Wenn man jedoch einen Capreser fragt, wird dieser bloß mit den Schultern zucken und sagen: »Nie gehört!« Auch Gerhard Winklers Lied der Caprifischer kennt er nicht. Beim Singen der Melodie »Wenn bei Capri die rote Sonne im Meer versinkt …« bekommt man bloß einen verblüfften Gesichtsausdruck als Antwort. Dagegen weiß der Capreser, dass Scharen von Deutschen die »blaue Insel« auf der klassischen Bildungsreise nach Italien im neunzehnten Jahrhundert besuchten. Wenn er von Deutschland hört, rollt er ungefragt eine Namensliste aus: An erster Stelle nennt er Friedrich Alfred Krupp. Der Industrielle und damals reichste Mann Europas verwirklichte auf Capri ein architektonisches Projekt ohnegleichen: Die »schönste Straße der Welt«, die *Via Krupp*, führt durch enge Serpentinen von den

»Augustus-Gärten« an herrlichen Aussichtspunkten vorbei zum Meer hinab. Im Geist der Romantik machten deutsche Künstler aus der einfachen Fischerinsel einen legendären Ort. August von Platen schuf mit seinem Gedicht »Die Fischer auf Capri« (1827) das romantische Bild, das heute noch die Vorstellung der Insel prägt. 1826 entdeckte August Kopisch zusammen mit dem Maler Ernst Fries die weltberühmte »Blaue Grotte«. Um die Jahrhundertwende gehörte ein Ausflug nach Capri zum Pflichtprogramm jedes Reisenden. Laut dem Baedeker aus dem Jahre 1911 kamen rund 20000 deutsche Besucher im Jahr. Einige blieben und ließen sich attraktive Unterkünfte errichten. Zu diesen ist etwa die *Villa Discopoli* des Berliner Juristen Hugo Andreas Faehndrich zu zählen, den Rainer Maria Rilke im Jahre 1906 hier besuchte.

Der Journalist Sergio Lambiase (*Corriere della Sera*) hat mehrere Bücher zur Geschichte Capris verfasst. Von den deutschen Inselbesuchern – Malern, Schriftstellern und Großbürgern – erzählt er mir bei einem Treffen auf der berühmten *piazzetta*. Er schwärmt vom Mythos der *solarità* und vom damaligen Capri: eine sonnige, unberührte Welt, für die deutschen Bildungsbürger ein Gegenentwurf zum industrialisierten Nordeuropa. Allerdings – so stöhnt er – sei heute alles nur noch Geschichte, eine unwiederbringlich verlorene Welt. Der Besucher würde sich eher für die mondänen Seiten der Insel interessieren. In der Tat ist es bei schönem Wetter auf der kleinen *piazzetta* Vittorio Emanuele wie bei einer Fernsehgala. An lauen Sommerabenden sitzen hier italienische und ausländische Filmstars, namhafte Künstler und Politiker, deren Jachten in der fabelhaften Bucht mit den *Faraglionifelsen* ihre Anker geworfen haben. Bei einem Martini erblickt man am Nachbartisch den französischen Schauspieler Gérard Depardieu. Und das blonde Mädchen, das gerade vorbeilief, war das nicht das bekannte Model Gisele Bündchen? Capri wimmelt von schönen Frauen, Nachahmerinnen von Monika Bellucci und Heidi Klum. In kurzen Hosen sitzen sie an den Tischchen und üben Lektion 1 von »Wie angelt man sich einen Millionär in drei Tagen«. Tatsächlich kommen viele heiratswillige junge Damen hierher. Auch eine Cousine von mir lernte die Liebe ihres Lebens am Strand bei Anacapri kennen. Nach nur ein paar Wochen war sie schon in das Mailänder Loft ihres Angebeteten eingezogen. Und dank der glamourösen Prominenz können die lokalen Zeitungen im berüchtigten Sommerloch ihre Seiten problemlos füllen.

Ist es wegen der VIPs, dass die knapp zehn Quadratkilometer kleine Insel so exklusiv ist? Kaum ein anderes Urlaubsziel löst so viel Bewunderung aus wie Capri. Probieren Sie es einfach: Schon bei einfacher Nennung des Namens *Ca-pri* werden Sie in Ihrem Freundeskreis anerkennende »Ooohs« und »Aaahs« ernten. Erzählen Sie von Ihrem Aufenthalt einem Neapolitaner, wird dieser freundlich nicken (»Wie schön für dich, du warst da?«) und gleichzeitig schnell zusammenrechnen, wie viel Sie der Urlaub gekostet haben wird.

Denn »die blaue Insel« ist wohl der teuerste Ort Süditaliens. Angesichts der Preise in den Bars und Restaurants fragt man sich, ob hier tatsächlich alle Millionäre sind. Und auch das Ticket für die Fähre ist nicht gerade günstig. In der Tat gibt es ja auch zwei Tarifarten. Die *residenti*, die angemeldeten Einwohner, die nach Neapel zur Arbeit pendeln, bekommen Preisermäßigung. Alle anderen müssen den Touristentarif entrichten, inklusive Hafengebühr. Ähnliches gilt in den Läden, nicht nur auf Capri.

Weil ein Tag auf der Insel fast so viel wie eine Woche in Neapel kostet, begnügen sich viele mit einem Tagesausflug. Sie sind die von den Capresen wenig geschätzten Urlauber. Sie kommen hin, besuchen die schönste Insel Italiens, bestaunen und beschmutzen sie, ohne einen Cent ausgegeben zu haben. Denn sie essen ausschließlich ihre *colazione a sacco*, ihre mitgebrachten Speisen. Alles nehmen sie mit: belegte Brötchen, frittierte Nudelomelette und Obst. Sogar Wasser schleppen sie literweise mit, da eine Flasche Mineralwasser auf Capri das Dreifache wie in der teuersten Bar Neapels kostet.

Neben den Ausgrabungen von Pompeji ist Capri der am meisten besuchte Ort an der Bucht von Neapel. Versuchen Sie mal, an einem Samstag im Juni von Neapel aus hinzufahren … Bereits am Hafen in Neapel ärgert man sich vor dem Ticketschalter in der langen Schlange. Endlich auf Capri in Marina Grande angekommen, heißt es wieder warten, diesmal an der *funicolare*, der Seilbahn, die den Inselhafen mit der berühmten *piazzetta* verbindet. Auch beim Besuch der Blauen Grotte muss man sich gedulden. Die vielen Touristen müssen von größeren in kleinere Fischerboote umsteigen, bevor sie durch die kleine Öffnung im Felsen in die Grotte gelangen und sich dem tiefblauen Schimmer hingeben können. Besonders am späten Vormittag, wenn die Strömung zunimmt und die Einfahrt beschwerlich wird, sind ziemlich lange Wartezeiten einzuplanen. Vor der *grotta azzurra* warten die größten Abzocker. Zweimal wird dem Besucher Geld abgeknöpft, für die Fahrt von Marina Grande dorthin und dann noch mal für die Besichtigung der Grotte. Schließlich schnorren die Fährmänner auch die *mancia*, ein sattes Trinkgeld, weil sie einen durch das heilige Wasser in das tiefe Blau der Felsenhöhle geführt haben.

Aber Capris Sirenen leisten ihren Job ausgezeichnet. Betört, verzaubert, geblendet fährt man zurück nach Hause, und man kann sich weder an die Schlangen noch an die horrenden Preise der Bars und Restaurants erinnern. Im Gedächtnis bleiben ausschließlich Bilder von leuchtenden Farben, von Spaziergängen unter Pinien und vorbei an hinreißenden Aussichtsterrassen.

Also, worauf warten Sie noch? Auf nach Capri.

Ischia und Procida.
Wohngemeinschaft für Individualisten

Die Wohngemeinschaft. Dieser nordeuropäische Brauch ist unter den neapolitanischen Individualisten wenig verbreitet. Anders ist es bei den Ferienhäusern. Usus ist, dass Freunde sich in der Nebensaison gemeinsam ein Wochenendhaus auf Ischia oder Procida mieten. Meistens wird nach einer kleinen Villa mit Garten und Aussichtsterrasse gesucht. Fündig wird man immer. Da schlagen die pragmatischen Südländer zwei Fliegen mit einer Klappe. Der Insulaner macht sein Geschäft. Die Einnahme durch die Vermietung ist somit von September bis Juni gesichert. (Juli und August sind meistens aus dem Mietvertrag ausgeschlossen. Weil die Nachfrage sehr groß ist, werden in den Sommermonaten exorbitante Preise verlangt, etwa das Doppelte eines durchschnittlichen Monatsgehalts.) Wiederum profitieren die Städter über den langen, tourismusschwachen Zeitraum von einer günstigen Miete, die mit den Freunden geteilt wird. So verbringen junge Leute – meistens sind es Singles oder kinderlose Pärchen – das Wochenende: tagsüber in der Natur und abends mit den Freunden. Man kocht oder geht zusammen ins Fischrestaurant. Und weil alle von der *mamma* so gut erzogen wurden, klappt das Aufteilen der Aufgaben, wie Einkaufen und Putzen, meist reibungslos.

Köstlich sind die Rituale der Verabredung unter neapolitanischen Mitbewohnern. Hier erlebt so mancher, wie auch ich, einen kleinen Kulturschock. Lange wird diskutiert, wann und wie man zur Insel fahren will: Tragflügelboot oder Fähre, vom Haupthafen Beverello oder von Mergellina aus? Man verabredet sich, doch kurzfristig wird die ganze Planung wieder über Bord geworfen. Also ohne Umschweife: Am besten fährt man unabhängig hin. Denn die Terminplanung eines Neapolitaners ist ein undurchsichtiges, kompliziertes Verfahren. Als Nordeuropäer versuche man erst gar nicht, sich darauf einzustellen, und vertraue auf eine glückliche Fügung. Denn schließlich klappt alles erfahrungsgemäß ausgezeichnet. Planung dagegen bringt einen Neapolitaner durcheinander. Der Termin blockiert die Phantasie, macht schlechte Stimmung. Lieber wird spontan nach Lust und Laune und natürlich Wetterlage entschieden.

Unverzichtbares Mittel für das geglückte Wochenende ist zweifelsohne das Boot. Egal ob auf Kahn, Barke oder Segelboot: Nur so lässt sich das schöne Wetter am besten genießen, die Felsküste umsegeln, vor idyllischen Buchten haltmachen. Wie herrlich ist es dann, ungestört vor Capris *Monte Solaro* zu baden. Oder an Ischias Bucht von Casamicciola vorbei, wo die Griechen als erste Eroberer ans Land kamen. Eine Rundfahrt um die Inseln ist ein absolutes Muss, für mich anregender als der obligatorische Besuch von Capris *grotta azzurra*. Und wenn man sich von einem Matrosen begleiten lässt, bekommt man zugleich auch eine Führung mit reichhaltigen Informationen über die Lokalgeschichte. Etwa wie auf Ischia, wo kürzlich der Seemann Giorgio mich und meine Freunde an einem Novembertag begleitete. Was sagen Sie? Ja, richtig, wir verbrachten auf Ischia das lange Wochenende an Allerheiligen. Der Monat November ist schließlich in Italien nicht überall gleich. Vergessen Sie also die feuchten und düsteren

Tage, denn bei Sonnenschein bescheren die Inseln angenehme Temperaturen wie an den ersten Frühlingstagen.

Bei meinem Ausflug zeigte mir der Cicerone Giorgio zwischen den Agaven und den terrassenartig angelegten Weinbergen viele schöne Villen und Palazzi, etwa *La Colombaia*, das edle Quartier des Regisseurs Luchino Visconti. Heute ist dort ein Filmmuseum untergebracht, in dem regelmäßig Workshops mit Regisseuren und Schauspielern abgehalten werden. Im Endeffekt sei Ischia – so Giorgio – seit Jahrzehnten Set für berühmte Hollywoodstreifen gewesen. Bei Ischia Ponte wurde der Kolossalfilm *Kleopatra* gedreht. Der Seemann lächelt voller Stolz: Hier sei Richard Burtons Leidenschaft für die betörende Liz Taylor entfacht worden. Dann verweist er mich auf den mächtigen Felsvorsprung, auf dem die Zitadelle der »Aragoner Burg« (1442) gebaut wurde. Von jenem hohen Felsen – er streckt den Arm aus, sein Blick wird ernst – sei Burt Lancaster bei den Dreharbeiten des *Korsar der grünen Insel* (1952) ins Meer gesprungen. Damals habe es noch keine Stuntmen gegeben, sagt er voller Respekt für den großen Filmstar.

Berühmt ist Ischia aber nicht für die Hollywoodstreifen, sondern vor allem für seine Thermen. Ein Blick auf die Zahlen bezeugt es. Über das ganze Gebiet verstreut befinden sich über hundert unterschiedliche Mineralquellen: Allein in der Gemeinde Casamicciola werden 33 Thermalanlagen gezählt, 22 weist Ischia Porto auf, und in Forio und Serrara Fontana sind es zwölf. Viele Hotels wie etwa die »Villa Regina« in Lacco Ameno oder »La Villa Rosa« in Porto bieten *cure termali* direkt vor Ort. Über die heilende Wirkung von Ischias alkalischem Wasser berichteten schon die antiken Historiker Plinius und Strabon. Die Einheimischen sind fest davon überzeugt, dass alle Krankheiten auf ihrer Insel auskuriert werden können. Ihre Auffassung erklären sie einem, indem sie weit ausholen und an die Erkenntnisse des kalabrischen Arztes Giulio Jasolino anknüpfen. Er war der Erste, der den natürlichen Heilmitteln der Insel eine Abhandlung (1588) widmete.

Sind Sie mit Ihrem Teint nicht zufrieden? Dann ist das leicht säuerliche und salzige Wasser der heiligen Restituta das Richtige für Sie. Bei Kopfschmerzen, körperlicher und geistiger Ermüdung empfiehlt sich dagegen ein Bad in den heißen Quellen, zum Beispiel bei der *Spennapollastri* (»Hühnerrupfen«) mit einer durchschnittlichen Temperatur von 57°. Und das Becken »des Auges« kuriert nicht nur Augen und Wunden, sondern soll den Haarausfall wirkungsvoll bekämpfen. Ob das alles stimmt, vermag ich nicht zu sagen. Aber ein Besuch der Thermen ist allemal lohnenswert. Salzig oder alkalisch, Schlammbäder oder Inhalationstherapie, hier wird man gesund.

Aber im Grunde genommen könnte man auch bereits beim bloßen Anblick der grün bewachsenen Felsen munter und pumperlgesund werden. Vor allem, wenn man sich wie ich an einer unerwarteten Inselumschiffung mitten im Herbst erfreuen darf. Für das letzte Bad des Jahres halten wir im Windschatten des Meerbusens San Pancrazio. Meine Freunde sind bestens ausgerüstet. Paolo zieht aus seiner Tasche ein Wasserthermometer, und wie bei einer feierlichen Zeremonie kündigt er den Wärmegrad an: »21°«. Allgemeines Entrüsten: Das sei viel zu kalt für ein Bad! (Der Neapolitaner kann nämlich erst bei Temperaturen ab 27° baden.) Eine junge Frau fasst sich ein Herz, zieht ihren Bikini an und steigt langsam ins Wasser hinab. »Sie kommt aus Mailand«, kommentiert eine anwesende Dame. Damit will sie sagen, dass Norditaliener kälteresistenter sind als Süditaliener. Trotz ihrer nordländischen Herkunft kann sich die Mailänderin einen Schrei nicht verkneifen. So kühl ist heute das Meer. *»Bagna i polsi!«* – Sie solle die Handgelenke nass machen, empfiehlt der Matrose, denn das rege den Kreislauf an. Als sie dann in den Wellen schwimmt, stehen einige auf und beobachten die Szene. *»Com'èèè?«*, wie ist die Wassertemperatur, möchten die wasserscheuen Ausflügler wissen. Und: »*È fredda?*«. Inzwischen ist es in der von den vulkanischen Felsen geschützten Bucht angenehm warm geworden. Bald kann niemand mehr dem klaren Wasser widerstehen. Einer nach dem anderen gibt sich den Wellen hin. Einer entscheidet sich auch für einen Tauchgang. Aber es sei jetzt Mittag, also keine gute Zeit, um Tintenfische zu fangen, erklärt unser Reisebegleiter: Oktopus und Krake kommen erst am Nachmittag in Richtung Felsen. Weil es heute keine Hoffnung auf Fischfang gibt und der Magen knurrt, schlägt einer der Freunde vor, essen zu gehen bzw. zu fahren, zum Beispiel nach Procida. Die Empfehlung wird unter herzlichem Beifall einstimmig angenommen.

Gegenüber dem fröhlichen Ischia mutet Procida wie eine kleinere, melancholischere Schwester an. Jahrelang blieb sie vom Tourismus unberührt. Vielleicht wegen des düsteren Gefängnisses, das den Hügel der *Terra Murata* (»gemauerte Erde«) überragt, erklären mir die Freunde. Dorthin flüchteten sich schon die frühen Inselbewohner im Mittelalter vor Piraten. »Nein, nein«, mischt sich der Kapitän Giorgio ein. Die Procidaner würden den Tourismus als Einnahmequelle eigentlich gar nicht brauchen, im Gegensatz zu den Ischitanern. Traditionell seien sie alle Fischer und stolze Seeleute. Nicht wenige bekannte Admirale der italienischen Marine hätten hier ihre Wurzeln. Wieder mal die alte Rivalität unter den Inseln. Der geschäftstüchtige Reisebegleiter hat guten Grund, Argwohn gegenüber dem kleineren Procida zu hegen. Denn diese ist in den letzten Jahren zu einer starken Nebenbuhlerin von Ischia geworden. Wegen ihres archaischen, noch unberührten Erscheinungsbildes zieht sie viele Touristen in ihren Bann. Manche kommen auch wegen der günstigeren Hotel- und Restaurantpreise hierher, andere wegen der einsamen kleinen Felsbuchten. Nicht zu vergessen sind die eindrücklichen Prozessionen an den Osterfeiertagen, wenn die Passion Christi von lebenden Personen nachgestellt wird.

Wahr ist aber, dass das knapp vier Quadratkilometer große Procida erst mal ein sprödes Gesicht zeigt. Bei der Ankunft am Haupthafen erinnert man sich an Elsa Morantes gefeierten Roman »Arturos Insel« (1957): »Um den Hafen herum sind alle Wege nur enge, sonnenlose Gässchen zwischen den bäuerlichen jahrhundertealten Häusern, die streng und traurig aussehen, wenngleich sie in den schönen Farben der Muscheln rosa und aschgrau getönt sind. Auf der Brüstung der kleinen, fast wie Schießscharten schmalen Fenster sieht man hin und wieder eine Nelkenpflanze, die aus einer Blechbüchse wächst.« Die Sträßchen sind heute noch von hohen Mauern umsäumt. Das Gehen ist dann eine mühevolle Angelegenheit. Stets hupt ein Mofa, ein Kleinbus oder ein Wagen. Man muss sich an die Mauer pressen, um die Fahrzeuge passieren zu lassen. Schon mancher Gast ist nach knapp einer Stunde enttäuscht nach Neapel zurückgefahren. Wie ungeduldig! Denn hinter den feuchten Hauswänden verbergen sich nicht selten Zitronengärten mit wunderbaren Ausblicken auf das Meer. Procida hat nicht nur malerische Meerbusen, sondern auch lange Strände, wie etwa die *Marina di Chiaiolella*, ein weitläufiger Sandstreifen auf der westlichen Seite. Vor allem Familien mit kleinen Kindern entspannen sich hier. Die Kieselstrände auf der nordöstlichen Seite sind nichts für zarte Kinderfüße. Ferner kann der Nachwuchs bedenkenlos im Meer tollen, denn das Wasser ist an dieser Stelle sehr flach. Besonders schön ist dieser Strand abends, wenn die Sonne hinter Ischia versinkt.

Für romantische Aufenthalte eignet sich der Fischerhafen der *Corricella*. Dieser ist als Kulisse für berühmte Streifen wie *Der Postmann* (1998; mit Philippe Noiret und Massimo Troisi) und Anthony Minghellas *Der talentierte Mister Ripley* (2001; mit Matt Damon und Gwyneth Paltrow) zur Hauptattraktion avanciert. Als wir, von Ischia kommend, auf die *Marina di Corricella* zusteuern, erfreuen wir uns am Anblick der bunten Fischerhäuser, die übereinandergedrängt wie Schwalbennester am Hügel kleben. Trotz des Hollywood-Ruhms ist die Bucht ein ruhiger Ort geblieben. Die paar familiengeführten Pensionen sind lediglich zu Fuß über alte Steintreppen zu erreichen. Oder per Schiff: Die Ankunft des Gastes wird vom Hotel aus per Boot organisiert. Einzige Geräuschkulisse bilden das Möwengeschrei und das Tuckern von einsamen Motorbooten. Ach ... noch etwas: Bettelnd vor den Fischrestaurants, miauen wehmütig ein paar magere Katzen.

Beim Mittagessen an der kleinen Mole erzählt uns der Wirt Kuriositäten und Legenden über den Golf von Neapel. Von oben gesehen zeige sich Procida wie ein flach gedrückter Tintenfisch mit ausgebreiteten Armen. Ischia dagegen sehe wie ein Ungeheuer aus. Man sagt, dass unter Wasser ein kolossaler Unhold schlafe, in der volkstümlichen Vorstellung der Vulkan, aus dem die phlegräischen Inseln – Ischia, Procida und die kleinere Vivara – vor Jahrtausenden entstanden sind. Von den Sagen zur Faszination für die weibliche Grazie ist der Schritt naheliegend. Bald ist von der Schönheit von Procidas Frauen die Rede. Deren mediterrane schlichte Anmut inspirierte zum Beispiel Alphonse Lamartine (1790–1869) zu der Novelle »Graziella«. Der französische Dichter verliebte sich hier in die glühenden schwarzen Augen eines Mädchens. Nach seiner Rückkehr nach Paris starb die junge Frau aus Liebeskummer. In Erinnerung an die bezaubernde Tochter eines Fischers wird jährlich ein Schönheitswettbewerb veranstaltet, bei der »die schönste Graziella« gekürt wird.

Um vier Uhr ist es dann Zeit, zurückzufahren. Die Sonnenstrahlen werden allmählich schwächer, und ein rauer Herbstwind kommt auf. Als wir ins Boot steigen, zieht einer eine Goretex-Windjacke an, ein anderer eine Wollmütze und eine Strickjacke. Auf der Rückfahrt kehrt unter der bislang quirligen Reisegesellschaft Stille ein. Beim sanften Licht der Dämmerung werden die Felsen pastellfarben, und unter dem Pulli duftet die Haut nach Sonne und Meer.

Amalfitanische Küste für eine Dame

Die Reisende aus Deutschland besucht das berühme *Café Gambrinus* zum letzten Mal. Übermorgen geht es zurück nach Deutschland. Am überfüllten Tresen wartet sie, bis einer der selbstverliebten Kellner in schwarzer Uniform sie endlich bemerkt. In dem Moment will sich jemand vordrängeln. Ein adretter Mann mit intelligentem Blick. Eigentlich sieht er gar nicht süditalienisch aus, eher mailändisch. Blaue Jeanshose, preußischblaue Ledermokassins und hellblau-weiß gestreiftes Hemd, runde Metallbrille, dunkelbraune leicht gewellte Haare. »Hey, hey, mein lieber Junge, ich komme zuerst dran.« Der kühle Blick von ihr schreckt ihn zurück: »*Signora prego, dopo di Lei*, nach Ihnen.« Ein schüchternes Lächeln, weggucken, dann wieder schauen, noch ein Lächeln, der Annäherungsversuch. »Sie sind nicht von hier, oder?« Nach fünf Minuten ist man schon per Du. »Schon das Archäologische Museum gesehen?«, fragt er jovial. »Und die Krippenstraße in der Altstadt? Den Posillipo-Hügel?« Alle Fragen werden bejaht. »Und Positano? Nein? Oh nein, aber du musst es dir unbedingt anschauen. *Bellissima*, der schönste Ort Italiens. Aha, du hast kein Auto? Ja, die Fahrt ist kompliziert. Richtig:

Du musst mit der S-Bahn, der *circumvesuviana* nach Sorrent fahren. In Meta di Sorrento steigst du in den Bus in Richtung amalfitanische Küste um. Echt schade, du bleibst nur noch einen Tag in Neapel? *Senti*, pass auf, ich könnte mir morgen einen Tag freinehmen und dich hinfahren. Was hältst du davon? Na klar! Überleg es dir. Hier ist meine Handynummer, ruf mich an. Ciao.« Herzliches Händeschütteln, und weg ist er.

Nun bleibt die Fremde in der überfüllten Bar am frühen Abend allein zurück. Draußen tobt der Verkehr. Am Brunnen erzeugt das Wasser einen weißen Schaum im Becken. Eine kleine Menschenmenge hat sich dort versammelt. Trillerpfeifen und Kreischen. Drei Männer steigen auf den barocken Marmorbrunnen und halten ein rotes Transparent hoch: *UDO* ist darauf zu lesen, *Unione Disoccupati Organizzati*, Verein der Organisierten Arbeitslosen. Die Frau überlegt. Eigentlich wollte sie am letzten Tag noch die Katakomben von San Gennaro besichtigen und den Nachmittag mit Shopping verbringen, ein paar Geschenke besorgen: ein kleines Korallenhorn für die beste Freundin, ein süßes T-Shirt für das Patenkind ... Hm.

Am nächsten Morgen liegt ein hellblauer Himmel über Neapel. Die Stadt ist ein junges Mädchen, das sich gut gelaunt in ihr blühendes Leben stürzt. Gedankenverloren läuft Parthenope durch das Menschengewühl und lacht aus vollem Hals, wenn jemand sie anschaut, einfach so. Nun sitzt die Touristin neben dem charmanten Mittvierziger in einem Wagen und sieht die Via Marina, die chaotische Straße am Hafen an sich vorbeiziehen. Kurz überlegt sie, wie leichtsinnig es ist, sich von einem Casanova umgarnen zu lassen. Innerlich kichert sie. Ihre Freundinnen werden verblüfft den Kopf schütteln, wenn sie sich nächste Woche im Café treffen und sie ihnen von ihrem Urlaub erzählen wird.

Der Wagen fährt an den chinesischen Containern im Hafen vorbei, für die das organisierte Verbrechen monatlich horrende Geldsummen kassiert, vorbei an der Brachlandschaft, wo einmal gut funktionierende Gewerbebetriebe angesiedelt waren, vorbei an den traurigen Vororten, die *città dormitorio*, Vorstädte, mit der höchsten Bevölkerungsdichte Italiens, in denen die Leute nur übernachten, um am nächsten Tag wieder zur Arbeit in die Metropole zu fahren. Einen Augenblick hält sie inne. Bin ich verrückt?, denkt sie, ich sitze mit einem Unbekannten im Auto.

An dieser Stelle muss ich sie als Autorin des Buches beruhigen. Alle Neapolitaner sind sich darüber einig, dass der Latin Lover einer aussterbenden Gattung angehört. Sein Stern sei unwiederbringlich gesunken, sagen auch meine männlichen Freunde. Der Frauenheld nach dem Muster des Don Juan sei eine groteske Figur, eine Erfindung der Literatur. Ihnen zufolge gebe es heute den *gallismo* nicht mehr; das Gockelverhalten des Süditalieners sei ein Relikt der frühen Fünfzigerjahre. Der italienische Mann sei nun ein Gentleman, der einer Dame in Schwierigkeiten gerne hilft. Er sei auf Eroberungen nicht versessen. Ihn interessiere die nette, gepflegte Konversation. So kultiviert könne er sich oft mit seinen Landsfrauen nicht unterhalten. Die neapolitanischen Frauen zwischen zwanzig und vierzig hätten nur Sex im Kopf. Sie hielten ihre tiefen Dekolletés wörtlich unter die Augen des irritierten Mannes wie eine Offerte: »Willst du sie? Dann nimm sie dir!« So viel Freizügigkeit stelle einen Kavalier vor große Schwierigkeiten. Früher sei alles ganz anders gewesen. Die weibliche Haut sei für einen Süditaliener ein verbotener Traum gewesen. Als dieses Gespräch stattfindet, sitze ich mit Freunden in Cetara, einem kleinen Fischerdorf an der Küste zwischen Amalfi und dem Provinzhauptort Salerno. Sehnsuchtsvoll erinnert sich einer der Freunde an ein Erlebnis aus seiner Jugend. An einem verregneten Tag ging er eine Gasse der Altstadt entlang und sah in einem Haustor, wie sich eine Dame im Regenmantel die Strümpfe unter dem Rock hochzupfte. Mit Herzklopfen sei er unter dem prasselnden Regen nach Hause gegangen und habe sich, erschöpft von der Vision, in den Sessel fallen lassen. Heute machen junge Leute Sex, weil sie es tun müssen. Sie möchten alles konsumieren, die neuen Klamotten, die Mofas, den Aperitif in den Bars und so auch die Liebe.

Weil es den Schürzenjäger nicht mehr gibt, kann ich mich an diesem Abend auf dem Restaurantstuhl zurücklehnen und die schöne Luft des Frühsommerabends genießen. Natürlich glaube ich nur die Hälfte von dem, was mir meine Freunde erzählen. Aber das soll zunächst reichen, damit die Heldin dieser Erzählung entspannt ihren amalfitanischen Traum genießen kann.

Was für ein Glück! Schließlich ist nicht Hochsaison und die Autobahn fast leer. Der Wagen gleitet dahin wie auf geölten Schienen. Ein Pinienwald, dann Pompeji. Hinter den hässlichen Neubauten des Hafenstädtchens Castellammare di Stabia ändert sich mit einem Schlag die Landschaft. Am Hang des Monte Sant'Angelo lag einmal der römische Ferienort *Stabiae*, der mit Pompeji beim Vulkanausbruch 79 n. Chr. unterging. Nach einem Tunnel tut sich grüne Natur und eine Berglandschaft auf, und nach einer Kurve grüßt einen das Meer. Kein Tuffstein mehr wie in Neapel, sondern scharfkantige graue Felsen. Ihr silbriger Glanz macht das Meer türkisblau. Erster Halt ist in Vico Equense. Ein grünes Gittertor führt in einen Oleander- und Piniengarten, wo sich eine Thermalanlage mit heißen Quellen befindet. Im Sommer stehen die Sonnenschirme und Liegestühle am Strand der kleinen Bucht dicht gedrängt. An diesem Morgen sind die Schirme geschlossen und die Liegen zur Seite gestellt. Der olivgrüne Stoff flattert in der Meeresbrise. Ein altes Haus mit rundem Bogen und schwarz-weiß gekacheltem Keramikboden. Die Dame am Eingang ist freundlich, sie begleitet die Besucher auf die runde, auf einen Felsvorsprung gebaute Terrasse. Gegenüber liegt die azurblaue Silhouette des Vesuvs. Von hier sieht der Vulkan wie eine abgebissene Nase aus, ein Sahnepudding, der in der Sonne schmilzt.

Der Golf von Neapel ist auch für seine vulkanischen Quellen bekannt. Von Mai bis September besuchen zahlreiche Badegäste die Thermen des Scrajo. Hier kann man und frau sich massieren oder epilieren lassen und Fangopackungen unterziehen. Und weiter: Wassergymnastik, Gesichtspeeling, Shiatsu, Yogamassagen und Gespräche mit dem Ernährungswissenschaftler ergänzen das Angebot für die dekadente Schickeria. Auf einem Felsplateau ist ein Schwimmbecken in den Stein gehauen. Das Thermalwasser riecht zwar penetrant nach Schwefel, aber es tut der Haut gut, nach dem Bad werde sie rosig und zart wie Engelhaut, meint der charmante Begleiter, während sie auf der Terrasse stehen und nach unten zum Strand schauen. Er lächelt und legt behutsam einen Finger auf ihren nackten Arm. »Komm bloß nicht im Juli oder im August hierher!«, fährt er fort. Zu überlaufen sei der kleine Kieselstrand: Schreiende Kinder und badende Matronen suchen in den Wellen Erfrischung. Auf den Sonnenliegen erzählen Tussis am Funktelefon ihrer Freundin, die in der Stadt schuften muss, wie herrlich hier alles sei und wo sie gestern Abend mit dem Freund essen gewesen sei. »Lass uns weiterfahren!«

Bei Meta zeigt ein blaues Schild nach links: Positano. Die Landstraße wird enger, ein dem Felsen abgerungener Weg inmitten üppiger Vegetation. Zwischen den Orangengärten und Olivenhainen stehen Granatäpfel- und Feigenbäume, Maulbeerbüsche und Agaven. Kleine Dörfer, Landhäuser und Bauernhöfe liegen am Weg. Schwarze Netze sind unter den Olivenbäumen für die Ernte gespannt. Jetzt schweigt der aufmerksame Weggefährte, lächelt vor sich hin, wie selbstvergessen. Er weiß, was sie hinter dem Pass Pizzo Colonna erwartet. Die Bucht von Neapel lassen sie hinter sich. Gleich sind sie am Golf von Salerno, dem Meeresbusen der Sirenen. Überall Oliven- und Pinienbäume. Und doch taucht plötzlich hinter einer Kurve der tief abfallenden Straße das Blau auf: die *costiera amalfitana*, die vierzig Kilometer lange kurvige Küstenstraße, die bildhübsche Städtchen von Positano bis Vietri sul Mare mit dem Hauptort Salerno verbindet.

Das Meer funkelt, drei kleine Inseln erscheinen am Horizont, hell wie Milchschokolade, die Umrisse sind verschwommen, fast weiß. Der Kavalier erzählt von Fabelwesen und Besuchern dieser Orte. An diesen Inseln musste Odysseus vorbeifahren und dem süßen Gesang der Sirenen trotzen. Und sei das Lied der Mischwesen, halb Mädchen, halb Vogel, nicht eine Metapher für die betörende Kraft der Liebe? Odysseus ließ die Ohren seiner Gefährten mit Wachs verschließen und sich am Schiffsmast festbinden, um nicht dem Gesang zu erliegen. Dadurch konnte er der Verführung widerstehen, aber die Erinnerung an die Faszination der Liebe sei er nicht mehr losgeworden. Vielleicht feiere das Lied die sinnliche Ausstrahlung dieses kleinen Erdflecks. Die unfassbare Schönheit der Felsenküste flößt einem Staunen ein. Man könnte versuchen, ihr gleichmütig gegenüberzustehen. Der Versuch müsse jedoch scheitern. Wie Odysseus bleibe man an die Aussichtspunkte gebunden und spüre das dringende Verlangen, sich ins Meer zu stürzen. Später erinnere man sich an den Gesang dieser Orte sein ganzes Leben lang.

»Li Galli«, so heißen die kleinen Inseln, ein Erholungsort für die Reichen und die Schönen. In einem Landhaus verbrachte der gefeierte Dramaturg Eduardo De Filippo seine Ferien. Hier lebte der kranke Rudolf Nurejew seine letzte große Liebe. Der russische Tänzer vermachte seine Villa einer Stiftung, die wiederum vor Kurzem den schlichten Bau versteigern ließ. Eine große Hotelkette schlug zu und wollte hier ein Eden für Millionäre errichten. Das Model Naomi Campbell sei als Zugpferd für den Edelschuppen im Gespräch gewesen. Der Bürgermeister des Städtchens Positano protestierte aber gegen das kommerzielle Vorhaben, das die Naturlandschaft verschandeln würde. Die Bucht ist ohnehin voll von Jachten und Fähren. Die Landesregierung schaltete sich ein und klagte in Brüssel gegen die Hotelmanager. Erfolgreich.

Die Inseln der Sirenen gehören nun der Regione Campania, die hier ein Naturschutzgebiet zu schaffen gedenkt.

Die milde Luft, die vielen Kurven haben die Besucherin müde gemacht. Schläfrig, ein wenig anlehnungsbedürftig. Oder ist der Sirenengesang am Werk? Inzwischen hat der Gentleman seinen Arm um ihre Schulter gelegt. Stille. Kein Auto fährt vorbei. Grillenzirpen und der Duft von Piniennadeln, gelbe Ginsterblüten wehen im leichten Wind. Das Wasser unten hat eine tiefblaue Farbe. »Der langsame Pfeil der Schönheit« versetzt dem Herzen einen leichten Stoß.

»Komm, fahren wir weiter!«

In einer Ausbuchtung parkt ein Dreirad. Pralle Agrumen liegen aufgetürmt auf dem dürftig zusammengeschusterten Verkaufsstand, geschmückt mit Zitronenblättern. Viele haben die Größe einer Honigmelone. Wieder anhalten und schauen. Der Verkäufer, ein Mann mittleren Alters mit braunem Gesicht und ungepflegtem Bart, kommt ihnen entgegen. »*Signurì, guardate 'ccà*, Schauen Sie«, zeigt er auf die aufgetürmten, riesigen gelben Früchte. Der Verkäufer nimmt eine, schneidet eine hauchdünne Scheibe ab und verschlingt sie mitsamt Schale in einem Biss. So steige der *profumo*, der Duft der ätherischen Öle, durch den Gaumen bis ins Gehirn, mache den Kopf frei, der frische Geschmack rege erhabene Gedanken an.

Der charmante Weggefährte wählt jetzt eine voluminöse Zitrusfrucht, streichelt sie, riecht daran, bevor er sie seiner Begleiterin reicht. »*Un regalo!* Eine Kleinigkeit für Sie als Andenken von der *Costa d'Amalfi.*« Um das Liebesglück von Jupiter und Juno zu feiern, habe die Erde am Tag von deren Vermählung die Zitronen gedeihen lassen, erzählt er. Und weil sie unter dem Licht des Südens wachsen, würden sie in der christlichen Religion ewiges Heil versinnbildlichen. In der Liebe seien sie Symbol der Treue, da die Bäume das ganze Jahr über Früchte hervorbringen.

Nach tausendundeiner Kurve erreichen die Reisenden Positano, die »Perle der Amalfi-Küste«, der glamouröse Ort mit den weißen und rosafarbenen arabisch anmutenden Häusern, die an den hängenden Felsen aufeinander gebaut wurden. Die Dörfer der Küste scheinen wie in die Landschaft hineingewachsen zu sein. Das Auto bleibt nun in der Parkbucht stehen. Zu Fuß wollen die beiden in Richtung Strand gehen. Sie laufen durch die engen gepflasterten Gässchen, vorbei an Hotels und an klitzekleinen Terrassen mit Aussicht auf die silbrig schimmernde Küste, vorbei an Keramikläden und an den Wägelchen, die Zitronensorbet verkaufen, vorbei an pittoresken Geschäften mit der »Positano-Mode«; weiße Leinentunikas, handbestickte Blusen, Capri-Hosen, Ledersandalen hängen an den kalkweißen Wänden. Und dann warten noch dunkelblaue Strandtücher, Strohhüte, hellblaue und weiße Mützen in den Auslagen auf Kundschaft. Gegenüber vom Palazzo Murat, dem luxuriösen Hotel mit maurischem Innengarten, verkauft ein Maler unterm Fliederbaum Veduten von Meer und Felsen in schrillen Farben. Ältere Damen aus Holland bleiben stehen und überlegen sich den Kauf. Nach einigen Treppenstufen sind die beiden endlich am kleinen Hafen angelangt. »Wollen wir etwas essen?« Der Charmeur fasst die Frau an der Hand und führt sie zur Restaurantterrasse. Aufgetischt werden ein körniger *risotto alla pescatora*, Risottoreis mit Venusmuscheln, und *frittura di pesce*, frittierte Fische und Kalamaris. Es fließt viel eiskalter *Falanghina*, der fruchtige Weißwein Kampaniens. Die Dame fühlt sich jetzt weich wie ein Krabbenbaby. Sie schließt die Augen, spürt den Salzgeruch der Brise …

»*Signora, signò!* Ihr *caffè* ist kalt geworden!« Jemand schüttelt sie am Arm. Sie macht die Augen auf und – was für eine Enttäuschung – ist nicht in Positano, sondern an der lärmenden Piazza Trieste e Trento in Neapel. Der Frauenliebling hat sich in Luft aufgelöst. Er ist weggegangen, nachdem er ihr den Weg zum Hafen erklärt hat, von wo sie das Schiff in Richtung Positano-Amalfi nehmen wird.

Nach Amalfi mit der Fähre

Also *da capo*. Vom Fährhafen Beverello fahren täglich von April bis Oktober Tragflügelboote und Fähren der Linie *Metromare* in Richtung Amalfi. Statt auf der Autobahn und der etwas anstrengenden Serpentinenstraße erfreut man sich am Anblick der Bucht von Neapel vom Meer aus. Ab Vico Equense überrascht die vielseitige Naturlandschaft der sorrentinischen Halbinsel: Felsen, Wälder, Meer und kleine Strände. Zwischen Steilklippen, Terrassengärten und den Orangenhainen lugen Villen, Hotels und Landhäuser hervor. Das Vorgebirge ist am Wochenende Ziel vieler Ausflügler, die sich auf ehemaligen Maultierpfaden auf Wanderungen zwischen den Zitronengärten begeben, auf der Suche nach einem der vielen Aussichtspunkte.

Wenn das Schiff an der Hafenmole in Sorrent anlegt, schaut man direkt auf die edlen Absteigen, wo schon Goethe, Byron und Dumas verweilten. Ist der ockerfarbene Bau mit den Arkaden nicht das Hotel, wo Richard Wagner zum letzten Mal den jüngeren Nietzsche traf? War das Schiff zwischen Neapel und Sorrent halb leer, wird es jetzt von Touristengruppen im Sturm eingenommen. Amerikaner in weißen

Joggingschuhen, Japanerinnen mittleren Alters in beigefarbenen Capri-Hosen, Australier und Deutsche, alle wollen den schönsten Platz an Deck erobern. Jeder will als Erster einsteigen und möglichst eine ganze Reihe besetzen, für den unverstellten Blick auf die Sirenenküste. *»Piano, piano!«*, sagen die Matrosen, die die Fahrtickets abreißen. »Langsam, es gibt für alle Platz.« Nun macht auch die kleine Bar auf. Mütter mit ihren Kindern, Pärchen, ältere Damen, beleibte Herren stehen am Tresen und möchten bedient werden. Chipstüten, Soleroeis und Cornetto, Espresso in kleinen, Bier in großen Pappbechern gehen über den Ladentisch. Manche verlangen auch nach den pappigen Pizzastücken, die seit einigen Tagen ungewollt in der Vitrine liegen. Wenn das Schiff Kap Campanella umfährt, erhebt sich die Insel Capri gegen den Himmel wie ein großes Krokodilmaul. Elektrisiertes Durcheinander, fieberhaftes Hantieren: An Deck stehen die Bootsinsassen mit Fotoapparat und / oder Filmkamera beziehungsweise Fotohandy in der Hand. »Ooooh! Amazing. Aaah!« Es wird geblitzt, geknipst und kommentiert. Um ein einzigartiges Bild aufzunehmen, steigen einige sogar auf die Plastiksitze, halten sich am Partner fest, der neben ihnen steht, und sprechen ins Mikrofon der Handkamera ihre spontanen Eindrücke beim Anblick der blauen Pracht. Zu Hause, in Milwaukee, Sydney und Tokio werden sie versuchen, die Emotionen der Seefahrt zwischen dem Vorgebirge von Sorrent, Capri und Positano wieder zu erleben.

Noch ein letzter Blick zurück auf Capri, dann nach vorne schauen. Rechts erscheint das Atoll *Li Galli*, zum Greifen nah. Wie bescheiden und zurückhaltend wirken die teuren Paradiesinseln, von denen so viel die Rede in den Zeitungen war: eine Plattform aus kargen Kalkfelsen, ein kleiner Pinienwald, ein terrakottafarbenes Haus und ein scheinbar verfallener Sarazenenturm. Eigentlich war es die kostspielige Bleibe eines prominenten ausländischen Künstlers – so erzählt ein Matrose, der zum Glück für die amerikanischen Touristinnen als Fremdenführer improvisiert.

Auf der Strandlinie entdeckt das Auge einige Grotten und winzige Kieselstrände. Urlauber – oft sind es Pärchen – lassen sich mit einem Boot dorthin fahren, um einen ungestörten romantischen Tag zu verbringen. Das Schiff, das sie begleitet hat, kehrt zum Hafen von Positano zurück und holt weitere Pärchen und Sonnenhungrige ab, die in der gleichen kleinen Bucht landen werden. Der Wunsch vom Alleinsein am kleinen Kieselstrand bleibt meist unerfüllt. Einige finden dennoch in den Felsenhöhlen ein intimes Versteck. Eins davon heißt *Grotta del Miracolo*, die Wundergrotte, offenbart scheinheilig der Matrose. Zu zweit gehe man hinein, und heraus komme man zu dritt. Der blinde Passagier werde erst nach ein paar Monaten bemerkt, wenn sich der Bauch der Frau zu wölben beginne.

Vor der grandiosen Steilküste erhält man eine Vorstellung von der Wucht, mit der in prähistorischen Zeiten die Klippen aus dem Wasser stiegen. In einer Schlucht liegt die Bucht von Positano. Die Fähre legt an. Touristen mit Turnschuhen und Rucksack gehen an Land, andere Touristen mit Turnschuhen und Rucksack kommen an Bord.

Marina Grande (großer Hafen) heißt der Ankerplatz, doch erscheint er als *Marina piccolissima*, ein kleiner Steg, ein Kieselstrand, einige Boote, ein paar Häuschen, wo Tickets für Ausflüge nach Amalfi und Capri verkauft werden. An der kleinen Promenade steht ein Restaurant neben dem anderen, dazwischen Souvenirläden, die auch alles Nötige für einen gelungenen Ferientag an der *costiera* verkaufen: Sonnencreme, Strandtücher, Badeanzüge und Bikinis, Badelatschen, Schwimmflossen und Tauchermasken.

Wo ist die famose Positano-Mode, die legere Kleidung für die heißen Sommertemperaturen? In dem Strohhut und der geblümten Leinenbluse versteckt sich das Schild »Made in China«. Man verweilt am Postkartenstand: Wie schön doch

Positano mit den smaragdgrünen und gelben Majolikakup-
peln und den übereinandergebauten Häusern ist! Man wählt
einige Postkarten aus. Dann setzt man sich ins Café und erholt
sich von der Seefahrt, bevor man zur Entdeckung der Gassen
übergeht. Der Blick auf die Speisekarte macht klar, dass der
Tag eine kostspielige Angelegenheit werden wird. Der
Espresso kostet vier Euro und für die Pizza Margherita, für die
am Tag zuvor in der Altstadt von Neapel drei Euro fünfzig
bezahlt wurden, werden hier zehn Euro verlangt. Aber was
soll's? Man ist nur einmal in Positano, und dieser Blick vom
Café über den Strand und das blaugrüne Meer hinweg ist
schon etwas ganz Besonderes. Neapolitanische Familien kommen sonntags aus Torre Annunziata, Pompeji und Castellammare hierher, zum Mittagessen oder um einen Espresso zu
trinken. Die Behörden versuchen, den regen lokalen Autoverkehr unter Kontrolle zu bekommen. Am Wochenende
und an Feiertagen heißt es *targhe alterne*, Verkehrsbeschrän-
kung, nur Anwohner und abwechselnd Autos mit geraden
oder ungeraden Kennzeichen dürfen passieren und selbstverständlich Autos mit ausländischem Kennzeichen.

Die Haltestelle der *Metromare* war in Positano lange
umstritten. Die Kommunalpolitiker, die in den letzten Jahren
emotionale Wahlkampagnen im Namen des Umweltschutzes
führten, wehrten sich zunächst gegen das öffentliche Ver-
kehrsmittel. Positano sei zu klein, um dem Ansturm der vielen Touristen standhalten zu können. Man wolle nicht, dass
das wunderschöne Nest zu einer Art Disneyland verkomme.
Böse Zungen meinen, die vielen Prominenten aus Kunst und
Film, die in ihren Villen an der *costiera* wohnen, hätten
bewirkt, dass Positano exklusiver Ferienort für wenige bleibt.
Mit ihrer Autorität als VIPs würden sie Einfluss auf die Politik
ausüben. Abgesehen von diesem Klatsch und Tratsch, die
Landschaft der amalfitanischen Küste ist in Italien einmalig
und soll beschützt werden. Weil sie eine ziemlich exponierte
Stellung in den Medien hat, trauen sich auch die Mafiosi nicht

mehr, hier illegale Betonklötze hinzusetzen. Neulich schalteten sich der Umwelt- wie der Kulturminister persönlich ein und bewirkten den Abriss eines widerrechtlich gebauten, noch unfertigen Hotels.

Positano selbst wie die benachbarten Dörfer sind für ihre Keramikproduktion bekannt. Hier befinden sich zahlreiche Werkstätten. Die Herstellung von Keramikgegenständen ist typisch für das Gebiet zwischen Positano und Vietri, dem letzten Ort der amalfitanischen Küste vor den Toren des Provinzhauptorts Salerno. Dass hier die Keramik eine große Tradition hat, merkt man zum Beispiel daran, dass in privaten wie öffentlichen Gebäuden stets ein schicker, glänzender Majolikaboden gelegt wird. In den Dreißigerjahren bemalte die gebürtige Polin Irene Kowaleska (1901–1991) Krüge und Schalen mit allen schönen Dingen der Amalfi-Küste: Fische und Esel, Bäume, Früchte, Mütter mit großäugigen Kindern, Liebende und Sterne in den Farben Blau, Rot und Grün. Mit diesen amalfitanischen Motiven führte Kowaleska einen neuen Stil in die lokale Töpferkunst ein. Weil sie mit dem deutschen Künstler Armin T. Wegner verheiratet war und deutsch sprach, nennt man diese Stilrichtung *periodo tedesco*, deutsche Periode. Die Originalität bestand darin, Menschen und Tiere zusammen auf Gebrauchsgegenständen wie Tellern und Schalen darzustellen. Bis dahin hatten die Amalfitaner vor allem religiöse oder barocke Motive gemalt wie die Madonna und diverse Heilige. Kowaleska veredelte und romantisierte das Leben der Fischer und der Bauern. Wegen der Keramiktradition hat Positano auch eine Städtepartnerschaft mit dem oberfränkischen Thurnau. Dass die Beziehung zwischen den Städten kein Aprilscherz ist, ist auf der Internetseite von Markt Thurnau zu entdecken, wo eine Webcam mit Positano verlinkt ist. In der Mittagspause kann so der Angestellte im fernen Deutschland zu der Bucht der Sirene »surfen« und beim Anblick dieses benedeiten Erdwinkels seufzen. Der Kontakt zwischen Nordbayern und der *costiera* entstand durch

Wilhelm Kempff. Der weltberühmte Pianist wohnte in der Nachkriegszeit im Schloss Thurnau und ging später nach Positano, wo er sich 1954 eine schlichte wie beeindruckende Villa zwischen Oliven- und Pinienbäumen bauen ließ. Heute ist hier die nach ihm benannte Musikstiftung untergebracht, in der jährlich exklusive Beethoven-Meisterkurse abgehalten werden. Einmal im Jahr präsentieren die jungen Künstler dem Publikum ihre Interpretation der beethovenschen Klaviermusik.

Wenn man anfängt, sich mit der Keramik zu beschäftigen, kann dies leicht zu einer Sucht werden. Ein Freund von mir ist leidenschaftlicher Sammler von Keramikobjekten. In seiner kleinen Wohnung in Neapel stapeln sich die Pappkartons: In den Ecken, hinter der Eingangstür, unter dem Fernseher, dem Bett, dem Schreibtisch, im Schrank unter den ordentlich aufgereihten Anzügen und Krawatten ruhen sorgfältig in Papier eingewickelte Statuetten von koketten Bäuerinnen und diabolischen Böcken, kleine und große Teller, Krüge und Schalen. Der Freund ist in Vietri, der Hauptstadt des Töpferhandwerks, geboren. Er habe quasi mit der Muttermilch die Passion für die Töpferkunst eingesogen, so erklärt er sich seine Sammelwut. Keramik und Frauen habe er gesammelt und sei immer noch dabei, erklärt er mir mit einem verschmitzten Lächeln, wo er noch vor einer halben Stunde der These zugestimmt hatte, dass der Latin Lover ein Auslaufmodell sei!

An der Amalfi-Küste kann man in der Tat in Kaufrausch geraten, wenn man das Atelier eines Handwerkers oder einen Keramikladen besucht. Abgesehen von der industriellen Produktion, die dunkelblaue Schalen mit Zitronenmotiven massenweise auf den Markt wirft, kann man Geschirr mit verschiedenen Motiven und Farben finden. Die Amalfitaner bevorzugen die Farben des Meeres: Türkis, Hellblau, Ultramarin und Smaragdgrün dominieren. Aber auch transparent aufgetragene Nuancen in Weinrot, Feigengrün und Zitronengelb sind sehr gefragt. Die Motive sind die klassischen der Irene Kowaleska: Fische, Esel und Küken. Aktuell erfahren auch der Widder und die Schildkröte Hochkonjunktur. Und nicht zu vergessen das Sujet mit Olivenblättern und -früchten. Wie Themen und Stil variieren auch die Preise erheblich, je nachdem, ob man im teuren Positano oder im weniger bekannten Raito kauft, dem kleinen Ort bei Vietri mit dem gut besuchten Keramikmuseum.

Wenn die Fähre *Metromare* Positano verlässt, erkennt man an der Küste normannische Verteidigungstürme, von denen aus die Schiffe der Sarazenen rechtzeitig erblickt werden sollten. Man braucht keine große Phantasie, um sich vorzustellen, dass dieser Landstrich im Mittelalter Ziel gieriger Piraten war. Doch lässt die bezaubernde Landschaft die dramatischen Bilder von Plünderungen und Besatzungen alsbald vergessen. Sie flößt dem Betrachter doch eher Visionen von amourösen Abenteuern ein, bei denen das karolingische Europa mit dem Orient zusammentrifft. Wie sonst sind die vielen hellen und blauäugigen Sarazenengesichter zu erklären?

Das Auge erspäht nun einen riesigen Schriftzug am Felsen: *Visitate la Grotta Smeraldo*. Die stärkste Konkurrentin der blauen Grotte Capris lockt mit ihren kobaltgrünen Naturhöhlen. Und auf einem Felsvorsprung steht ein schnuckeliges Häuschen, *la suite matrimoniale*, die Suite eines Luxushotels, die vorwiegend frisch vermählte Paare für ihre Flitterwochen reservieren.

Die amalfitanische Küste ist das Mekka der Brautpaare. An der Kathedrale von Sant'Andrea in Amalfi erklimmt eine junge Braut mit langer Schleppe am Arm ihres Vaters die 62 Stufen der Freitreppe, unter den bewundernden Blicken von Verwandten und schaulustigen Touristen. Bevor sie den Anstieg begann, streichelte ihr die fein herausgeputzte Mutter die Wange und sagte wie verträumt »*Siì bella, siì bella*«. Du bist schön. Ja, ja, so ist es, das Mädchen geht, und kein einziges Mal dreht es sich zur Mutter um, die noch einen Augenblick wartet, bis sie dem Festzug folgt. Oben wartet der Bräutigam. Er sieht ein bisschen ängstlich aus.

An der idyllischen Küste heiratet das Bürgertum, inländische wie ausländische Prominenz. Es ist einfach *très chic*, in Positano oder in Amalfi zu heiraten. Evangelische und anglikanische Pastoren haben zwischen März und Oktober alle Hände voll zu tun, um Termine für die Trauung ausländischer Paare an den verschiedenen Orten der *costiera* zu koordinieren. Das Business läuft gut. Die Agenturen, die sich auf die Organisation von Hochzeitsfeiern spezialisiert haben, sprießen wie Pilze aus dem feuchten Waldboden. Viele empfehlen die kleine Bucht von Nerano (bei Sorrent) oder von Conca dei Marini (bei Positano) für ein romantisches, fulminantes Fest unter freiem Himmel. Um alles kümmern sie sich, von den Hotelbuchungen für die geladene Gesellschaft bis zum Transfer vom Flughafen zum Hotel und vom Hotel zur Trauung. Je finanzkräftiger das Brautpaar, desto ausgefallener die Ideen. Die Braut kommt mit Segelboot im Sonnenuntergang an, der Bräutigam wartet auf sie am Steg. Oder sie landet im Hubschrauber im Garten einer luxuriösen Villa am Hang, die Trauung findet unter einer Fliederpergola statt. Und sie trägt in den Haaren und im Blumenstrauß duftende Orangen- und Zitronenblüten wegen der Liebessymbolik. Und für etwas Geld – natürlich ist es nur eine Spende – zelebriert der katholische Priester die Trauung, auch wenn man seit der Zeit der ersten Kommunion den Kirchenboden nicht mehr betreten hat. Schließlich geht es darum, dass später die Kinder nach dem römisch-katholischen Brauch getauft und erzogen werden. Also: *salute e figli maschi!* Prost und vor Gesundheit strotzende Söhne möge euch Gott schenken!

Dank der besonderen mikroklimatischen Gegebenheiten zwischen Berg und Meer gedeihen die Zitronen hier prächtig. Amalfis Zitronen sind wegen ihres milden Geschmacks weltweit bekannt. Anders als die herkömmlichen Sorten, die überall zu kaufen sind, schmecken sie weniger sauer, eher fruchtig und sanft. Auch die weiße Haut, die die Amalfitaner *pane*, also Brot nennen, hat kein bitteres, sondern ein eher neutrales, delikates Aroma. *»Il limone d'Amalfi«*, die Zitrone ist überall der Protagonist in den Lebensmittel- und Feinkostläden wie in Restaurants und Bars: Abgesehen von dem nun nahezu trivial gewordenen Zitronenlikör *»Limoncello«* werden alle erdenklichen Süßigkeiten aus Zitronen hergestellt. Milch-, Herren- und weiße Schokolade, Mandel- und Nusskekse, sogar Tiramisu bereitet man mit der frischen Schale und dem Saft der gelben Frucht zu. Natürlich gibt es auch Zitronenmarmelade in jedem möglichen Zucker-Frucht-Verhältnis. Die Spezialität der hiesigen Konditoreien ist die *delizia al limone*, ein Gebäck aus Biskuitteig in Form eines kleinen, runden Busens wie auf einem Tiziangemälde. Außen hat es eine milchige Zuckerglasur, innen eine samtige Zitronen-Sahnecreme. Auf der Spitze der kalorienhaltigen Wonne liegt eine zierliche Walderdbeere.

An der ganzen Küste von Neapel bis Salerno spielt die Zitrone die Hauptrolle. In meiner Familie auch: Mein Vater hat den kleinen Garten um unser Haus in sein Zitroneneden verwandelt. Wegen ihrer therapeutischen Eigenschaften findet die Zitrone in Moreses Alltag konstant über das ganze Jahr hinweg Verwendung. Schließlich sei das eine süditalienische Tradition, meint Papà. Weil sie reich an Vitamin C sei, kämpften die amalfitanischen Seeleute im Mittelalter damit gegen Skorbut. Viel mickriger sind heute die Krankheiten, gegen die sie Anwendung findet. Hast du Kopfschmerzen? Dann hilft ein Tropfen Zitrone in starkem Espresso. Halsschmerzen? Zitronensaft gurgeln. Mückenstiche? Den säuerlichen Jus auf den Einstichpunkt tröpfeln. Hat man zum romantischen Dinner Fisch geputzt und Knoblauch geschält? Sofort die Finger mit einer Zitronenhälfte einreiben, und schon ist die Hand wieder geruchsfrei und bereit für die Liebkosung.

Für viele ist Amalfi ein Ort, der zu Fuß erkundet werden muss, um die Faszination der Naturlandschaft voll zu genießen. Die meisten Einheimischen bevorzugen jedoch den fahrbaren Untersatz. Deswegen herrschen besonders an den Wochenenden an der *costiera* katastrophale Zustände. Von Salerno bis Positano gibt es dann einen einzigen vierzig Kilometer langen Stau. Wenn die Beziehung kriselt, ist eine Fahrt hierher nicht gerade empfehlenswert. Es sei denn, man will wirklich Schluss machen. Der Mann am Steuer ist genervt und sagt nichts mehr. Die Frau ist hysterisch. So endet der Samstagabend des Salernitaners.

Ein weiterer lohnenswerter Ausflug führt nach Ravello. Von Amalfi fährt ein Bus dorthin. Er passiert Atrani, einen malerischen Ort über dem Meer. Einst Fischerdorf, ist der Ort heute Millionären vorbehalten. An allen Orten der amalfitanischen Küste sind die Immobilienpreise sehr hoch. Eine Wohnung in Paris mit Blick auf den Eiffelturm ist im Vergleich dazu ein Schnäppchen. Nach links geht die Straße nach Ravello ab. Eine Marmortafel erinnert an Richard Wagner, der auf einem Eselsrücken durch die terrassenartigen Weinberge Ravello erreichte.

In Ravello ist alles sauber. »Du findest nicht einmal ein achtlos weggeschmissenes Papiertaschentuch auf dem Straßenboden!«, sagte immer die Schwester meiner Mutter, eine echte Liebhaberin des Ortes. Die Nachrichten über die Müllberge in Neapel erscheinen wie eine weit entrückte Geschichte, nicht von dieser paradiesischen Welt. In Ravello angekommen, wird sofort klar, dass hier andere Maßstäbe gelten als sonst in den Städten Kampaniens. Angefangen bei der höflichen Bevölkerung, die sich geduldig Zeit nimmt, um dem Fremden ihre Stadt zu erklären, im Souvenirgeschäft, in der Bar wie an der Bushaltestelle. Der zentrale Platz mit dem romanischen Dom ist ein beschaulicher Ort. Die staubigen, pastellfarbenen Häuserfassaden erinnern an ein Gemälde von Massimo Campigli. Das alles ist kunstvoll erhaltene Kulisse. Die Stadt ist komplett auf Tourismus eingestellt, sie hat den

alten Charme des exklusiven Ferienortes zu ihrem Marken-
zeichen gemacht. An der linken Seite des Doms warten im
Schaufenster des Juweliergeschäfts die roten Korallenhalsket-
ten und die Broschen aus Türkis auf betuchte Kunden. Rechts
vom Dom beherbergt ein schicker Glaspavillon Ravellos Info-
zentrum. Die erklärte Absicht, die Zeiten der *dolce vita* mit
Jackie Onassis und Gianni Agnelli wie unter Glas zu konser-
vieren, ist keine anstrengende Bemühung für die Ravellitaner.
Es gelingt ihnen ganz natürlich und selbstverständlich. Die
Erdbeeren des schönen Lebens haben nur ein wenig von ihrer
Glanzfarbe verloren, schmecken aber genauso süß wie damals.
Der Postkartenblick von der Terrasse *Belvedere Principessa di
Piemonte* oder von der Villa Rufolo aus ist der gleiche wie frü-
her. Dank der Entfernung nimmt man die Betonblöcke, die
die Küste bei Maiori und Minori verschandelt haben, als stö-
renden Faktor kaum wahr.

Ravello strahlt die Grazie des beschaulichen Lebens in der
italienischen Provinz aus. Die Liste der Fünf- und Viersterne-
hotels suggeriert dennoch, dass hier kein provinzielles Leben
geführt, sondern sich luxuriös erholt wird. Einige der feinen
Hotels sind in ehemaligen aristokratischen Palästen untergebracht. Ein Palazzo, in dem sich jetzt ein Luxushotel befindet,
gehörte zum Beispiel dem niederländischen Königshaus.

Wie auch an anderen Orten der amalfitanischen Küste
wimmelt es nur so von Namen berühmter Persönlichkeiten,
die hierherkamen, die Ferien verbrachten, zu Kunstwerken
und Publikationen inspiriert wurden und dann wieder gingen. Das *Ravello-Festival* trägt ebenfalls zur Legendenbildung
bei. Jedes Jahr werden angesehene Künstler und Autoren zum
Auftritt eingeladen. Angefangen hat es als Musikfestival zu
Ehren von Wagner, der nach dem Besuch der Villa Rufolo die
»Gärten des Klingsor« komponiert haben soll. Zur Tradition
des Festivals gehört das Konzert unter freiem Himmel in der
Morgendämmerung.

Aber nach Ravello reist man nicht zum Festival, sondern

mit der Geliebten, aber bitte nicht mit irgendeiner. Sie muss die große Liebe sein. In der heute öffentlichen *Villa Cimbrone* erlebte Greta Garbo Stunden »geheimen Liebesglücks«. Vielleicht deswegen kommen manche Brautpaare nach dem Hochzeitsbankett für ihre Hochzeitsnacht her. Und wenn man hier jemanden wirklich geliebt hat, wird man die Erinnerung an die Ruhe, die Abgeschiedenheit, die Panoramablicke nie mehr vergessen. Denn Ravello ist ein magisches Omen und ein Virus zugleich. Nach den vielen Kurven der amalfitanischen Küste, die einem Gang zum Läuterberg ähnlich sind, ist im lichten, stillen Eden der »Terrasse der Unendlichkeit« der Villa Cimbrone der Gedanke an das lärmende Neapel vollständig erloschen, der Höllenstadt, in der man Ellbogen an Ellbogen geht wie die Verdammten in Dante Alighieris Poem »Göttliche Komödie«.

Könnte man nicht alles hinter sich lassen? Den Job kündigen, Familie, Haus und Freunde verabschieden, sich hier niederlassen. Man könnte als Übersetzer arbeiten, Schriftsteller oder Künstler. Oder könnte man mit Telearbeit für die Firma weiter tätig sein? Heutzutage gibt es ja das Internet. Wichtig wäre es, eine angemessene Bleibe zu finden, mit Blick auf den Golf, zwischen Olivenbäumen und Oleandersträuchern. Warum nicht einen der Sarazenentürme? Einen hatte der Filmproduzent Carlo Ponti seiner Ehefrau Sophia Loren zur Geburt des zweiten Sohns geschenkt. Vielleicht ist dies nicht gerade die Preisklasse, in der man sucht. Aber egal, probieren könnte man es ja. Was hindert einen daran? Und doch nimmt man den Traum, alles hinter sich zu lassen, mit nach Hause, wenn die Ferien zu Ende sind und die Zeit gekommen ist, den Rückflug anzutreten. Der Traum schläft in einem den Herbst und den ganzen Winter hindurch. An einem verregneten Tag im März, wenn der Frühling weiter auf sich warten lässt, krabbelt er aus den Ganglien des Gedächtnisses wie der Krebs aus der Muschel. Draußen regnet es, und man muss Licht anhaben, um arbeiten zu können. Du legst die Hände von der Tastatur weg, überhörst die Stimme der Kollegin, die dich schon wieder um Hilfe bittet, und lehnst dich zurück. Es genügt, die Augen zu schließen, und die Bilder kommen wieder. Wie gut, denkst du, dass der Traum nur ein Traum blieb. Niemand wird dich jetzt aus dem Paradies vertreiben.

Wörterbuch der Allgemeinplätze zu Neapel

Autoverkehr: Die Neapolitaner halten bei Rot nicht an. Sie sind überzeugt, dass Ampeln den Verkehr behindern.

Distanz: »Neapel ist nur zwei Autostunden von Rom entfernt, sieben von Mailand, doch scheint es wie von der zivilisierten Welt abgetrennt.« (Sergio Castellito, Schauspieler)

Donna napoletana: Sie liebt ihren Mann und ihre Kinder und spielt sich ihnen gegenüber gleichzeitig als Diktatorin vom südamerikanischen Schlag auf.

Geografie: Neapel liegt auf dem 41. Breitengrad wie New York und Istanbul.

Gesang: Ich bin Neapolitaner, und wenn ich nicht singe, sterbe ich (»i' so napulitano e si nun canto moro«).

Gesten: »Die Neapolitaner gestikulieren wie kein anderes Volk der Welt.« (Théophile Gautier)

Illegale Bauten: Die Hälfte Neapels existiert nicht, d.h. ist illegal. Die Polizei drückt ein Auge zu.

Kaffee: In Neapel trinkt man den besten Kaffee der Welt. Der *caffè* muss aus Neapel sein, um diesen Namen zu verdienen.

Leiden: »Kein Volk auf Erden hat so viel gelitten wie das neapolitanische Volk. Es erduldet Hunger und Knechtschaft seit zwanzig Jahrhunderten und klagt nicht. Es verflucht niemanden, hasst niemanden: nicht einmal sein Elend. Christus war Neapolitaner.« (Curzio Malaparte)

Mamma (la): Sie regiert über den Familienstamm; ihr Mann hat zu Hause nichts zu sagen, aber die Kinder sind »*piezz 'e core*«, Bestandteile ihres Herzens; keine kocht die Tomatensoße, *'o rraù*, besser als sie.

Maradona: »Maradona è meglie Pelè, c'amm fatto o mazz tant, pe l'avè.« Maradona ist besser als Pelé (Volksmund), wir haben alles, auch den Arsch gegeben, um ihn zu haben.

Mò Basta: Häufige Redewendung. Es braucht eine Initiative von Neapolitanern für Neapel, die ihre Stimme laut werden lässt und sagt: »Mò Basta!«, Jetzt reicht's!

Mozzarella: Den besten Mozzarella gibt's nur in Neapel.

Napule è: Das schönste Lied, das je über Neapel geschrieben wurde, »Napoli è 'na carta sporca e nisciun se n' importa«. Neapel ist ein dreckiges Stück Papier, und keinen kümmert's.

Negativ: »Napoli hat tausend Gesichter. Heute dominiert ein negatives Bild der Stadt, aber man darf darüber nicht den Wert positiver Bilder Neapels vergessen.« (Staatspräsident Giorgio Napolitano) »Neapel ist das Emblem Italiens, eines negativen.« (Ernesto Galli della Loggia, Politikwissenschaftler)

Popolo (das Volk): »Das Volk ist die einzige, wahre Seele Neapels.« (Aurelio De Laurentiis, Präsident des Fußballklubs Neapel, bei der Feier zum Aufstieg der o. g. Fußballmannschaft in die Serie A)

Paradies: »Neapel ist ein Paradies, von Teufeln bewohnt.« (Benedetto Croce – Die Neapolitaner teilen diese Überzeugung.)

Pizza: »Die Pizza wurde in Neapel erfunden. In Neapel gibt es mehr Pizzerien als Sterne am Himmel.« (Sergio Lambiase, Journalist)

Sfogliatelle: Napule tene tre cose belle: 'o sole, 'o mare e 'e sfugliatelle.

Grazie!

Meine »Gebrauchsanweisung für Neapel und die Amalfi-Küste« ist das Ergebnis unzähliger Spaziergänge und Gespräche mit Freunden und Bekannten. Es reichte die zaghafte Erwähnung meines Buchvorhabens, und die Neapolitaner eilten zu Hilfe. Sie öffneten mir ihre Wohnungen und Büros, nahmen mich auf Ausflüge mit, nannten weitere Freunde, die mir mit Tipps und Hinweisen weiterhalfen.

Allen Neapolitanern meines Herzens (unter ihnen sind sowohl gebürtige Parthenopeer als auch ausländische Verehrer) möchte ich sehr herzlich danken: Nicola Di Martino, Monica Zunica, Encarnación Sánchez und Antonella Cilento; Annette von Bodeker und Domenico Marrone aus Positano. Dank auch an Natascia Festa, Mario Franco, Sergio Lambiase, Franco La Saponara, Lina, Maike Albath, Elena Miranda, Franco Monteleone, Giovanni Muto, Peppe von der Trattoria »L'oca«, Gordon Poole, Nora Puntillo, Josè Quirante Rives, Danièle Rousselier, Mario Rusciano, Giancarlo Ascione, Flegra Bentivegna, Salvatore Casillo, Familie Militante, Laura Angiulli, Claudio Curcio, Annamaria Sorrentino.

Meinen ehemaligen Praktikanten Dietmar Spies und Franziska Krause sowie allen Mitarbeitern und Kollegen des Goethe-Instituts Neapel gebührt ebenfalls großer Dank.

Marina und Paolo standen mir mit diskreter Präsenz zur Seite und zeigten mir glanzvolle wie alltägliche Aspekte »ihrer Stadt«. Ihnen sei hierfür herzlich gedankt.

Meine Gedanken gehen jetzt auch zu meinen Freunden: Susie, Roberto, Maura, Giorgio, Andrea D. und Andrea W., Bettina und Sandro, Christian, Josi und Stefano N.

Tausend Dank an Johanna Wand, die die Endphase des Manuskripts mit Diskussionsfreude begleitete.

Ein besonderer Dank gebührt Raimondo Di Maio für die herzliche Aufnahme in den Kreis seiner Leser, für seine Ratschläge und die vielen Bücher, die er mir bei Wind und Wetter vorbeibrachte.

Bettina Feldweg und Michaela Röll für ihre Begeisterung für die Bucht von Neapel und das aufmerksame Lesen des Manuskripts.

Dank an Andreas Silbermann, der schon Anfang der Neunzigerjahre die erste Idee des Buches suggerierte und neugierig die ersten Seiten las, an Arnold Oberhammer (AO), einen konstruktiven und geduldigen Gesprächpartner. Von ihm stammt die Übersetzung aus Domenico Reas »Plebeische Nymphe«. Ihm mein ehrlicher, inniger Dank.

Meinen Geschwistern und meinen Eltern danke ich *per tutto*, für alles: Tonia und Antonio, Elena und Francesco: Dieses Buch ist euch gewidmet.

Bereits erschienen:
Gebrauchsanweisung für...

01/0002/09/L

01/0002/09/R

Henning Klüver
Gebrauchsanweisung für Italien

191 Seiten. Gebunden

Alle lieben Italien – das Land, wo die Zitronen blühen, wo
die Frauen schön sind und der Espresso aromatisch. Glaubt
man. Aber was blüht jenseits des Brenners wirklich? Was
essen die Italiener, wenn die Mamma keine Lust auf Pizza
und Pasta hat? Und warum tragen fast alle unsere Schuhe
das Gütesiegel Made in Italy?
Henning Klüver weiß es. Mit leichter Hand widmet er sich
den ureigensten Domänen der Italiener: der Familie und der
Mafia, der Mode und der Piazza, der Kirche und dem guten
Essen. Er kennt den Unterschied zwischen Osteria und
Ristorante, er weiß, warum die italienische Innenpolitik
einer Daily Soap in nichts nachsteht und wieso schon lange
kein Italiener mehr ohne Handy auskommt.

01/1065/01/L